互联网+时代的教育信息化理论发展丛书　　主编　胡钦太

本丛书系教育部－中国移动科研基金“教育信息化理论研究”项目（MCM20121011）成果



# 深化与重构：
## 移动学习与在线教育

穆　肃　编著

高等教育出版社·北京

**图书在版编目（CIP）数据**

深化与重构：移动学习与在线教育/穆肃编著. --
北京：高等教育出版社，2019. 5
（互联网+时代的教育信息化理论发展丛书/胡钦太
主编）
ISBN 978-7-04-051677-7

Ⅰ. ①深… Ⅱ. ①穆… Ⅲ. ①网络教育-研究-中国
Ⅳ. ①G434

中国版本图书馆 CIP 数据核字（2019）第 062541 号

策划编辑 王玉衡　　责任编辑 崔　灿　　封面设计 张　志　　版式设计 童　丹
插图绘制 于　博　　责任校对 王　雨　　责任印制 毛斯璐

出版发行 高等教育出版社
社　　址 北京市西城区德外大街 4 号
邮政编码 100120
印　　刷 北京玥实印刷有限公司
开　　本 787mm×1092mm　1/16
印　　张 14.75
字　　数 260 千字
购书热线 010-58581118
咨询电话 400-810-0598
网　　址 http://www.hep.edu.cn
　　　　 http://www.hep.com.cn
网上订购 http://www.hepmall.com.cn
　　　　 http://www.hepmall.com
　　　　 http://www.hepmall.cn
版　　次 2019 年 5 月第 1 版
印　　次 2019 年 5 月第 1 次印刷
定　　价 53.00 元

本书如有缺页、倒页、脱页等质量问题，请到所购图书销售部门联系调换

物 料 号 51677-00

# 总　序

科学技术创新在推动社会发展的同时，也推动着教育的变革。信息技术作为一种基础性、变革性的技术，改变了人类知识创造与传播的方式，改变了整个教育生态，影响着教育的理念、模式以及走向。信息技术在教育中的广泛渗透与应用，将促进人类教育的第三次革命。

教育信息化是教育在信息时代发展与转型的过程，是教育体系发生深层变革的过程。教育信息化既是我国当前教育发展路径的战略选择，也是学校传统教育变革的实践领域，更是当代教育与学习科学研究需要解决的重大课题。

教育信息化作为一个研究领域，需要从宏观、中观、微观多个层次、多个角度去开展研究。在宏观层面，需要解决政府的发展政策、发展路径、资源配置等问题；在中观层面，需要解决如何应用信息技术促进学校的基础性变革，构建信息时代的学校教育教学模式等问题；在微观层面，需要研究学习者在信息技术环境下的认知与学习规律、学习行为，指导并重新设计教学。

“互联网+”战略的提出为教育信息化研究提供了新的思路。在线教育与学校教育的融合，是教育信息化发展的新趋势。“互联网+”教育发展战略的核心是应用互联网的创新思维、创新成果与教育教学的本质规律相结合，形成对教育政策、机制体制、学校、课程与教学等因素的重新定位与思考，探索应用互联网思维改造传统教育的方法与途径。

2012年，教育部-中国移动科研基金启动了教育信息化的专项研究课题，本人有幸作为主持人，负责“教育信息化理论研究（编号：MCM20121011）”课题的研究。其目标是针对“如何构建与应用教育信息化理论，指导和促进中国教育信息化良性发展”这一重大问题，围绕教育信息化的理论框架、发展战略、绩效评价体系、标准体系、学校实践等领域开展系列研究，形成教育信息化的系统理论、方法与实践模式，指导我国教育信息化的实践与创新。

本套丛书是该研究课题成果的梳理与总结，是整个课题组共同努力的结果。丛书围绕着“信息技术对教育具有革命性影响”这一命题，既论述了

“互联网+”时代教育信息化发展的基本理论、发展战略、技术规范与绩效评价，又论述了智慧校园、电子书包、信息化环境建设与应用；同时论述了资源建设、新型教育教学模式等内容。丛书由课题的子课题负责人参与撰写。

本课题在研究过程中得到了教育部科技司及课题研究合作单位清华大学、北京大学、中山大学、西北师范大学相关学者的支持，在此一并表示感谢！

胡钦太

2015年10月28日

# 目　录

# 第一章
# “互联网+”时代的教与学

人类社会的发展，生产力水平的提高，以及知识技能的积累、传承和进步都离不开教育，于是，教育作为使人类具备参与社会生活和生产的基本素质的唯一手段成为人类社会不可或缺的要素。

在技术和社会发展的同时，技术的进步和革新带动各行各业的变革，也带动着社会的发展与变化，这些变化又引发技术的发展和创新。在这种不断循环中，教育也随之发展和变化。在当前的知识社会中，互联网的应用越来越广，数据的增长、信息的更新和传播速度越来越快，对与知识生产和传播密切相关的教育行业造成了巨大影响，并催生其变革，其中最显著的表现就是业界正在热议的“互联网+”教育。

想象一下，上海某公司一个白领在上班的地铁上，用手机听澳大利亚悉尼大学的企业管理课；西藏偏远牧区的一个孩子蹲在电脑前，听北京师范大学附属小学的老师讲授美术课；一个爱好围棋的老爷爷在电脑前，观看阿尔法狗对战世界围棋冠军、职业九段选手李世石的比赛……一根网线、一台移动终端就可以连接全球各地的教育资源和信息。人们不分老幼、不分国界，“人人皆学、处处能学、时时可学”①。如今，“互联网+”教育正在破土而出、蓄势待发，为世界带来变革，带来冲击，也带来更多新的希望。

## 第一节　“互联网+”时代的特点

人类已经进入了“互联网+”时代。互联网对人类的生产、生活都产生很大的推动作用。在大数据、云计算、移动互联等技术优势的基础上，再加上开放、社会化、跨界和简约的互联网思维，互联网犹如一场海啸，席卷各行业、各领域，不断掀起变革的浪潮。

① 习近平致信祝贺国际教育信息化大会开幕［EB/OL］.［2016-08-15］. http://www. gov. cn/xinwen/2015-05/23/content_2867643. htm.

理解“互联网+”的内涵与精髓，除了要把握其本身是什么，更应该站在这个时代的角度去解析，充分理解“互联网+”和当今这个时代是怎样互通、关联的。有专家认为，“互联网+”时代的六大特征是跨界融合、创新驱动、重塑结构、尊重人性、开放生态和连接一切。[①] 本书将“互联网+”时代的特点概括为以下几点。

## 一、一切皆可联通

互联互通是“互联网+”时代的重要特征之一。在“互联网+”时代，人们以前觉得不可能发生联系的事情，包括毫不相干的机构、远隔千里的人、并无交集的行业都可以发生联系，并从联系中产生新的业务、新的关系或新的行业。联系的形式多种多样，可以是人和人的联系，人和物的联系，人和信息的联系，物和物的联系，物和信息的联系，信息和信息的联系。借助互联网技术，人与社会、人与组织、机构与机构、现实世界与虚拟世界实现了相互关联、彼此交融、互联互通。人们坐在电车上或者走在路上，使用微信“摇一摇”，就会找到身边认识的或不认识的人并选择是否与之建立联系；人们参加在线开放课程的学习能认识分布在天南海北的学习者；不同机构的从业人员可以通过在线的研讨寻找到合作的伙伴；供应商可以即时获取分布在世界不同地方用户的订单信息并及时发货。这些联系都在无线网、可穿戴技术、大数据分析等的创新技术支持下越来越便利、越来越有效。

## 二、行业整合，跨界融合，创新发展

“互联网+”代表一种新的社会形态，即充分发挥互联网在社会资源配置中的优化和集成作用，将互联网的创新成果深度融合于经济、社会各领域之中，提升全社会的创新力和生产力水平，形成更广泛的以互联网为基础设施和实现工具的经济发展新形态。“互联网+”战略就是利用互联网平台，利用信息通信技术，把互联网和包括传统行业在内的各行各业结合起来，在新的领域创造一种新的生态。

2015 年 3 月，李克强在政府工作报告中首次提出“互联网+”行动计划。他提出，制定“互联网+”行动计划，推动移动互联网、云计算、大数据、物联网等与现代制造业结合，促进电子商务、工业互联网和互联网金融

---

① 张晓峰，杜军主编. 互联网+：国家战略行动路线图［M］. 中信出版社，2015：45.

健康发展，引导互联网企业拓展国际市场。[①] 这一行动计划标志着互联网开始深度融入各个行业。

互联网像可以点石成金的魔杖一般，不管加上什么，都会发生神奇的变化：加货币有了支付宝，加商品有了淘宝、京东，加出租车出现了滴滴打车，加美食成就了美团外卖等。互联网已经改变了很多行业，那么互联网与教育相加，会发生怎样奇妙的反应？教育界正在进行思考和探索。

## 三、移动应用爆发性增长，向平台化和垂直化双向发展

在无线网络、智能移动终端、云技术等支持下的“互联网+”行动，促使2015年成为移动应用（APP）爆发性增长的一年，移动应用的覆盖领域、数量都呈指数级增长。据易观智库数据显示，移动应用覆盖领域从2014年的40多个增长到270多个，从幼儿教育到健康咨询，从票务订购到出行导航，从金融业务到其他行业应用，几乎全部覆盖。应用数量也从2014年7月的1 700多个增长到2016年3月的30 000多个。[②]

移动应用呈现平台化和垂直化双向发展趋势。互联网巨头通过超级应用大范围地覆盖用户，围绕自身核心资源打造互联网业务的新生态。超级应用逐步成为平台化、操作系统（OS）化的产品，通过连接各类应用和场景，成为移动互联网应用服务的中枢。截至2015年年底，微信的移动互联网领域月均活跃用户覆盖率达到87.9%，通过微信可与购物、游戏、视频、音乐、旅游和金融等多种应用和场景连接，微信已然成为一个平台化超级应用。[③]

行业互联网化进程的深入带动移动应用根据场景不断裂变，向着专业化、精细化应用垂直发展。如：旅游行业的互联网应用根据用户需求场景不同可以拆分出火车票预定、旅游攻略、航空服务、酒店预订等多个细化场景，而这些细化场景还可以继续向下裂变到更精细化的场景。这些不断裂变的场景给各种应用更多的发展空间。这种裂变是移动应用数量能持续保持高速增长的主要原因，也是移动应用用户数量持续增长的重要原因。

---

① 政府工作报告（全文）[EB/OL].[2018-08-23]. http://www.gov.cn/guowuyuan/2015-03/16/content_2835101.htm.

② 中国移动互联网2016—2018市场趋势预测[EB/OL].[2016-09-15]. http://www.afzhan.com/News/Detail/43886.html.

③ 2016互联网发展分析报告[EB/OL].[2018-08-16]. https://wenku.baidu.com/view/1f8b4e2078563c1ec5da50e2524de518964bd30a.html.

## 四、“互联网+”教育呈现双向融合趋势

近年来，无线网（Wi-Fi）、第四代移动通信技术（4G网络）等移动网络以及智能手机、平板电脑等智能终端在各类城市和广大乡镇农村的覆盖范围不断扩大，为“互联网+”教育的快速发展提供了可能性。移动智能终端设备，尤其是智能手机、平板电脑、智能可穿戴设备的持续热销，让移动互联网可以轻松连接到每一个智能终端用户，让学习的群体和范围都大大增加，人人皆学、处处可学成为可能。据2017年移动互联网行业发展报告显示，2017年，年轻一代成为移动互联网的主要用户，其中越来越多的用户来自三线及以下城市，详细信息如表1-1所示。①

**表1-1 移动互联网的用户特点**

| 项目 | 指标 | 特征 |
| --- | --- | --- |
| 移动智能终端用户规模 | 移动智能终端规模14.2亿台，增速0.9% | 用户趋于饱和，移动智能终端用户规模步入低增速时代 |
| 35岁及以下用户 | 此类用户占比为69.9% | 25岁及以下的用户占比34.5%，26~35岁用户占比35.4%。年轻用户是移动互联网用户的主体，90后成为未来消费主力 |
| 三线及以下城市用户 | 此类用户占比为62.9% | 三线以下用户持续增长，用户向三线市场下沉，移动智能终端全面普及 |

“互联网+”政策上升到国家战略层面后，各行业和各地政府出台的相关政策将会持续刺激移动互联网的发展，教育界也不可避免地要思考互联网与教育如何融合。“互联网+”教育不是简单地将互联网与教育教学加在一起，而是在教育教学过程中深度融入信息技术，实现教育教学与信息技术的共融互通，让信息技术支撑教育教学的变革，支持学生的发展，促进教育教学实施过程和方法的改变。

两千多年前，孔子“杏坛讲学”，完全依赖口授。一千多年前，活字印刷术迅速发展，文字典籍大量复制，师生得以初步分离。如今，只要接入互联网，海量知识就会扑面而来，无论是麻省理工学院（MIT）的开放教育资

① TalkingData移动数据研究中心. TalkingData：2017年移动互联网行业发展报告（附下载）[EB/OL].[2018-03-06]. http://www. 199it. com/archives/696120. html.

源，还是清华大学的在线开放课程，几乎所有全球一线科研的成果都可以通过互联网进行传递和学习；无论是视频教学，还是线上答疑、讨论，学习者都可以利用互联网参与其中；无论是身处大学城，还是在偏远的小山沟，参与者都能接入互联网开展教与学的活动。可见互联网和信息技术其实已经切实影响和改变了教育和教学活动。

在“互联网+”时代，教育有了更多的可能性。当互联网与教育相结合，当新技术与教育相碰撞，教育界需要新的思维和视角，才能够突破已有的结构，开启新的格局。互联时代，教育的根本意义在于借助互联网及相关信息技术，打破原来高度结构化和封闭的体系，建立灵活而开放的学习生态，从而有效促进教育本质的发挥，建构终身学习的有效机制。

“互联网+”教育可以理解为利用互联网及其中的资源，利用信息通信技术，把互联网与教育教学结合起来，在人才培养中注重人的发展，并对人才培养的思路、方式和方法等进行创新。对教育而言，“互联网+”教育是将教育教学的形式、过程和环节都仔细分解出来，然后，以互联网为中心，整合学校、企业、社会各界的资源和技术，创建新的教育机会，建立新的教育结构和教学体系，形成新的教学模式和教学方法。所以，“互联网+”教育的本质就是在互联网的带动下，促使教育教学的变革与重构。

## 第二节 “互联网+”时代的学习

在“互联网+”时代大背景下，教育凭借移动通信技术、互联网技术和无线网络技术的力量获得迅猛发展。优质教育教学资源共享促进了教育的均衡发展；全社会各专业教育教学项目和课程被免费或低价提供给有需求的人，个性化学习、自主学习和终身学习成为可能；各种学习平台和学习工具构建了学习应用的多样性，每一类学习活动都得以便利地开展。

### 一、直播课堂，促进教育公平

众所周知，义务教育发展不均衡是多年来困扰中国教育的问题，但随着网络的发展，地域之间、城乡之间、学校之间的不均衡现象逐渐得到缓解。

清华大学附属小学二年级的教室的天花板上安装了摄像头和话筒，讲桌前还有一块交互式电子白板。此时，李老师正在给学生上“比一比”这节数学课，课堂上李老师尊重学生的每一个新发现，并和学生一起探讨，适时给予扩展、举例，内容丰富。

千里之外的甘肃临泽、贵州遵义……全国上下许多小学二年级的孩子们也在“比一比”的课堂上，只不过黑板变成了屏幕，但“站”在他们面前的依旧是李老师。原来，是当地的远程教学站实时接收到了清华附小的精品课。在这样的课堂上，不仅孩子们学到了知识，而且也让一同听课的教师大开眼界，并与李老师进行了在线互动。课后，教师之间还通过微信群、邮件等形式建立起联系，一同探讨如何上好一节课。

“我快退休了，唱不好、画不好，更谈不上什么乐理知识、绘画知识了，音乐、美术课不能正常开，实在有苦难言。”甘肃临泽的一位老师说：“现在好了，在线课堂的教师教得既精彩又专业，还能和我们的学生互动，一下子解决了这个困扰我们多年的难题。”

可见，“互联网+”教育使优质教育教学资源得以共享，教育水平发达和落后地区之间的师资差距缩小了许多。“互联网+”教育让接受教育的人感受到教育的公平。

## 二、“套餐”变成“自助餐”

每天，全球有数以亿计的学生在教室里学习。老师在黑板前授课，学生在听课、记笔记、做练习，教学方案预计学生能以与老师讲授同样的速度接受老师传出的信息，然而每个学生认知风格不同、学习方式不同、学习水平也不同，他们的反应也因此不同。甲、乙、丙、丁学习同样的内容，甲可能觉得很无聊，无心听讲；乙早已学会，觉得时间很漫长；丙听懂了，但可能存在疑问；丁却还没有听明白。一天的课程学习结束，当他们回想老师在课堂上所讲的内容并尝试应用时，甲可能完全无从下手；乙觉得很容易没有挑战，没有乐趣；丙能完成大部分作业；可是丁却很郁闷，因为课堂上教授的知识没有内化，需要更多的帮助。不同的学生有不同的认知特点、学习能力和预备知识起点，因此无法在统一的课堂教学后完成同样的学习任务，达到同样的教学目标。统一化、齐步走的教学方式不得不改变。在传统课堂教学中，面对师生一对多的现实情况和时间、空间的限制，要做到真正的因材施教和个性化学习不太可能，而互联网及信息技术的应用则为个性化学习带来可能。

随着在线教育平台的日益火热，学生通过在线学习平台开展个性化学习已经成为学习的一种重要方式，学生希望学习从“套餐”式学习变成了“自助餐”式的学习。在教育界几乎众所周知的可汗学院，就是“互联网+”时代学习方式转变的一个典型案例。

可汗学院是一个“互联网+”时代在线学习平台。这个平台为学习者提供丰富的体系化教学资源、自动学习跟踪系统和学习评价反馈系统。目前，可汗学院网站上的教学视频超过 5 000 段，每段视频约 10 分钟，即我国教育界热议的“微课”。可汗学院网站上的内容涉及从幼儿园到大学各个层次，学科涵盖数学、物理、生物、化学、计算机科学等众多学科，如图 1-1 所示。国内的一些学习平台也已经将可汗学院网站上的部分内容翻译成中文供广大爱好者进行自主学习，界面如图 1-2 所示。

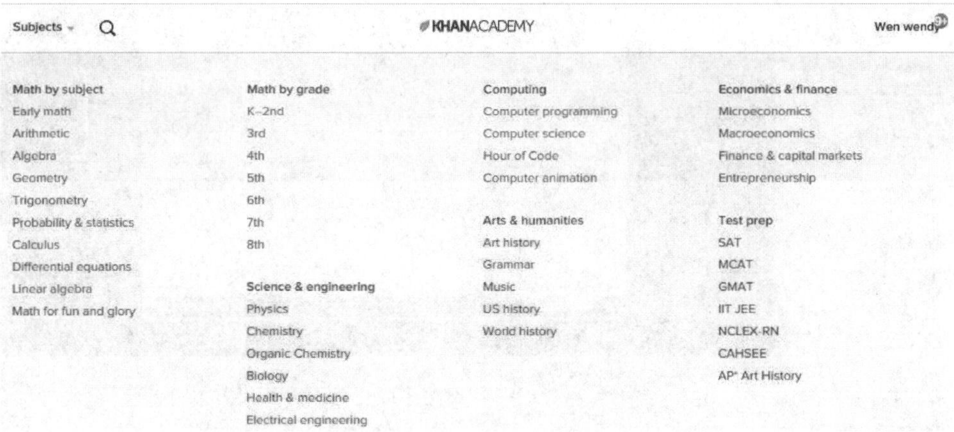


图 1-1 可汗学院官网界面

图 1-2 网易公开课中提供的可汗学院教学视频

回到之前的假设，通过可汗学院公开课，甲可以选择有兴趣的课程自主学习，不再觉得无聊，因为他可以根据自己的能力和兴趣自主选择学习内容；乙可以选择深入学习的课程继续学习；丙对不明确的知识点可以马上查看讲解，不把问题留到以后；丁可以反复学习还没掌握的内容。可汗学院的学习方式包括两个方面，其一是观看视频，提出问题，参与讨论；其二是完成配套的练习题与技能测试。

基于不同课程的知识地图，可汗学院提供了系统的知识点微视频，视频材料按照知识点间的相互关系，以结构化方式呈现（如图 1-3 所示）。

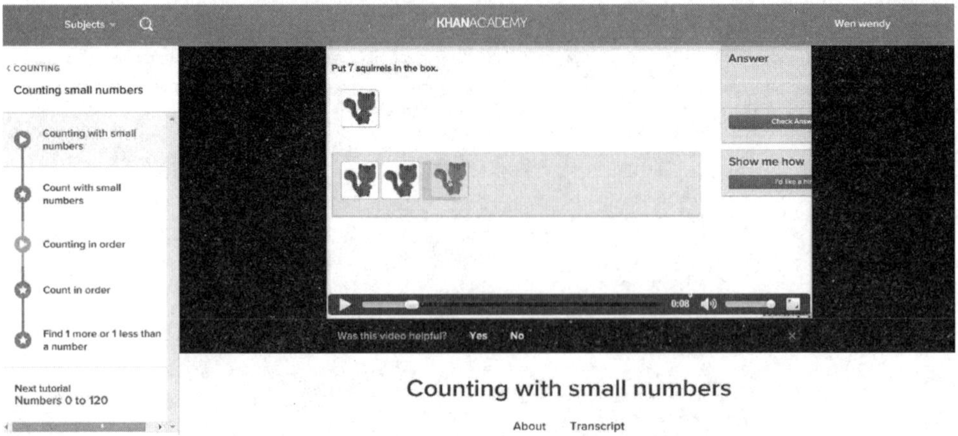


图 1-3 知识点结构化呈现方式

通常，学生学习的第一步便是观看有关的视频材料，学生可以根据自己的学习兴趣、需求、层次和水平选择学习内容并观看，如图 1-4 所示。

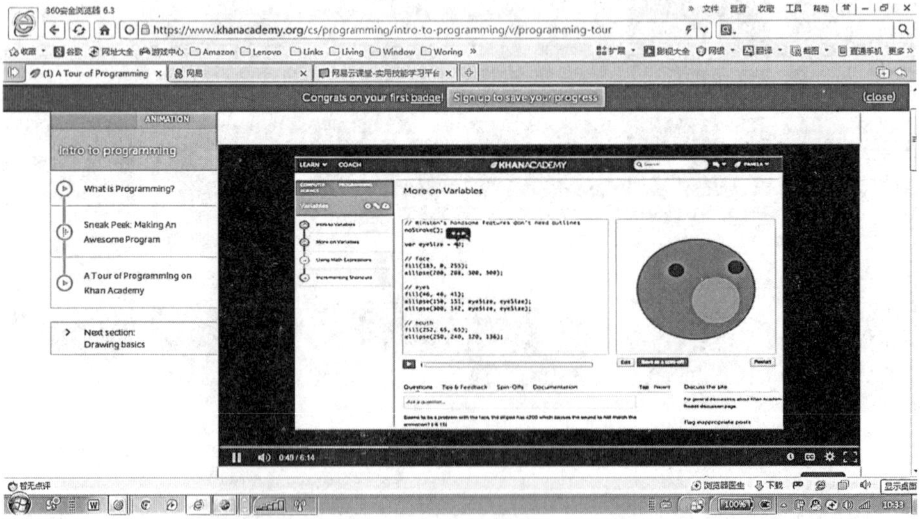


图 1-4 视频观看学习

除视频材料外，可汗学院还提供了基于教学微视频学习的多项学习互动功能，如课程内容讨论、用户反馈等，如图 1-5 所示。在课程内容讨论中，学生提出知识学习的疑问，并解答其他人提出的问题。通过用户反馈功能学生对教学视频的质量以及课程内容讨论的质量提出反馈。

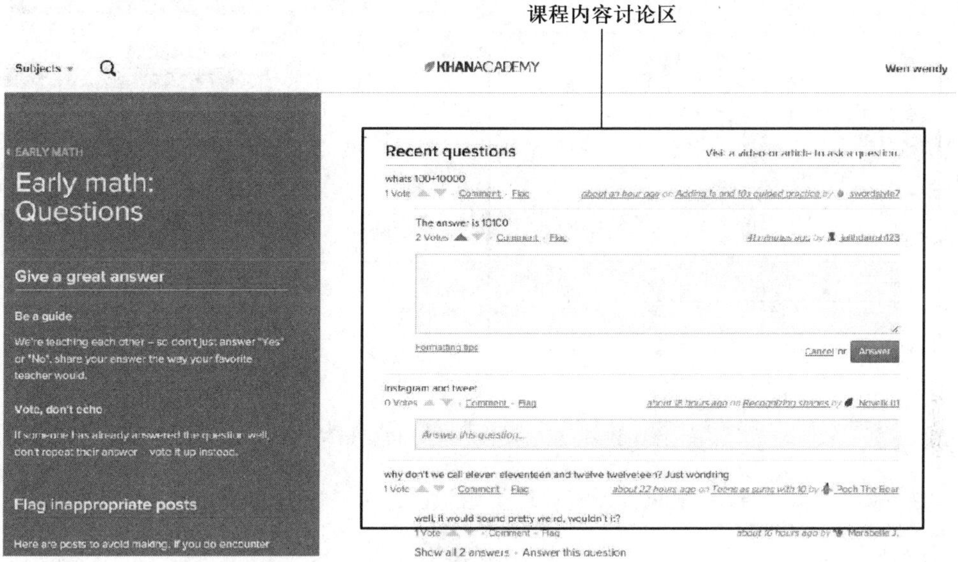


图 1-5 课程内容讨论

为了评估学生对所学知识、技能的掌握情况，平台要求学生在观看视频后，需要完成配套的知识技能练习和测试。练习与测试的题型主要为选择题和填空题（由于无法检测解题过程，应用题一般作为填空题处理）。通常，每个知识点配套 5 道题目，如果学生 5 道题目全部回答正确，平台自动将学生对该技能的掌握提高一个级别；如果 5 道题目中出现答题错误，将需再做一组题目，正确率为 60%，即可晋级；否则算是没有通过，评定结果为学习困难，建议重新学习。

练习时，平台右边能够提供解题提示。依据解题步骤，平台为每道练习题设置了至少 2 个提示，每点击 1 次“我要提示”，平台将自动出现 1 个提示。对于完全不会做的题目，可多次点击“我要提示”，直至解题步骤一步步演示完毕并出现答案，如图 1-6 中左侧框内所示。同时，在界面右边有同一知识点的练习题配套例题解析视频，详细讲解每一道例题的解题过程和步骤，如图 1-6 右侧框内所示。

成功完成练习后，学生可进入下一个知识点学习，也可以参加该知识点

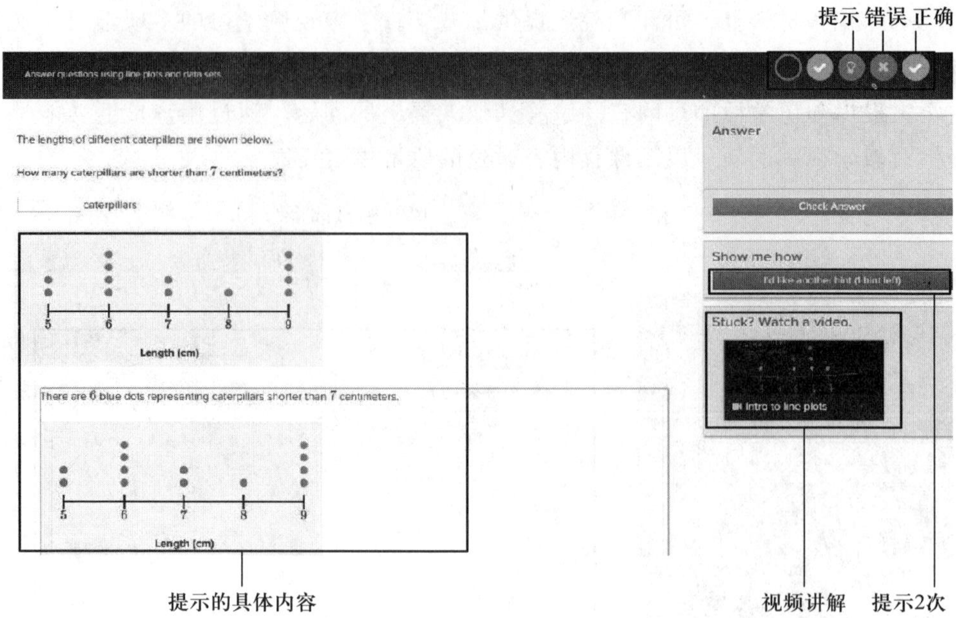


图 1-6　学习、练习和提示

的挑战测试。平台将根据学生完成测试的情况对其掌握知识的水平级别进行重新评估。

学生在同一知识点的学习中，可以自己决定观看教学视频的时长和次数，有选择地参与学习活动，完成练习后也可获得适应性的学习指导、反馈和学习内容推送，实现个性化的“自助餐”式学习。

## 三、“以学习为中心”，记录和诊断学习发展过程

学习者基于移动终端利用碎片化时间进行的学习，打破原来课堂学习的限制，让学习者的学习以问题和需要为中心展开，从而构建个性化的、有利于问题解决的知识体系。

可汗学院的在线学习过程记录、跟踪和分析报告充分体现了为学习者服务的理念。学习者在可汗学院学习时，可根据自己需要，选择相关内容进行学习（教师账号也能进行学习）。可汗学院在线平台将学生对知识技能的掌握程度划分为 6 个等级：学习困难（struggling）、需要练习（need practice）、完成练习（practiced）、第一级（level Ⅰ）、第二级（level Ⅱ）和掌握级（mastery）。学习的终极目标是达到最高等级——掌握级，因此只要知识技能的掌握程度还处于最高等级以下，平台将不断提示学生进行挑战测试和继续学习。

此外，可汗学院还具有前测和个性化导航的功能。

（1）前测

使用注册账号登录后，平台首先要求学生选择自己感兴趣的课程，之后便根据学生的选择，自动出现与课程内容相关的前测题目，如图 1-7 所示。

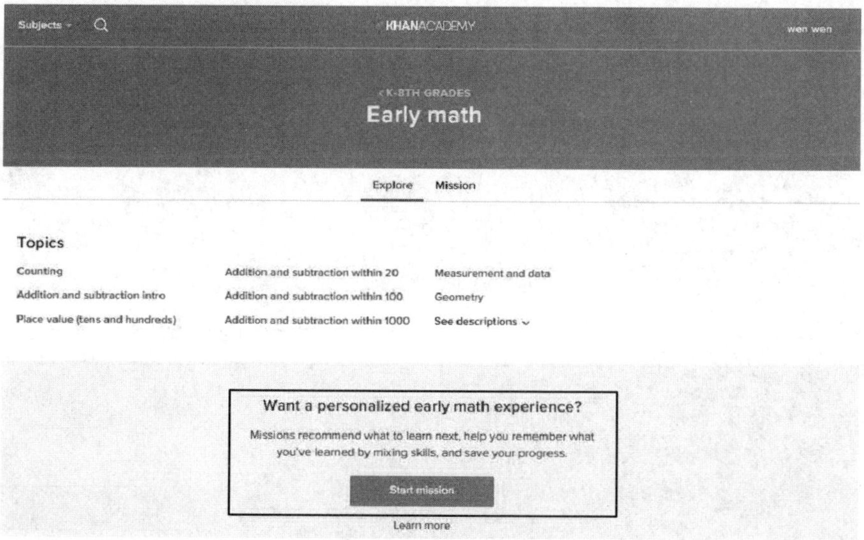


图 1-7 个性化练习的推荐

点击开始之后，平台会给出提示“可汗学院帮助你确定自己所处的等级”，然后学生就可以开始进行前测。学习平台这时还会给出提示“不会做没关系，这里没有惩罚，只需要选择右边的‘还没学过’即可”。参与并完成前测后，学习者可以看到前测结果，还可以根据需求点击右侧的观看视频，获得相关题目的具体讲解步骤。

平台根据学生完成测试的情况给出学习分析报告，如图 1-8 所示。内容包括：

① 评估学生对测试题所考察的知识与技能的掌握程度；

② 通过分析测试题中涉及的考察内容之外的知识与技能，判定学生掌握相关知识和技能的程度；

③ 根据评估结果，有针对性地推荐相关的学习内容，推荐内容会自动出现在学习者的个性化导航面板中。

（2）个性化导航

完成前测后，学生每次登录，平台将默认进入个性化导航面板，如图 1-9 所示。个性化导航面板展示的主要内容包括学生目前的学习进度；平台根据前测结果推荐的学习材料与练习题；学生通过平台学习获得的奖章和能量点数

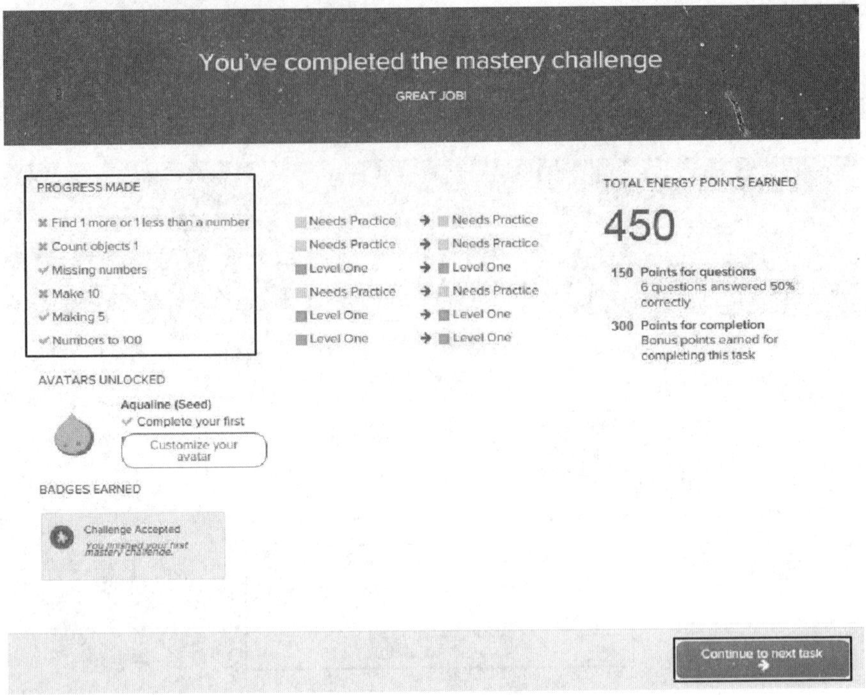


图 1-8　分析报告

（学生登录平台的在线时长）。可以说，个性化导航面板为学生开展平台学习提供了有效的指引和激励。

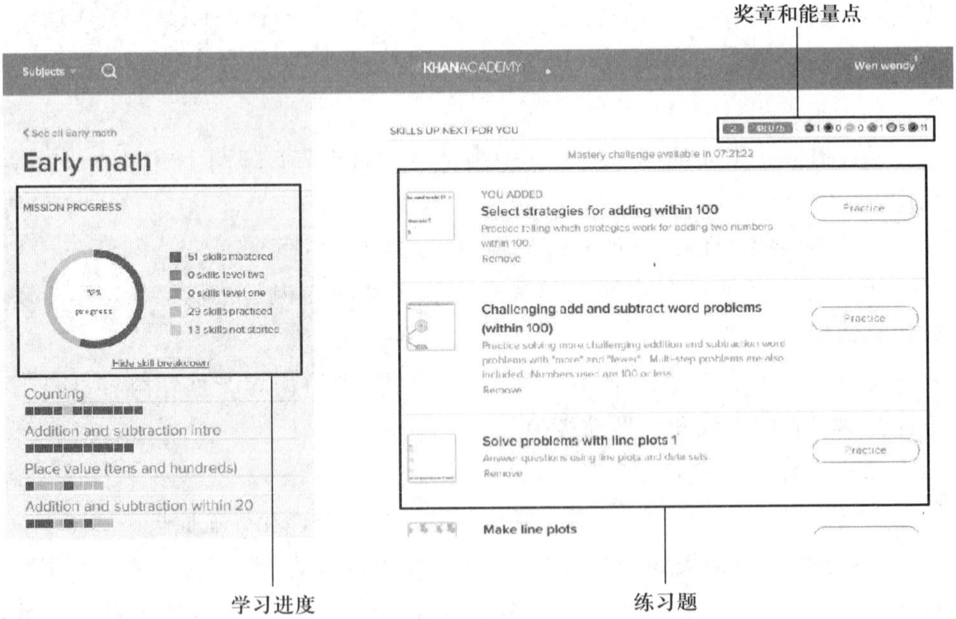


图 1-9　个性化导航面板

## 四、 结构化碎片式学习，变革知识获取方式

在“互联网+”时代到来之前，人们需要到图书馆查阅资料，通过电视、广播获取信息。一些地处偏远的人就无法及时、准确地掌握知识。而在“互联网+”时代，海量知识、信息都能通过网络实现完好保存与共享，获取知识十分便捷。信息更新的周期正在变短，越来越呈现复杂、混沌、非线性等特征。由于每个人的时间、精力和认知能力是有限的，若想将浩如烟海的信息都存储在大脑里，显然不可能。在这种情况下，人类只有变革学习和认知的方式，接纳新的学习方式，进行结构化碎片式的学习，才能适应互联大数据时代的特点。

在“互联网+”时代，学习者可以使用各种规模、类型数据库和资源库，也可以灵活利用各类学习材料，开展多样化的学习。如学生可以结合学校的教学，通过国家教育资源公共服务平台“一师一优课　一课一名师”的栏目中展示的优质课例进行同步学习；通过“中小学微课网”中的微课进行重难点学习；通过网易公开课观看哈佛大学、清华大学、北京大学等高校教授的视频讲座；借助“一起作业网”完成当天老师布置的作业；利用英语学习应用练习英语听说读写的能力，如图 1-10 所示。

图 1-10　丰富的学习资源

## 第三节　“互联网+”时代的教学

“互联网+”教育模式下的人机交互、数据服务、云计算技术支持等为教育革新提供了可能性和可行方式，对原有的教育体制、教育观念、教学方

式、人才培养模式也产生了深层次的影响。“互联网+”时代的教学可以创造新的教育机会，重新组建教育体系，建立新的教学结构，形成新的教学环节和教学方法。

## 一、实施混合学习，创建新型教学模式

“互联网+”时代，出现了网络课程管理系统、网络教学管理系统、网络教学资源库、网络学习空间、网络学习平台等诸多教育教学应用系统，互联网及信息技术驱动的教育变革理念及创新行动顺应而生。新的交互方式、数据服务和社会性应用软件带来的不仅仅是教育获取方式的变化，更是教育教学方式、教学过程和活动的重塑。翻转课堂、开放在线课程、微课等的涌现，不仅创新了教学方式，而且为实现“以学习为中心”的教学理念提供了可能性。

正如可汗学院创始人萨尔曼·可汗所言：“教师不用再将大量的时间耗费在讲课、准备考卷和改卷上面，而可以更多地与学生互动。老师不用再强制学生被动地坐着听课，而是指导和激励学生自己掌握学习……。”①

可汗学院在线学习平台为翻转课堂的实施提供有力支撑。对学生而言，他们通过这个平台观看成体系的微视频系列，完成练习与测试，获得自己对知识与技能掌握程度的评估，还可以针对自己的疑问提出问题，获得其他人的回答。对教师而言，他们通过这个平台了解学生是否完成视频的观看，是否进行练习和测试。更重要的是，他们获得了学生对知识与技能掌握程度的数据，即学生第一次知识内化的情况，这些数据可以为教师教学设计与学生线上学习衔接的课堂教学和混合学习创造条件。

可汗学院的成功源于其教学视频讲解简单易懂，每段视频课程的长度一般不超过十分钟。在这些视频中，讲者从未将自己的头像显示出来。可汗认为，在传统的教学视频中，教师在讲台上滔滔不绝讲授，时不时地问“你理解这些内容了吗?”会给学习者一种压迫感。因此他制作视频时选择用短时、易懂、直接的方式呈现讲解，让视频充满活力。他直接针对学习者的学习需求，而不是针对某个教学目标或课程框架来制作视频。

## 二、获取学习行为数据，跟进学习发展，提供及时指导

在互联时代，技术融入课程教学和学习过程中，可以记录、跟进和分析学生学习的基本数据和资料，帮助教师及时细致地了解教学情况、学生的认

---

① 朱青，萨尔曼·可汗. 可汗学院虚拟与现实结合的探索［J］. 世界科学，2013（9）：30.

知特征和学习发展水平等，从而更好地调整教学进程、设计学习活动和引导学习发展。大数据分析技术可以支持教师在互联网环境中对学生学习行为数据、过程数据、交互数据等进行获取、处理、分析和利用，可以形成学生学习过程的全部记录、及时反馈和实时信息推送，为教师教学设计、教学准备和教学实施提供决策依据。

为帮助学生掌握自己的学习进度，当前很多在线学习平台都可以自动统计学生在线学习的情况，生成关于知识与技能学习、视频观看、参与活动和学生关注点等的统计报告。学生可设定时间段，查阅自己的学习情况报告。

（1）知识与技能学习统计报告

这类报告呈现学习者掌握与学习目标相关的基础知识与技能的情况（包括是否进行了有关技能的测试，掌握的程度如何）；学习者掌握目标技能的情况（包括目标技能中每一项子技能的掌握程度以及完成的练习题数）；学习者目标技能测试的过程，即学生解答每一道练习题的过程（包括解答是否正确，学习者是否查看了题目的提示，查看到第几步提示，多长时间内写出答案，作答一共尝试了几次，每次填写的是什么答案等数据），等等（如图 1-11所示）。

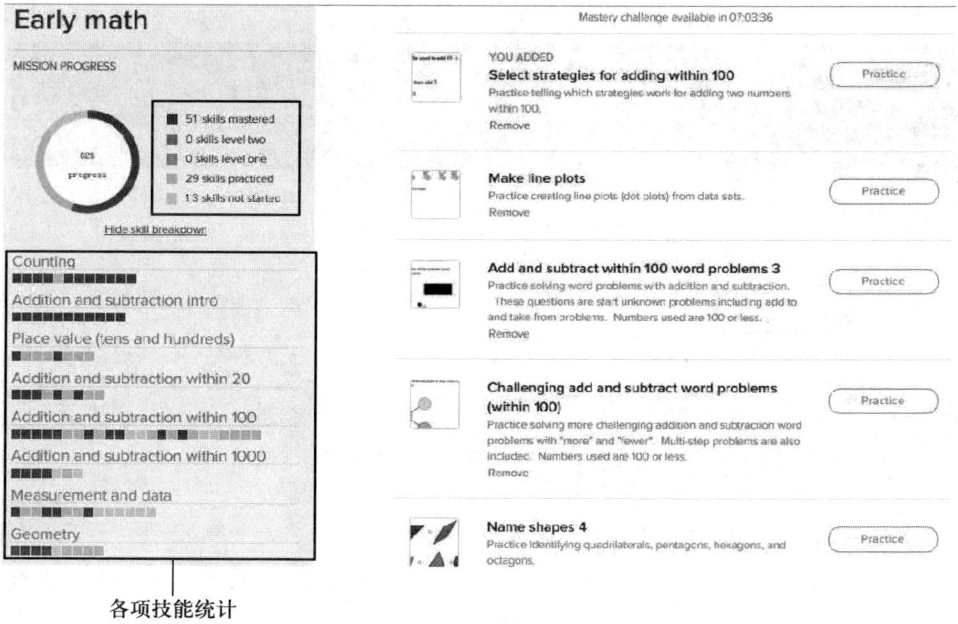


图 1-11 知识与技能学习统计报告

（2）视频观看统计报告

这类报告主要统计并展示学生观看视频的数量、累计所用时间，以及每个视频的标题等，如图 1-12 所示。

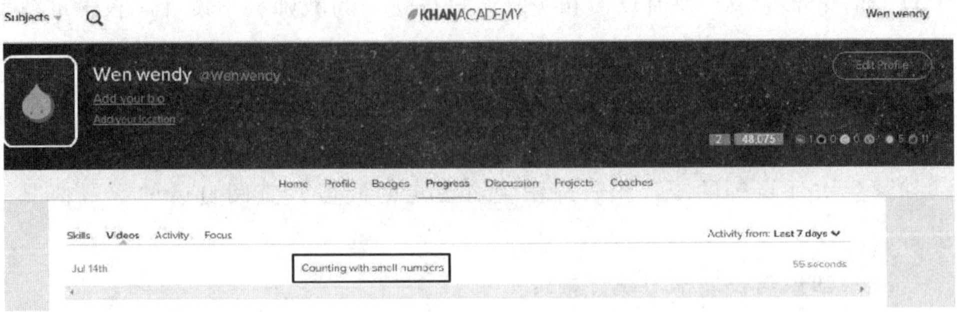


图 1-12　过去一周的视频观看统计报告

（3）参与活动统计报告

这类报告以柱状图等形式展示学习者在一定的学习周期内，每天观看视频的时长、进行技能测试的时间和内容、获得的奖章等，并计算出学习者每天登录平台在线学习的时长，用于呈现其线上活动的基本情况，如图 1-13 所示。

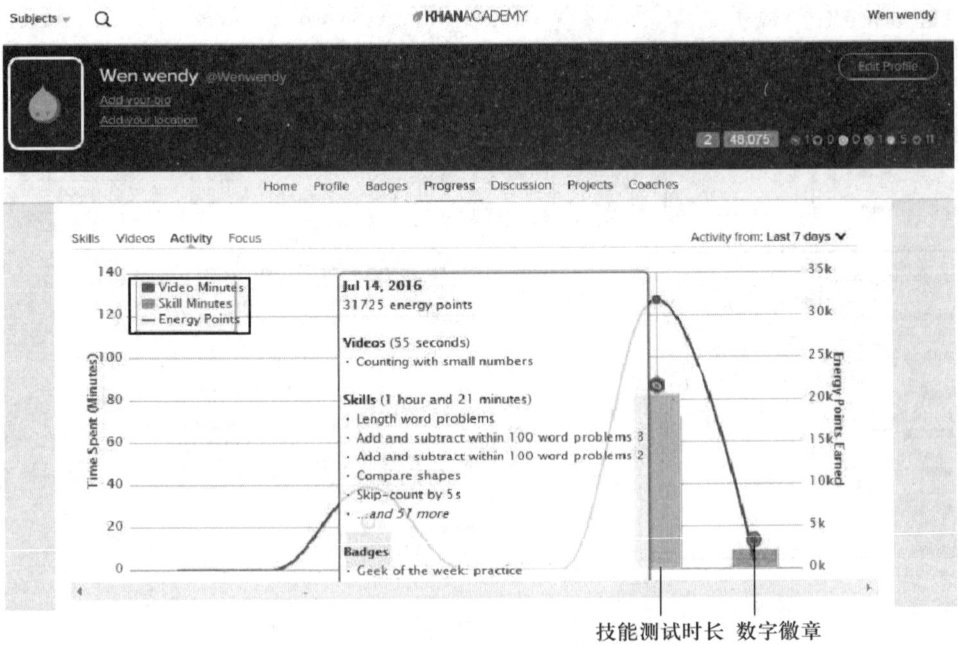


图 1-13　过去一周的参与活动统计报告

（4）学生关注点统计报告

这类报告统计学习者观看视频、完成练习和测试的情况，具体呈现形式多样，环形图是其中一种方式，如图 1-14 所示。该图中有两个圆环，内部圆环展示学习者观看视频的名称和时长；外部圆环展示学习者掌握目标技能的情况，包括做了几道题，正确率多少，多少题目是在没有提示的情况下做对的等。整个环形图反映了学习者的学习过程和学习情况。

图 1-14 一周内学生关注点统计报告

在线教育凸显大数据时代教与学的变化，让大家以崭新的方式看待学习过程、学习表现、教学反馈和教学评价，将学习平台当作收集和分析数据的在线教学环境，并把行为数据、学习数据和交互数据的分析成果运用于下一步的教学活动，智慧的“教”与智慧的“学”不再是经验和偶遇，而是科学和常态。

## 三、实施多元评价，奖励可视化

评价是教学中重要的环节，传统课堂教学中的教学评价大多通过测验和考试来实施，教师的教学水平基本由学生的考试成绩来体现。但这种评价却难以及时、精准地反映学生的学习发展过程，难以了解到课堂之外学生学习的进度，更难以了解在学生学习过程中教师教学及指导的有效性。为此我国教育界在新课程改革开始时就倡导建立电子学习档案袋，实行过程性评价，以提高教学评价的持续性和有效性。实际上，因为缺乏技术的支持，过程性评价的实施困难不少：如难以及时获取学生学习过程的数据，特别是学习行为数据；学生作业类型多样，主观题、作文及实验报告等类型的评价数据收集过程繁杂，增加教学工作量，并且也难以量化。但利用学习管理平台开展的线上线下混合学习方式，学习平台会自动持续跟踪、采集各种学生学习过程数据并智能化分析数据并提供分析报告，让过程性评价成为可能。利用互联网及应用平台全面、系统地获取、分析和挖掘数据，可以为学生提供更加科学、全面的发展评价报告。

各类在线学习平台不仅可以根据学生的最终测试进行总结性评价，还可以根据上面介绍的学生知识与技能学习统计报告、视频观看统计报告、参与活动统计报告、学生关注点统计报告等内容，利用自动和智能评判的功能实施过程性评价。

在互联网环境下的教育中，学生们可以通过网络平台对同伴、教师进行评价，家长可以对学生和教师进行评价，教师可以对教育行政管理部门进行评价，教育行政管理部门和第三方评价机构还可以通过网络大数据对不同学校、教师的教育教学活动进行及时评价与监控。换句话说，在“互联网+”时代，教育领域里的每个人都是评价的主体，也是评价的对象，每个人都可以通过网络介入教育教学的评价中。

在互联网环境下的教育中，不仅评价的方式多元化了，评价后的奖励也更加多样化和可视化。比如可汗学院对学生的奖励以授奖章的形式进行，如图 1-15 所示。可汗学院的奖章按照等级分为流星级、月亮级、地球级、太阳级、黑洞级和挑战破解级。每一级奖章下都有相应的专项奖章，例如流星级下有前测冠军、优秀的听众等。奖章与学习者学习的时间、学习表现和学习成绩相关联，作为一种标识，体现了学习者学习的进度与质量，能起到较好的激励作用。

### 四、多渠道提供课程，给教学实施更多灵活性和自主性

传统的课程学习内容和教学实施等都由教育行政管理部门或学校决定，课程体系及内容高度结构化。在“互联网+”时代，在网络技术和在线教学平台的支持下，教学机构、培训机构、个人都可以自己制作在线课程，提供给学习者学习，学习者也因此有了对课程、教学团队的选择机会。这迫使学校和教育行政管理部门对传统的课程学习内容和教学实施的管理进行调整。

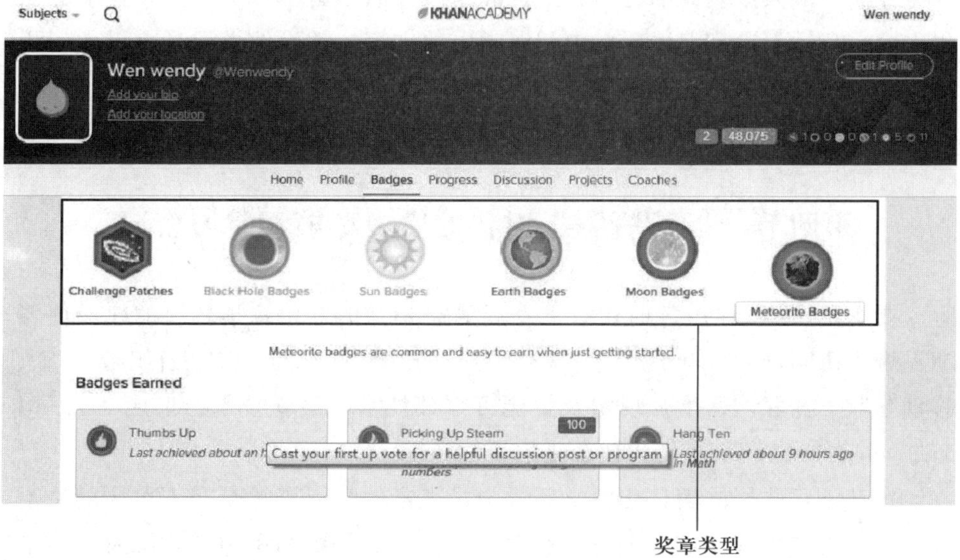


图 1-15 奖章类型

当前，除了对必修课程的内容进行创新，越来越多的学校开设或引进适合本校特色的在线课程以供学生选修，为实现素质教育提供了更好的基础。各高校都在积极引进开放在线课程及开放教学资源，同时也发动教师开设开放在线课程，让学习者自由选择课程内容、学习方式等，充分体现互联互通、资源共享的互联网精神，如图 1-16 所示。

图 1-16 华南师范大学启动“互联网+”教育项目，自建开放在线课程

互联网上大量开放的优秀教学资源，一方面丰富了各级各类教育中的课程内容，教学不再拘泥于课本中和课堂上的内容，学生的学习具有更大的灵活度和自主性；另一方面还将课程内容更多地与现实生活巧妙融合在一起，使学习内容更加生动形象，更有广度和深度。

## 第四节　“互联网+”时代的学习环境和学习资源

要满足“互联网+”时代教学发展的需要，信息化教学环境的建设更要注重融入协同创新、开放共享、跨界融合的互联网思维，广泛采用云计算、移动互联、物联网、增强现实及智能可穿戴技术等最新技术，形成“云+网+端”的智能化、联通化和社会化的教学环境。

在基于互联网的信息化教学环境中，丰富的学习资源是必不可少的。不仅学生可以使用移动学习设备开展学习，教师也可以利用学习资源及教学平台组织和管理教学，所有人都可利用数字化教学平台进行终身学习。在信息化教学环境中，教师由知识传授者成为活动的指导者和设计者，学生由知识的被动接受者成为主动的学习者。

### 一、技术创设“身体在场”的体验式学习环境

传统课堂的秧田式座位编排方式在很大程度上削弱了学生在学习过程中的物理性参与度。在“互联网+”时代，各种新兴技术，如虚拟现实技术、增强现实技术、3D 打印技术、触控技术、情境感知技术的蓬勃发展，可为学生创设更为真实、多感官参与和多通道交互的体验式学习环境，拓展学生的感知范围，增强学生的感知体验，让学生获得比现实世界更为集中、强烈的沉浸感、真实感和在场感，从而凸显“人—技术—世界”融为一体的特征。

多感官参与是指学习者在体验式学习环境中，对学习内容除了具有一般的视觉感知，还有听觉感知、触觉感知、运动感知，甚至还包括味觉感知、嗅觉感知等，如图 1-17、1-18 所示。

图 1-17　基于视觉感知的虚拟现实技术

当学生佩戴 3D 眼镜、手持触控设备时，他们能通过虚拟现实技术建构的学习内容获得对外部世界的感知，能深入地“读”到自然

图 1-18 基于触觉感知的虚拟现实学习

环境、生物体，亲身体验无法用常规媒体呈现的内容。

在课堂学习环境中融入虚拟现实和增强现实内容，可以让学生置身于一个连接现实与虚拟的更为开放的学习环境之中，获得身临其境的知觉体验。由此，学生与广阔的世界就通过技术“无缝”连接起来了，利用自身的感觉器官由界面直接去“感知”和“体悟”学习内容，获得直接的参与性体验，从而促进学生对理论、原理和规则等的理解和应用，如图 1-19 所示。

图 1-19 教师利用增强现实技术演示教学内容

## 二、移动设备创设灵活多变的适应性环境

在“互联网+”时代，一些教学过程的实现需要基于移动设备，如智能手机、可移动电子白板、平板电脑和电子书包等。在无线网络技术、无线充电技术、智能感应系统等的支持下，学习者利用移动设备可以打破课堂的空间限制，实现正式学习与非正式学习的有机结合，参加更广泛的教学活动。

当今社会移动科学与技术的快速发展与进步，移动终端设备被广泛应用于生活与学习之中，学习者通过移动终端设备能够获得大量丰富的优质资源，参与多种形式的教学活动，获取教学团队的及时反馈，与学习同伴开展灵活多样的学习交互，创建和发布自己的观点和学习成果，学习的灵活性和普遍性成为可能。

据一份2017年移动互联网行业发展报告中的数据显示：2017年，通信社交、视频、音乐、游戏等主流行业应用用户的活跃率增长乏力，而教育行业应用用户覆盖率及活跃率出现双增长，行业潜力正在被释放，如图1-20所示。①

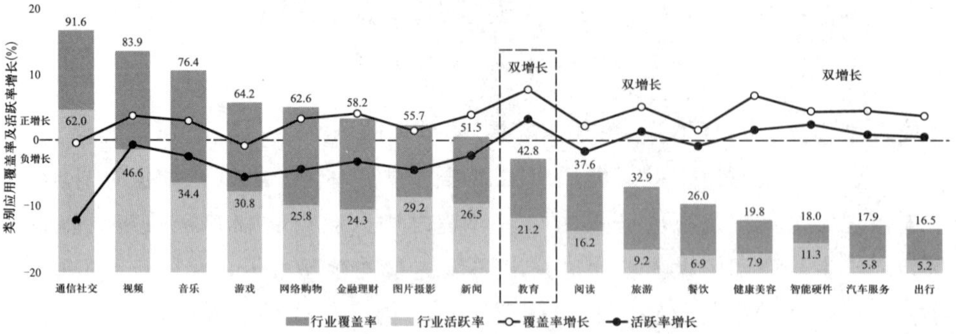


图1-20　2017年移动互联网教育应用用户增长情况

在移动互联网应用中，中小学教育的业务也蓬勃发展，在居前20位的教育类应用中，作业帮、网易有道词典、互动作业位居前3名，位次上升明显的是掌通家园和乐教乐学，如图1-21所示。②

| 排名 | 应用名称 | 应用活跃指数(万) | 排名变化 | 排名 | 应用名称 | 应用活跃指数(万) | 排名变化 |
|---|---|---|---|---|---|---|---|
| 1 | 作业帮 | 6392.9 | — | 11 | 超级课程表 | 572.9 | -2 |
| 2 | 网易有道词典 | 3858.2 | — | 12 | 家长通 | 490.3 | +2 |
| 3 | 互动作业 | 1970.0 | +2 | 13 | 纳米盒 | 418.7 | +3 |
| 4 | 一起作业(学生端) | 1510.7 | +2 | 14 | 儿歌多多 | 418.1 | +1 |
| 5 | 小猿搜题 | 1323.0 | -2 | 15 | 掌通家园 | 383.3 | +7 |
| 6 | 金山词霸 | 1157.9 | -2 | 16 | 英语流利说 | 381.3 | +2 |
| 7 | 有道翻译官 | 858.4 | +1 | 17 | 智慧树 | 379.2 | +2 |
| 8 | 百度翻译 | 842.0 | -1 | 18 | 学霸君 | 311.3 | -6 |
| 9 | 小伴龙 | 630.1 | +1 | 19 | 乐教乐学 | 287.2 | +10 |
| 10 | 百词斩 | 628.1 | +1 | 20 | 阿凡题 | 266.2 | +1 |

图1-21　2017年移动教育类应用排名前20位

① TalkingData移动数据研究中心. TalkingData：2017年移动互联网行业发展报告（附下载）[EB/OL].[2018-03-06]. http://www. 199it. com/archives/696120. html.

② TalkingData移动数据研究中心. TalkingData：2017年移动互联网行业发展报告（附下载）[EB/OL].[2018-03-06]. http://www. 199it. com/archives/696120. html.

在技术融入后，传统教室在技术支持下逐渐发展成能够支持移动学习、一对一数字化学习等学习模式的新型教室，其中智慧教室是最能体现信息化、智能化的新型教室，如图 1-22 所示。智慧教室基于互联网和物联网技术，集感应系统、智能教学系统、实物管理系统、环境智慧调节系统、视频监控及远程控制系统等软硬件于一体，具备教学数据获取和反应、教学资源提供和呈现、教学组织和管理等综合功能，便于各种教学活动的开展。智慧教室能更好地提供适应学习者特征和需要的学习支持和服务，能及时获取和处理学习者的生理、语言和行为等数据，对学习者实施过程记录、个性评估、发展评价，向学习者推送学习内容，并能根据学习者模型，对学习进行指导和引导，促进学习者得到适当的发展。

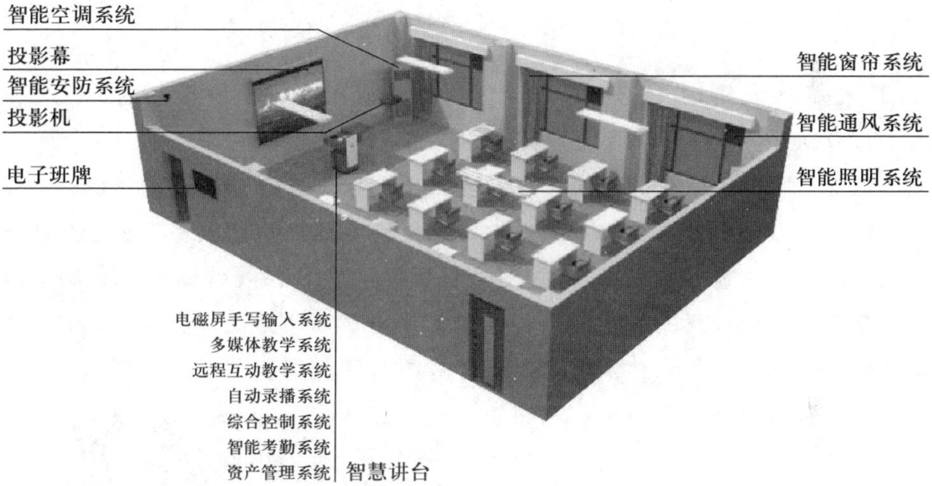


图 1-22 智慧教室示例

## 三、开放教育资源支持创新性教学应用

开放在线课程的建设，共享了优质教学资源，促进了教育均衡发展。教育资源的共享和教学过程的开放，意味着学生的学习形式和学习内容都将摆脱传统学校教育和课堂教学的束缚，从而让学生获得更多的学习机会，教育教学模式将步入更多样、多元的阶段。我国建立的国家教育资源公共服务平台，以政府主导、多方参与的方式向全社会提供开放教育资源，如图 1-23 所示。

除了政府和高校创建的开放教育资源与应用，很多社会团体或个人也投入其中，他们创建了一些灵活而有效的开放教育资源与应用，取得了很大的

图 1-23　国家教育资源公共服务平台中提供的开放教育资源

成功，也为教育机构开展开放教育资源的建设和应用提供了新的方法和启示，TED 大会①和可汗学院就是其中的典型。

可汗学院的教学资源定位正在转变，由用于学生在家自学的资源转变成一种在学校教育中被广泛应用的教学资源，现在已被全球很多中小学列为学生学习的重要资源。可汗学院团队正逐渐将他们的在线课程资源进行系统化，与美国基础教育的核心标准对应起来，便于教师将视频用作课堂教学的学习材料。许多教师在让学生使用这些资源时感受到，在课堂中利用可汗学院有助于自己提高课堂效率。当一组学生讨论时，另外一组学生可以根据需要观看教学视频，这样多样化的学习活动可以同时发生在同一课堂中。

图 1-24　开放教育资源应用示例

利用开放教育资源，教师可以投入更多精力用于对学生学习的观察，对学生问题的解答，对学习活动的组织管理，如图 1-24 所示。开放教育资源支持了创新性教学应用，给教育教学带来了新的生机。

① TED 是 technology，entertainment，design 三个英文单词的缩写，即技术、娱乐和设计，TED 大会每年召开，大会演讲视频会在互联网上发布。

# 第二章
# 在线教育的理论

2012 年，斯坦福大学校长约翰·轩尼诗（John L. Hennessy）接受《纽约客》采访时指出："一场海啸正在来临。"[①] 轩尼诗所说的海啸，正是指席卷高等教育领域的在线课程热潮。2013 年前后以 edX[②]、优达学城（Udacity）和课程时代（Coursera）等为代表的一批开放在线课程平台迅速兴起，注册学生数快速增长，吸引了近百所世界顶尖大学参与其中。这些课程网站开通短短半年之内就得到了市场的极大认同和强烈反响，获得了大笔风险投资。开放在线课程新潮流的迅速蔓延，塑造了高等教育及在线教育前所未有的绚丽景观。在线课程海啸般的发展，正支持人们实现跨越地域、学校、教育背景的终身学习的梦想。

随着"互联网+"时代的到来，中国的在线教育发展如火如荼，各种新课程、新产品不断涌现，获得了广大学习者的认可。各媒体都称 2012 年为"中国在线教育元年"，在线教育成为大众关注的实践领域。但如果这阵热潮没有良好的理论基础，那么很可能就是昙花一现，难以持续推进。

## 第一节　远程教育的基本理论

在线教育实际是远程教育在互联网环境中开展的具体方式，因此远程教育领域百多年来形成的基本理论为开展在线教育提供了重要指导和依据。在线教育在项目营运管理、课程设计与实施、学习材料设计、学习支持服务和教与学互动实施等方面都应遵从远程教育的基本理论，如独立和自主学习理论、教与学再度整合理论、交互作用与通信理论、等效理论等，由此避免不必要的、盲目的甚至是冒险的尝试。

---

① Auletta, K. Get Rich U. [EB/OL]. [2018-07-03]. http://www.newyorker.com/reporting/2012/04/30/120430fa_fact_auletta? current-Page=8.

② "edX"是哈佛大学与麻省理工学院共建的在线课程项目。

## 一、独立和自主学习理论

独立和自主学习理论是远程教育实践中被较早梳理及清楚阐述的理论，是在线教育中最应明确的理论，但也是当前在线教育中常被教与学双方忽视的理论。

在远程教育中，教与学双方在时间和空间上分离，教与学双方只能借助技术和媒体进行交流和互动。在整个学习过程中，教师指导、同伴交流不便，因此，学习者独立和自主学习是最主要的学习方式。独立和自主学习理论的提出是以远程教育中教与学分离状况下的学习实践为背景的，这一理论主要的代表人物有德林（Deling）、魏德迈（Wedemeyer）和穆尔（Moore）。

该理论的基本观点是：在远程教育中，学习者主要独立、自主开展学习活动，尽管有教师指导和同伴交流，但学习者并不依靠教师和同伴。魏德迈归纳出"独立自主学习"这个概念，具体描述了独立自主学习的表现，并认为独立自主学习是远程教育中学习者最重要的学习方式。独立和自主学习理论认为学习是一种主动的、建构性的学习，学生为自己确定学习目标，然后监管、调节、控制学习过程。在远程学习中，学习者首先要明确和承认远程教育所赋予的自由程序，即学习者在教学项目或课程的宽松计划下，可以自定步调、自定时间、自定地点和自定学习方法开展学习活动。但学习者在拥有由"自主"带来的便利时，也需要承担相应的责任，即自我约束。学习者需要按自定计划完成各项学习任务，并完成自主设计的学习过程。在远程学习中，学习者的学习环境与常规的课堂学习环境完全不同，学习过程和具体学习任务都由学习者自己决定。

魏德迈归纳出远程教育系统的十大特征，重点强调了学习者独立自主的学习过程。

➢ 远程教育系统在任何有学生的地方都能运作，即使只有一个学生，不管同时同地有没有老师；

➢ 远程教育系统把比较大的学习责任放到学生身上；

➢ 远程教育系统把教职员从保管员型责任中解放出来，以便他们把更多的时间用到真正的教育和教学任务上；

➢ 远程教育系统在课程设计、计划安排、学习方法等方面为学生提供了很宽松的选择余地；

➢ 远程教育系统适当地采用了所有能提高教学效率的教学媒体和教

学方法；

➢远程教育系统将媒体和方法结合起来，因此每个课程、每节课都可以使用最好的方法教授；

➢远程教育系统促进课程的重新设计与开发，以适应表达力强的媒体教学；

➢远程教育系统保持和增加适应个别差异的机会；

➢远程教育系统仅评价学生的学习成就，而不在学生学习场所、学习进度、学习方法、学习次序等方面增加限制；

➢远程教育系统允许学生按照他们自己的速度决定何时开始和停止学习，以及学习什么。

该理论揭示了远程教育的特点，提出了远程教育成功的关键在于学习者能够自我控制、调节和评价学习过程和结果，教学团队和组织机构应该做的是支持、促进和保障这种独立自主学习顺利开展。

在线教育项目中学习者进行的在线学习也是独立自主的学习，他们在在线学习平台中自定学习步调，使用学习材料，完成作业并参与在线学习活动，利用在线学习平台与教学团队、学习同伴进行交流，完成学习任务。因此，在在线学习过程中，一方面不应存在传统课堂教学过程中“教”的概念，更多关注的应是“学”，教学团队要学会通过课程组织、学习材料和学习活动的设计更好地支持学生的自主学习，降低教师和教育组织在其中的作用和影响；另一方面学习者也应该明确在线学习过程是一个自主学习的过程，需要自己承担起学习管理、组织和实施的责任，降低对教师和教育组织的依赖。

优达学城是众多如雨后春笋般出现的在线课程平台中最引人注目的三大平台（edX、优达学城和课程时代）之一。优达学城的体制和运行机制具有鲜明的科技文化市场色彩，其中，斯坦福大学提供了约 2/3 的课程，这显然与斯坦福大学开创“硅谷奇迹”的传统密不可分。

在 2011 年夏天，塞巴斯蒂安·特龙（Sebastian Thrun）和彼得·诺维格（Peter Norvig）将自己的“人工智能概论”课程放在网上，没想到仅仅一学期的时间，就有来自世界 190 多个国家的 16 万余名学生选修这门课程。不久之后，优达学城正式成立，并很快获得 2 100 万美元的风险投资。优达学城对课程质量的要求极为严格，它采取直接与教授合作的模式，所有的教授和课程都要经过严格的筛选和评价。

优达学城的课程设计以促进学生主动的自主学习为导向，与其他尝试普及高等教育的课程不同，优达学城不只是提供课堂录像。优达学城的课程通常包括微视频授课、讨论、反馈、作业和考试等环节，每环节都精心设计了一系列既能激发兴趣又引人深思的问题，由此引导学生在主动思考和探究中学习，优达学城设计了一系列问题让学生们解答，这样学生就必须通过做来学，而不只是听讲。优达学城还有另一个重要理念："教育不仅应使学生在学校成功，更应使他的人生获得成功。"① 特龙将优达学城的课程描述得几乎和游戏一样，他认为学生在优达学城的课堂上受到问题、小测验而不是讲课的轰炸，寓教于练比寓教于听更重要。优达学城完全避免了讲课。在优达学城的课程中，教授简单介绍主题后便由学生主动解决问题。这种模式类似翻转课堂（flipped classroom），也有些人认为这是教育的未来。通过考核之后，学习者能获得由优达学城颁发的课程证书。

## 二、教与学再度整合理论

在远程教育中，教师和学习者之间在时间和空间上分离，教与学的活动分离，并不意味着教与学双方从不联系。实际上，在远程教育中，学习者独立自主的学习不是孤立无助的学习，他们可以获得教学团队提供的学习支持服务，可以在在线学习活动中与同伴互动，获得同伴的支持。在远程教育过程中，虽然学习内容讲授、学习活动设计和学习材料制作等已在学习活动之前完成，但是师生对话和学习指导等仍动态进行着，因此远程教育过程是一个教与学再度整合的过程。

德斯蒙德·基更（Desmond Keegan）提出并发展了远程教育的教与学再度整合理论，该理论从哲学层次上论证了所有远程教育活动的本质，并提出教与学再度整合的必要性和重要性。基更指出：教学过程是在教师和学生的相互作用中发生的，这在远程教育中必须人为地重新整合创造出来。远程教育系统跨时空重新构建教与学相互作用平台，使学习材料向学习行为紧密结合是这个重建过程的核心。② 基更的观点强调在远程教育中必须重新构建跨越时空的教与学相互作用平台。基更认为教与学再度整合必须通过人际交流来实现，但并不是面授辅导或过多的面对面交流，而是基于各种媒介的人际交流。整合的作用在支持学习者独立自主的远程学习上，可以体现在学习材料的设计和教学活动的提供中。在远程教育的各个

---

① 林静. MOOCs：本意、困境与希冀 [J]. 中国教师，2014 (3)：8-12.

② Desmond Keegan. 远程教育基础 [M]. 丁新，等译. 上海高教电子音像出版社，2008.

环节中，围绕学习的需要设计相应的活动、提供相应的支持，通过各种技术实现模拟的人际交流可以真正帮助和促进远程教育的开展，也才是真正的教与学再度整合。

远程教育中的时空间隔增加了教学调整和学习监控的实施难度，也增加了建立教与学联系的难度。以人际交流为例，远程教育过程与传统课堂教学相比缺乏了非语言信息，如神态交流、肢体语言和环境氛围等，因此，在远程教育中要采用其他的方法来建立教与学的联系。基更认为学从教中来，这个过程发生在教师与学习者主观性的相互影响中，这种教师与学习者主观性的相互影响必须被人为地重新建立起来。为此，在线教育从以下两方面关注教与学再度整合的实现。①

第一，教与学再度整合的重点和难点。以媒体为中介的交互是实现远程教育中教与学再度整合的关键；将学习材料和学习活动有效地结合是远程教育中教与学再度整合的难点。

第二，教与学再度整合的策略与原则。学习材料不论是否为印刷品，都应该尽可能多的具有人际交流的特征，如尽可能采用易读的书写风格、精心设计内容结构、设计自测问题、学习材料中插入问题、视频教学材料设计尽量模拟常规教学中的交互情况等；当课程开发出来后，教与学的重新整合要通过各种双向通信来实现，如电子邮件交互、基于论坛的在线同步和异步辅导答疑、在线批改作业和视频会议研讨等。

优达学城就较好地实现了教与学的重新整合。如果说可汗学院是把30多个视频摆在一起放在某个主题的目录下，作为一门课程，那么优达学城的在线课程则有更浓厚的“传统课程和教学”色彩。优达学城的一门课程有明确的教学目标，内容被分成几个单元，有明确的内容框架，有课堂练习和反馈讲解，有平时的课后作业和期末考试，平时成绩和期末成绩共同决定是否可以授予证书。课程的起始时间和关闭时间、作业的提交时间都有明确而严格的要求，体现了对教学的基本环节的管理和对学习者的必要约束。

优达学城的每门课程，除提供视频资源、练习题的核心功能，还提供了基于讲稿的维基（Wiki）② 和供用户交流答疑的论坛等必要的模块，以实现在线教育教与学的重新整合。

---

① Desmond Keegan. 远程教育基础［M］. 丁新，等译. 上海高教电子音像出版社，2008.

② 维基是一种在网络上开放且可供多人协同创作的超文本系统。

① 视频资源

在视频资源的制作上，优达学城使用了与可汗学院十分类似的技术。优达学城的视频资源用录屏的方式录制电子白板中呈现的信息，学习者无法修改其中的内容。

优达学城的视频播放器右侧就是播放列表，播放列表里包括了本课程已发布的所有视频、课堂测验和课后作业的链接。直接点击就可以在播放区看到具体内容，如图 2-1 所示。播放完成的视频在列表中用绿色的“√”标识，播放中的视频则用黄色的“√”标识。

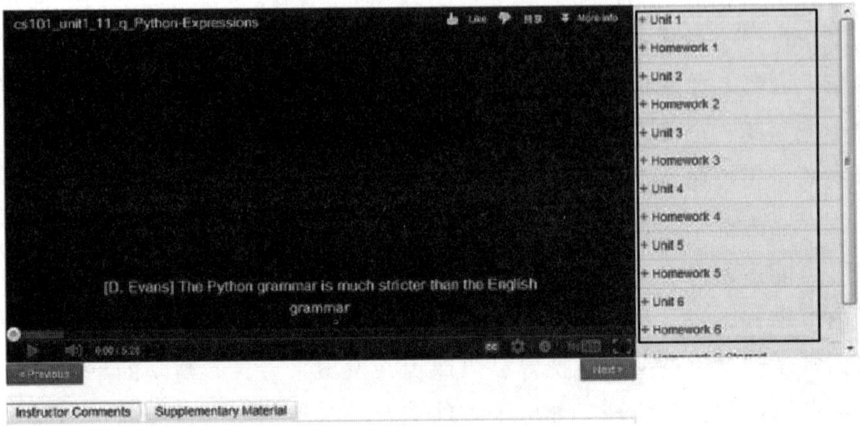


图 2-1 带列表的视频播放器

当点击播放列表中的作业时，首先出现的是一段视频，讲解作业题目和要求。其次播放器定格在题目的画面上，并出现“提交”按钮，充当题板的角色。回答结果后单击“提交”，可实时看到题板上方给出的正误反馈，如图 2-2 所示。

② 课堂练习和课后作业

优达学城在教学进行中穿插课堂练习，供学习者自主观看学习之后进行练习。其基本流程都是先由一段视频介绍题目要求，然后通过问题链接将播放器变为答题工具（题板或代码编辑器），练习提交后即可得到正误反馈。最后单击“答案”按钮，播放器会播放教师对答案简短的解释。

③ 维基

优达学城为每门课程都设立了独立的维基页面，用来存放每个单元的核心内容和文字版练习题目。使用维基，学习者可以快速浏览课程结构、课程的前进路线与自己当前的位置，如图 2-3 所示。

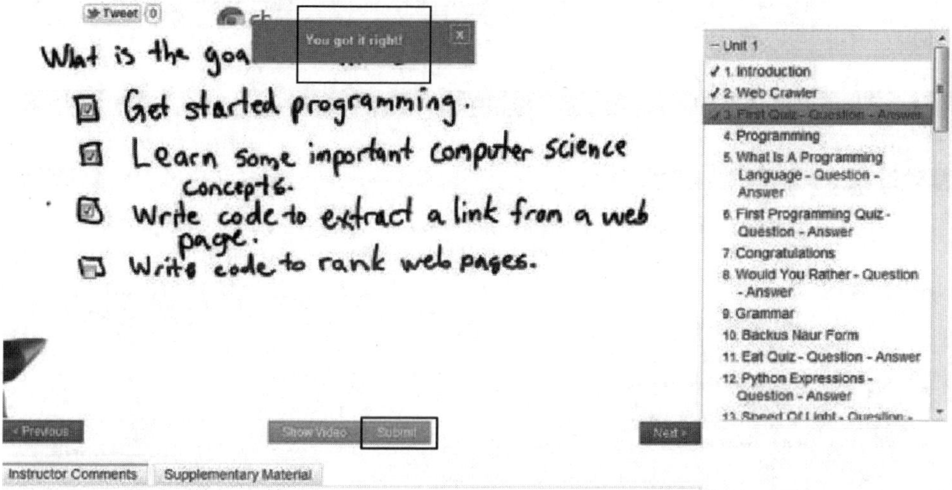


图 2-2　视频播放器变身答题板

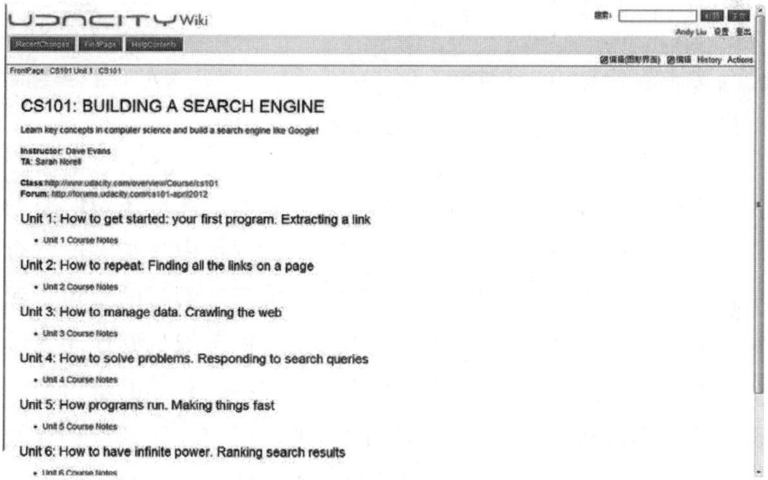


图 2-3　优达学城的课程维基界面

④ 课程论坛

优达学城同时为每门课程提供独立的课程论坛，用于学习者提问，教师答疑、发布通知，以及教师和学生之间、学生与学生间的其他交流。课程论坛只按照最新回复时间排序，而不是按照主题或目录分类排序。每个帖子下面都显示了其阅读和回复数量，支持票数和标签，如图 2-4 所示。如果在优达学城课程论坛上查找问题，可以通过标签快速搜索到相关帖子。从课程编号 CS101 的论坛帖子来看，基本分为两种类型，一种是对某一单元作业运行结果异常询问的帖子，另一种是对获取课程认证问题询问的帖子，两种类型各占一半。

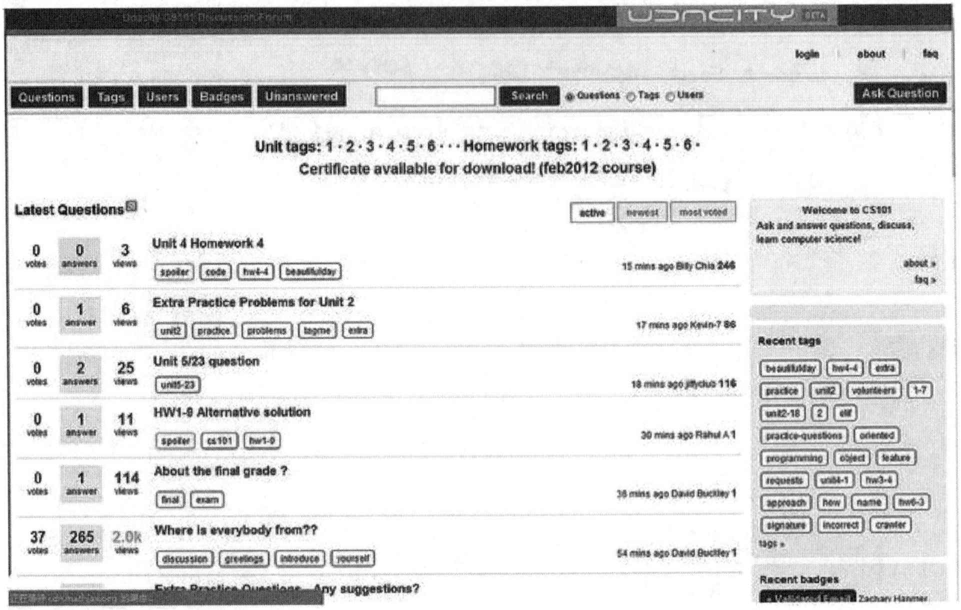


图 2-4　优达学城的课程论坛

教与学再度整合理论强调了在远程教育中必须重新构建跨时空的教学情境，同样在线教育中的教与学也需要整合。在线教育中教与学的整合可从两个方面来实施。一是设计和制作能促进独立自主开展学习的学习资源，二是组织和实施能促进学习的学习活动。精良的学习资源能更好地激发学生的学习兴趣，通过学习资源体现教学团队对学习的支持；有效的学习活动能保证学习进程高效有序进行，保证学习目标的实现。当前在线课程的建设，通常只注重学习资源的建设，而忽略线上线下学习活动的设计与组织，难以实现教与学的重新整合，在促进深层次学习的发生和持续学习的开展上都受到学习者的质疑。

近年来，以慕课（MOOC）为代表的开放在线课程以迅猛之势席卷全球。正当人们以狂热之情憧憬着慕课可以为教育教学改革带来的机遇时，却遭遇高辍课率、低参与度、难以深度学习等质量危机。高辍课率是当前慕课最为人们所诟病的问题，也是网络课程一直都面临的一个难题。多项数据显示，在慕课各类课程注册的学习者中能够完成自己所选修课程的比例一般都不超过10%，部分结果甚至比这个比例低得多。

教育技术咨询专家和分析师菲尔·希尔（Phil Hill）通过对慕课的研究发现，慕课的学习者主要有以下五种类型，如图 2-5 所示。

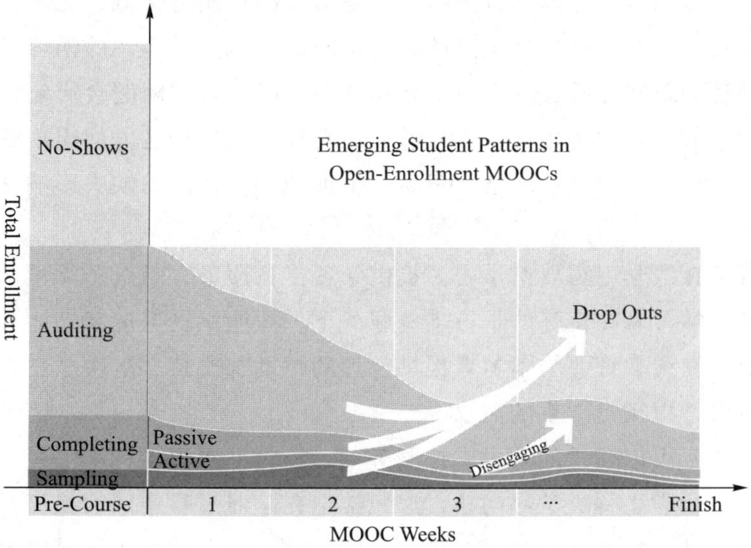


图 2-5　慕课学习者类型

资料来源：Hill，P. Combining MOOC Student Patterns Graphic with Stanford Analysis [EB/OL]. [2018-07-06]. http://mfeldstein.com/combining-mooc-student-patterns-graphic-stanford-analysis/.

① 爽约者（No-Shows）：学习者虽然注册了慕课课程，并激活了自己的账号，但是从来都没有登录过这门课程。

② 完成者（Completing）：指那些完成了大部分课程任务的学习者。虽然他们的表现可能参差不齐，但是他们至少努力去完成课程的任务。这种学习者与传统课堂中的学习者很类似。其中，被动的学习者会去观看视频、完成测验、浏览论坛，但是基本不完成作业；而主动的学习者完成了大部分作业，并且是论坛上的活跃分子。

③ 旁听者（Auditing）：这部分学习者只观看视频而很少去做任何测验和参与在线活动，也许他们能听完大部分的课程，但是不能获取学分。

④ 脱离者（Disengaging）：这部分学习者一开始的时候能够参与课程和测验，但是随着时间推移，参与度明显下滑。在一开始的时候他们的表现和完成者一样，但是后来要么彻底退出课程，要么就只观看视频。学生退出课程的时间节点都不一样，但一般情况是课程开始 1/3 以后。"辍学者"即属于这一类。

⑤ 尝鲜者（Sampling）：这部分学习者一般只会观看一两个测验周期内

的视频，大部分只观看过一个视频。有很多的这类学生会从课程开始就“尝鲜”，但大部分只是在课程已经开始后大致浏览一下材料。[①]

在线学习的师生分离导致教师对学习活动的控制力降低，尤其是慕课这种大规模在线学习。这种远距离的，自定时间、地点、步调的学习易引起一系列的问题，如缺乏必要的学习指导和学习策略。这些问题会影响学习者的学习态度；对课程的使用技术不熟悉，在硬件和软件功能方面出现的问题也会导致学生产生挫败感；网络学习易产生孤独感，情感的缺失影响学生学习的积极性。

大规模在线学习需要给学习者提供学习支持服务，它是影响学习效果的重要条件。学习者在良好的学习支持服务下，才能以良好的状态顺利有效地完成学习。在线教育要为学习者提供合理的帮助与支持，解决学生在学习中遇到的困难，以满足学生的需求。

在线教育可以提供的学习支持服务如：通过网页提供词典、笔记、讨论框等工具方便学生解决学习问题，避免学生在学习过程中因切换工具而分散注意力。另外，在维基、脸书（facebook）、网站内部论坛等工具的基础上加强师生实时互动，可以提高学生参与度。

## 三、交互作用与通信理论

远程教育中教与学再度整合的目标是为了促进学习者的学习，途径是设计制作精良的学习资源和组织实施有效的学习活动。两个实现途径究其本质都是为学习者提供基于技术和媒体的教学交互作用，可见交互作用是远程教学有效进行的重要环节，因此远程教育领域对交互作用的研究也相当关注，交互作用与通信理论在 20 世纪七八十年代多种媒体综合使用的背景下提出，并随着技术的发展不断深入和创新，代表人物有穆尔、加里森（Garrison）、西沃特（Sewart）和丹尼尔（Daniel）等人。

穆尔最早从教育学领域演绎出三个概念：“结构”“自主”和“交互”，通过这三个概念来建构远程教育独有的“交互作用距离”（transactional distance）范畴。[②] 他的理论通过建立三维模型论证了以上三者之间的关系，演绎了远程教育交互活动应遵循的规则，如教学结构化程度与学习自主度呈反

① Hill, P. Combining MOOC Student Patterns Graphic with Stanford Analysis [EB/OL]. [2018-07-06]. http://mfeldstein. com/combining-mooc-student-patterns-graphic-stanford-analysis/.

② Moore, M. G. Three Types of Interaction [J]. *American Journal of Distance Education*. 1989, 3 (2): 1-7.

比。在教学结构化程度比较高的课程里，师生间对话一般较少（例如传统讲授式课程），师生间交互距离最大。相反，师生间对话增加，结构灵活时，师生之间的交互距离也随之缩小。萨巴用公式表征了这一理论和动态系统：

交互×距离(t)=交互×距离(t-dt)+(结构-对话)×dt。[①]

穆尔的理论突出地指出远程教育中教与学的分离除了表现为时空上的分离外，更重要的是师生之间存在心理距离，因此提倡通过对话缩小远程教育过程中的心理距离。20 世纪 90 年代，穆尔又提出了远程教育中的三种核心交互作用，即学生与学生、学生与学习内容、学生与教师间的交互作用，实现了对远程教育中的交互作用进行更为细致地描述，也引领了远程教育围绕三种交互作用开展的深入研究。

随着计算机和网络的双向传播媒体和技术的兴起，后续研究者对远程教育中交互作用的理解不断加深。随着认识的不断深入，远程教育者意识到交互作用并非越多越好，安德森的等效交互原理[②]、陈丽的教学交互层次论[③]等理论的出现，从更宽广的角度，分析了不同类型交互作用之间的关系与规律，提出了社会性交互、替代性交互、概念交互、自我交互等新的交互作用类型。

安德森在教学交互作用类型不断扩充，研究者对各类教学交互作用热情高涨的背景下，从节约时间和经济成本的角度提出了等效交互原理。其基本思想为：从教学效果和教学满意度方面来说，远程教育的三种核心交互是可以相互转换和替代的。这个思想表现为两种观点。观点一是在远程教育过程中只要三种交互中有一种处于较高水平，即使其他两种交互水平较低，甚至被消除，深入和有意义的学习也能得到有效支持，且教学体验不会降低。观点二是三种交互中超过一种交互处于较高水平，有可能带来更满意的教学体验，但高水平的交互要花费更多的时间和经济成本。[④] 观点一关注交互的质，观点二关注交互的量。在开放在线教育中，该原理进一步用于指导慕课的设计，指出开放教育时代的正式教学需要建立允许学习者根据自己的时间和经

---

① 王志军，陈丽．国际远程教育教学交互理论研究脉络及新进展［J］．开放教育研究，2015，21（2）：30-39．

② Anderson，T. Getting the Mix Right Again：An Updated and Theoretical Rationale for Interaction［J］. *The International Review of Research in Open and Distance Learning*. 2003，4（2）：1-14.

③ 陈丽．远程学习的教学交互模型和教学交互层次塔［J］．中国远程教育，2004（5）：24-28，78．

④ Anderson，T. Getting the Mix Right Again：An Updated and Theoretical Rationale for Interaction［J］. *The International Review of Research in Open and Distance Learning*. 2003，4（2）：1-14.

济能力而做出参与交互的选择。①

进入网络时代后，以人际交互为特征的社会交互成为远程教育教学交互研究的热点，交互的类型突破了以单一对象为主体，发展到以小组、集合体和网络等多个对象为主体。赫罗密根据交互发生的顺序将在线学习的教学交互分为三个层次。第一层为学习者自我交互，以帮助学习者控制和调节学习；第二层为学习者与他人（包括其他学习者）的交互，学习者与非人（工具、内容、环境）的交互；第三层为学习者和教师的交互，它由一系列活动组成。第一层交互影响后两层交互的选择以及第二层交互的设计及顺序，非常重要。第三层交互不同于前两层交互，它显示了远程教育工作者如何设计和安排有计划的网络学习交互活动及顺序。②

这些主要的理论观点对在线教育实践的启发有如下四个方面。③

第一，远程教育的基本构成要素之间是相互作用的。穆尔认为，远程教学是由教师、教育资源和学生三个基本要素构成的，即学生与教育信息资源之间的相互关系；学生与教师之间的相互关系；学生与学生之间的相互关系。在线教育项目与其他远程教育项目一样，重要的任务就是设计、组织和安排好这三种关系，建构教与学双方交互活动，有效控制交互的距离，实现对学习的支持。

第二，师生之间的交互作用是远程教学成功的基本保证。霍姆伯格认为远程教学有两大任务：一是对教育资源的设计、制作和传送；二是对学习者提供支持服务。两大任务分别体现学生与教学内容间的互动和学习者与同伴、教师间的互动，因此在线课程不能只提供网络学习资源，也要提供适当的交互活动。

第三，教师应对学习者给予更多的关心，但交互活动应该适时和适量。西沃特认为学生不是天生就会自主学习的，学生的自主学习能力、自制能力、对教育资源的选择能力和控制能力都需要在教师的指导和帮助下逐步养成。在线学习如果不能让学生获得持续关心和支持，就会影响教学质量和学习效率。交互活动是必要的，但不能过多，过多类型和过多次数的交互一方

---

① Miyazoe, T., Anderson, T. The Interaction Equivalency Theorem [J]. *Journal of Interactive Online Learning*. 2010, 9 (2): 94-104.

② Hirumi, A. A Framework for Analyzing, Designing, and Sequencing Planned E-Learning Interactions [J]. *Quarterly Review of Distance Education*. 2002, 3 (2): 141-60.

③ 以下内容全部引自：李康. 现代远程教育若干理论之评述 [J]. 中国远程教育，2004 (17): 11-14, 78.

面会影响独立自主学习的开展，另一方面也会加重在线学习的认知负荷，不利于在线学习。

第四，学生的自主学习和师生交流应均衡发展。丹尼尔认为远程教育并不应该是让学生完全孤立地学习，也不应是让教师给学生提供过多的干预，影响学习者原有的步调和计划。远程教育系统要在交互作用和独立学习之间找到平衡和正确的结合点。在线学习中，虽然交互的方式和频度在移动互联网络和智能移动设备的支持下，可以做到高频度和大数量，但有效控制次数和频度，对于有效学习同样非常重要。有研究表明过多的在线活动和在线互动并不能给学习效果带来正向影响，反而会引起学习者的反感。

因为讲授视频形式的限制，学习者在在线学习中会遇到看不懂教师的笔记，跟不上快速的口语，把握不住讲解的重点，梳理不出学习内容间的关系等问题，简洁清晰地呈现教学视频中的核心知识成为解决这些问题的主要方式。优达学城使用课程维基满足这一需求，每个课程都有自己的维基界面，将课程精髓保留和呈现出来。维基的首页是课程目录，通过提供的链接进入每个单元的页面。页面中包括这个单元的核心内容、关键内容的截屏、课后练习和作业的文字版。对需要通过抽象思维深入思考课程内容的学生来说，文字呈现练习和作业等对其总结和思考更有帮助。这一点也正符合促进学生与学习内容交互的原理，使得将学习内容与学习活动有效地结合。同时优达学城注重学生之间、师生之间的交互，学生可以在这里提出自己的问题并得到同伴或教师的回复，可以很方便地解决学习的困难，使其有继续下去的动力。

## 四、等效理论

等效理论是由美国研究者西蒙森（Simonson）、施洛瑟（Schlosser）和汉森（Hanson）提出的。西蒙森认为，没有必要去补偿任何学习团体相异的、可能欠缺的学习经验。

等效理论核心的思想是：一个在远程学习中学习的学生获得的学习经验与另一个在常规学习中学习的学生获得的经验越相等，则两者所取得的学习成果也越接近。教学团队应该为参与远程学习的学生设计和提供能使他们获得与常规学习相同的学习经验的教学材料、教学过程、教学活动等，以保证学习效果的等效。将学生对学习的关注点集中在从学习中获得学习经验和取得学习效果上，而不是学习方式和学习途径上。

等效理论的主要观点如下。[①]

① 不管远程学习者获得学习资源的方法如何，参与远程教育的方式怎样，运作中的远程教育系统都应该尽力为所有学生提供相当的和均等的学习经验和经历。

② 学生个体有着自己独特的学习需要，这些学习需要应得到教学团队和教学项目的支持。

③ 学生个体的独特学习环境对取得等效的学习经验来说是一个重要的因素。

④ 远程学习者和常规学习者的学习环境根本上是不同的，因此远程教育有责任为远程学习者设计足以让他们取得与常规学习等效的学习经验的学习环境和学习资源。

⑤ 尽管远程学习者和常规学习者的具体学习过程、活动和经历都不同，但他们的学习体验及学习成果应该是等效的。

⑥“个别化的教学”和“本地控制”是获得等效学习经验的重要途径。

曾有学者这样提到等效理论：由于远程教育中不断应用各种信息技术，远程教育理论体系中出现了基于美国远程教育的等效理论。这个理论试图为所有不论是以何种方式获取教育机会和教学资源的学习者提供均等的学习体验和经历。根据这一理论，远程教育提供者有责任为学习者提供价值均等的学习体验。[②]

## 第二节　在线学习理论

在线学习（Online-learning）是基于计算机技术、移动计算技术、移动通信技术和互联网技术，从远程教育领域产生，并逐渐为人们接受和采用的学习方式。顾名思义，在线学习发生在网络学习环境中，需要网络学习平台和网络学习资源的支持。希尔兹（Hiltz）最早提出在线学习概念，指将某一课程的主页及相关资料置于网页之中，形成一个共享的虚拟学习空间，以达

① 穆肃. 远程教育的均等理论——来自美国的远程教育理论［J］. 中国远程教育，2006（1上）：23-27.

② 穆肃. 远程教育的均等理论——来自美国的远程教育理论［J］. 中国远程教育，2006（1上）：23-27.

到面对面的学习效果的学习方式。[1] 随着互联网和移动技术的发展，在线学习已远远超出了这个界定。目前，主流的在线学习理论有以下三种。

## 一、联通主义学习理论

网络时代，知识更新的周期变短，人人都是知识的生产者和消费者，知识学习越来越多地呈现复杂、混沌、非线性等特征。基于此，加拿大学者乔治·西门子（George Siemens）提出了联通主义学习理论，从全新的角度解释开放、复杂、快速变化和信息大爆炸时代学习如何发生的问题。该理论用网络思维来思考学习的过程和本质，将学习看作一个网络形成的过程，因契合网络时代的知识学习特性而得到国际社会的普遍关注。[2]

### （一）联通主义学习理论的主要观点

为了与传统学习理论相对照，联通主义学习理论在哲学取向、知识观、学习观、课程观、教师观、学生观、学习环境观上，分别提出自己的观点，并不断丰富和完善。本书主要介绍其哲学取向、知识观和学习观。

（1）联通主义学习理论的哲学取向

联通主义学习理论并不应用于所有学习者，它对学习者有两个前提假设：其一，学习者都受过教育，有信心和能力利用网络开展学习；其二，学习者有参与联通学习的能力，能对信息是否正确、是否对自己有用作出判断。由此可以看出，联通主义学习的发生以学习者具有一定的学习能力为基础，该理论不适合所有学习阶段。就目前来说这种理论更适合于非正式学习和高年级学生学习。

从哲学取向上看，联通主义学习理论的核心围绕连接展开，认为世界本质是整体的、分布的，是对要素如何与感知者连接的反映。所以对世界的认识，即知识存在于建立连接的过程中。

（2）联通主义学习理论的知识观

联通主义学习理论认为知识存在于连接中，是一种联通化的知识，知识都具有网络特性。网络中的知识有很多特性，最核心的是动态性、隐性和生长性，知识的组织形式主要是动态网络和生态——有适应力的模型。高质量的网络及其联通产生高品质的知识分享。

---

① Hiltz, S. R. *The Virtual Classroom: Learning without Limits via Computer Networks* [M]. Ablex. 1994.

② Siemens, G. Connectivism: A Learning Theory for the Digital Age [J]. *International Journal of Instructional Techonoly and Distance Learning*. 2005, 2 (1): 3-10.

个体是联通主义学习理论的起点，个体的知识组成了一个网络，这种网络被编入各种组织与机构，反过来各组织与机构的知识又被反馈给个体的知识网络，供个体进一步学习。个体从网络中获取知识具有阶段性，遵循从简单到复杂的路径：意识和理解（基本信息处理技能，工具使用）→联通形成（建立个体网络）→贡献和介入模式识别（识别网络中的新兴模式和趋势）→意义生成→实践（反思网络生态的形成，并改变网络以外的生态）。

个体作为社会的组成部分，通过寻径与意会的过程建立信息之间的连接，在网络中进行定向，保持碎片化、分布式信息之间的凝聚性，并由此创建学习作品，从而促进知识的持续流动和生长。

联通主义学习理论的知识观认为，学习的主要目标是促进知识的生长。这一目标不仅强调在学习过程中创造新的节点，还强调建立知识节点的连接，促进知识生长。

（3）联通主义学习理论的学习观

联通主义学习理论认为学习不是单一的事件，而是一个连续的、知识网络形成的过程。学习是允许我们接受新知识，并将新知识作为个体知识网络的新节点的过程。学习者通过学习发展个体知识网络，以保持知识的时代性、持续获得性，并且创造和连接新知识。知识的获得是在包含知识内容、知识创造者和知识学习者的情境中发生的。影响知识获得的关键因素包括动机、情感、模式、逻辑、经验以及知识节点的开放程度和重复性等。知识获取过程包含了丰富的认知和情感参与，在他人持续的反馈中认知和情感不断交织。认知和情感影响如何将其他节点整合到更大的网络中。

**（二）联通主义学习理论的教学实践原则**

在网络时代，联通主义下的课程是开放网络课程。开放网络课程是开放、分散、复杂、由学习者定义并具有社会化特征的课程。它是以开放教育资源为核心内容，以网络思维为引导，将课程参与者与资源连接起来，让学习者充分利用优质资源创建自己的知识网络。联通主义学习理论在教学实践中有如下八条原则。

① 学习和知识存在于多样性的观点中。这些多样性观点不仅来源于课程创建者所创建和组合的学习对象，也存在于学习者与学习内容互动时所留下的批注、评论等内容中。

② 学习是与特定节点和信息资源建立连接的过程。随着教师和学习者将新的资源、个人见解和他们创造与发现的内容连接到学习对象中，学习对象不断生长。

③ 学习也可能存在于物化的应用中。学习者不仅通过创建新资源建立连接，还通过其个人资料、评论以及邀请其他学习者参与等建立连接。

④ 学习能力比掌握知识更重要。联通主义学习者意识到人永远也无法掌握所有的知识，但是最重要的是持续学习以及在相关情境中应用所学知识的能力。

⑤ 为了促进持续学习，人们需要培养和维护连接。

⑥ 发现领域、观点和概念之间关系的能力是最核心的能力。联通主义工具，例如概念图、数据挖掘、协作创建和批注工具，帮助学习者建立内在和外在观点、情境和人之间的连接。

⑦ 流通是所有联通主义学习的目的。联通主义学习的内容从来不是静止的，而是保持没有完成的状态。通过学习者与教师以及学习者与学习内容之间的交互，学习内容不断被编辑，从而可以增长和进化。

⑧ 决策本身是学习的过程。由于信息决策环境在改变，可能当时正确的信息到了第二天就错了。学习者根据正在变化的信息选择学习内容并判断所获信息的意义。真正自主、联通的学习者会突破学期的限制持续开展学习。教师和设计者应设计一些可以让学习者展示他们对某一主题的掌握程度和持续探究进展的任务和活动。

上述八条原则反映了联通主义学习理论初创阶段的最基本的思想。前三条和最后一条强调学习和知识的网络分布性，学习的联通性、多样性和过程性；第四、五、六条概括了开放联通的网络时代学习者应具备的能力；第七条指出了联通主义学习的目的——让知识流通。体现了网络时代的知识观、学习观、创新观、实践观。

基于联通主义学习理论的教学是一种开放式教学，与传统学习理论将教师作为“讲台上的圣人”相比，联通主义学习理论将教师定位为课程促进者，教师可以影响或塑造网络。西门子结合自己开展慕课教学的体验，把教师定位为网络中的重要节点，教师在联通主义学习中的作用可总结为五个方面。第一，放大。在联通主义学习网络中，教师是学习的促进者，教师特别关注的主题，可能会变为整个网络关注的主题。第二，策划。教师作为学习的指导者，可以策划学习情境，在学习情境中引导学生扩展个人学习网络，保持知识的持续获得性。第三，驱动。教师可以督促学生进行有方向、有目标的学习，帮助学生在复杂、散乱的信息中提取有效信息。第四，整合。随着课程的展开，课程通过大量碎片化内容的交互而逐渐形成结构，教师可以不断聚合生成性内容，并将其推送给学生。第五，过滤。教师可以通过订阅相关的邮件列表服务，阅读电子学习博客，综合讨论等方式掌握大量信息，再有针对性地筛选后，将有用信息传递给学生，实现信息的过滤。

在线学习强调学生的自我导向能力、网络导向能力和知识创造能力，这些能力既是学生参与在线学习需具备的能力，也是常规教学中需要培养学生掌握的能力。基于联通主义学习理论，在线学习者可以在网络学习环境中与不同的人、不同的技术建立连接，也可以在网络空间创造知识，对知识进行存储、检索和传递。当今移动科学技术快速发展，移动终端设备被广泛应用于生活与学习之中，学习者通过移动终端设备能够获得大量丰富的优质资源，随时随地实现与他人和资源之间的连接。技术不再只是呈现资源的工具，而成为学生开展交互学习的平台。在线学习促使学习者变得更为积极、活跃，成为主动参与者，在互通融入中对各自的学习、工作领域进行深入认识，贡献自己的观点。

## 二、网络协作学习的理论

20 世纪 80 年代初，计算机网络出现并进入课堂，促使基于网络的协作学习的产生。20 世纪 80 年代中期，人们已经认识到网络协作学习教学法对在线学习的重要性。而到了 80 年代后期，人们开始设计技术环境和工具支持师生交流、促进网络协作学习的应用。

随着计算机网络的出现和在线教育的开展，远程教育改革者开始利用在线教学平台的功能，设计和组织网络协作学习，并关注网络协作学习中学习者的交互情况。到了 21 世纪初，人们对网络协作学习的研究更为全面和深入。网络协作学习的特点是把学习划分为不同的阶段或过程，并通过基于网络的同步/异步交流予以加强。

网络协作学习理论认为社会学习、交流和协作从本质上讲是人类独有的，其可能的实际应用建立在三个过程中，即观点的产生、观点的组织和心智的交融，如图 2-6 所示。这些过程具有迭代特点，在教师的主持下，学生的协作学习最终会把学习向前推进。学生通过对相关问题展开讨论，协作解决涉及本学科的现实问题，最终达成增长知识、提高技能的目标。生生和师生通过在线学习平台随时随地都可以展开对话，随着时间的推移，逐渐形成和发展观点。网络协作学习给学生带来前所未有的对话和讨论机会，从而也敞开了学生思维养成和知识建构的大门。

网络协作学习理论强调在学生开展协作学习时教师的重要性，尤其是在基于文本的异步在线环境中，教师的跟进和协调决定了交互的有效性。在网

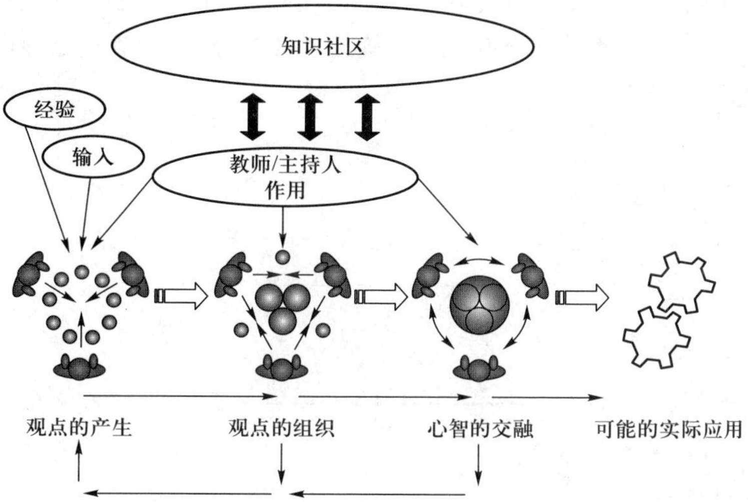


图 2-6　网络协作学习小组讨论教学法

资料来源：Harasim，L. *Learning Theory and Online Technologies*［M］. Routledge，2011：95.

络协作学习中技术的重要性不容置疑，技术能促进学生协作以及师生互动，但技术本身不是讨论、协作和互动产生的原因，学生的参与和教师的促进才是交互产生的重要原因。

## 三、活动理论

活动理论起源于康德与黑格尔的古典哲学，形成于马克思辩证唯物主义，后由建构主义心理学家维果斯基提出，成熟于苏联心理学家列昂捷夫与鲁利亚。活动理论强调了活动在知识技能内化过程中的桥梁作用。活动理论研究的基本内容是人类活动的过程，是人与自然环境和社会环境，以及社会群体与自然环境之间所从事的双向交互的过程。活动理论认为人的意识与活动是辩证的统一体，人的心理发展与人的外部活动是辩证统一的。

活动理论提出了一种基本的学习方式——活动学习。活动学习是指学生在教师的指导下，借助特定情境的创设和一定问题的牵引，以学习知识、提升能力、增进情感交流为目标，通过丰富多彩的具有自主性、实践性、探索性的主体活动，获得整体发展的学习方式。活动学习是成人学习的一种重要方式，对培养学生的实践能力、创新能力和综合能力具有重要作用。其实质是学生通过积极参与外部活动，以实现内部活动的升华，是内隐学习与外显学习的交互，在内容上是直接经验与间接经验交叉融合的过程。活动学习也是在线教育的一种重要的学习方式，应受到教与学双方的关注。

活动理论的基本单位是活动。活动系统包含三个核心成分（主体、客体和共同体）和三个次要成分（工具、规则和劳动分工）。它们之间的关系如图 2-7 所示。

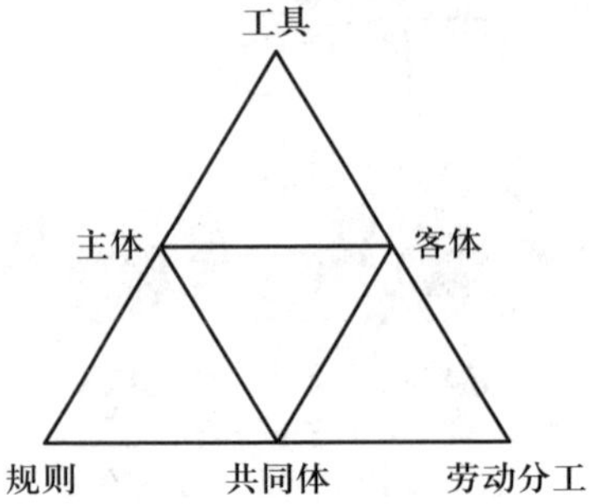


图 2-7 活动理论各要素关系图

（1）主体（Subject）

主体是参与活动的个人或小组，在教学中主体即为学生。活动理论中对主体的分析也就是对学生的分析。只有了解学生的认知水平、情感、技能等情况，才能建立明确的教学目标，合理组织教学活动。

（2）客体（Object）

客体是系统生产出来的物质上的、精神上的、符号上的内容，是所有活动的导向。在教学中客体即教学目标，是会因为主体受到一些活动的影响而改变的。客体的分析与设计应该根据主体的情况而定，同时要达到一定的要求。所以客体既具有主观性，又具有客观性。教学过程中对客体进行准确的分析与设计，是教学顺利进行的前提。

（3）共同体（Community）

共同体指共同活动的人群，在教学中指学生、教师和其他参与者一起构成的学习共同体。共同体在活动系统中起重要作用，有时为引导，有时为参与。在学习活动开展的过程中，共同体不断影响主体，为主体提供所需的资源或资助。

（4）工具（Tools）

在大多数情况下工具是主体作用于客体的手段。活动理论中的工具在教学中可以理解为教学环境，包含教学过程中使用的硬件与软件。活动理论认为人类活动是离不开工具的，学习也一样。笔墨纸砚是古代学习必备工具，而教材、计算机等是现代学习需要的硬件。和谐的同学关系、良好的网络等都是软环境。这些都属于工具。

（5）规则（Rules）

规则是用来协调主体与客体的，包括社会的和活动本身的规则。规则在教学过程中体现为教学计划和安排。大多数情况下，学生要听从教师的教学安排，老师与学生互动时二者必须保持礼貌。

（6）劳动分工（Division of labor）

劳动分工指活动过程中共同体内成员横向的任务分配。在教学过程中，学生要完成不同的任务。在活动理论中，不同成员需要完成不同任务，以使活动可以正常进行下去。在教学中也一样，虽然根据教学需要，角色某些时候会发生变化，但每个人都要完成自己应该完成的任务，否则教学将不能良性地进行下去。

活动理论者认为，有意识的学习和活动完全是相互作用和相互依靠的。由于各活动要素之间的交互联系而产生了四个子系统：生产子系统、交流子系统、消耗子系统、分配子系统，如图 2-8 所示。四个子系统也相互作用，最终支持活动结果（学习成果）的产生。

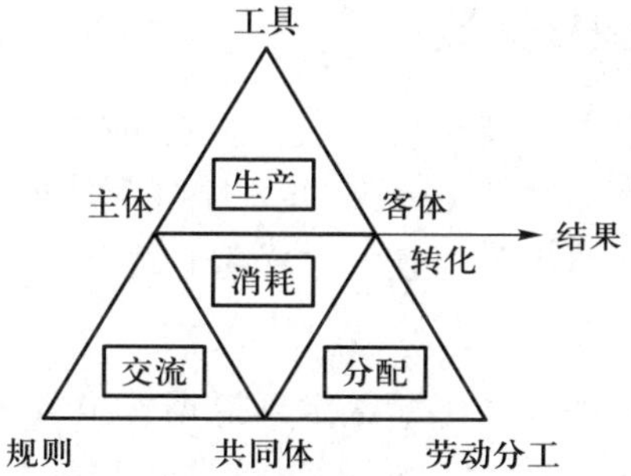


图 2-8　活动理论的四个子系统

基于活动理论，主体（学生）利用工具（教学环境），基于规则（教学计划和安排），经过自主和协作的学习活动，实现客体（目标），形成活动结果。教师通过对客体和结果进行对比来评价学生学习的情况。

## 第三节　在线教育项目的类型

在线教育项目的类型可以从不同角度进行划分。从学生受教育阶段来分，可以分为学前教育、基础教育、高等教育和继续教育等阶段的在线教育项目；从服务内容的角度，可以分为通识教育、技能培训、专业能力提升和学校课程同步学习等在线教育项目；从是否发放学历证书的角度，可以分为学历教育类和非学历教育类项目。我们将在线教育项目的类型按是否发放学历证书的分类方式进行分类，学历教育项目又分别按照专业和学历层次进行分类，学历层次有大专、本科、研究生；非学历教育按服务内容又可分为通识教育、技能培训、专业能力提升、学校课程同步学习等，如图 2-9 所示。

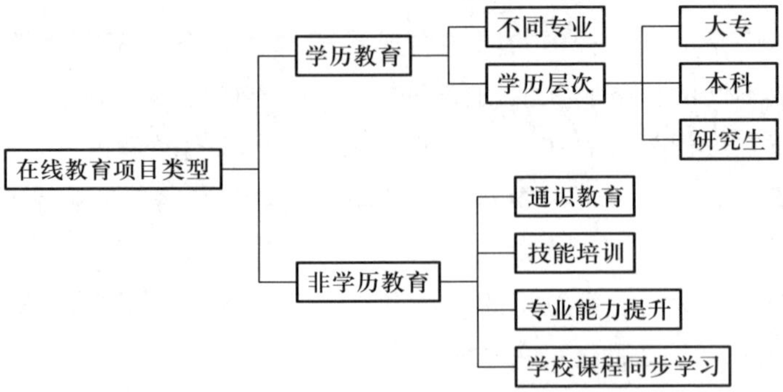


图 2-9　在线教育项目的类型

## 一、学历教育项目

在当今世界范围内，学历教育一直是人才培养的必经阶段，由于学历教育的专业结构和课程结构严谨、成体系，且对个体的生存和就业意义重大，因此在教育中处于不可替代的位置，同样也是在线教育项目中必不可少的一类项目。

学历教育又称为正规教育，通常学校根据各级教育主管部门下达的招生计划录取学生，按教育主管部门认可的教学计划实施教学，学生完成学业后，由学校颁发统一印制的毕业证书。与之相对的非学历教育是指机构以培训、进修的形式开展教学，学生完成学业后，由组织学习的部门颁发相应结业证书。学历教育的系统性和规范性使其教学质量有所保障，因此社会认同度也较高。我国普通高等教育五大学历教育是正规且用人单位认可的学历教育，学历代码和学历层次也是按照相关顺序统一编制。一般来说，每一个人从小到大所受的学校教育都属于学历教育的范畴。

1998 年 10 月，教育部将现代远程教育工程列入“面向 21 世纪教育振兴计划”。现代远程教育工程，就是依托计算机技术、网络技术和移动通信技术等开展的远程学历教育项目。此后，教育部陆续批准北京大学、清华大学、北京师范大学和中国人民大学等 67 所普通高校学校和中央广播电视大学（今国家开放大学）开展现代远程教育试点工作，对达到本科、专科毕业要求的学生，颁发高等教育学历证书，学历证书电子注册后，国家予以承认。

中国人民大学网络教育学院（简称“网上人大”）累计开设了涵盖四个层次的17个本科、专科专业（方向）网络课程300余门，在全国100余个城市设立了教学服务中心，在读学生约6万人，累计注册学生约20万人，并已有累计毕业生约14万人，其中有约1.8万人获得了中国人民大学的学士学位,[①] 其官网界面如图2-10所示。

图2-10　中国人民大学网络教育学院官网

中国人民大学的网络教育实行完全学分制管理。高中起点专科学制三年，80个学分（17~18门课程），学习期限2~5年；高中起点本科学制五年，160个学分（34~35门课程），学习期限4~7年；专科起点本科学制三年，80个学分（16~17门课程），学习期限2~5年。学生在学习期限内修完教学计划规定的必修课和选修课并修满教学计划规定的总学分，即可毕业。另外，本科层次的学生毕业论文成绩必须及格以上（含及格）才可毕业。毕业后，颁发中国人民大学的毕业证书（网络教育），本科毕业生符合条件者，可授予中国人民大学学士学位。

## 二、非学历教育项目

非学历教育指在教育主管部门统一学制以外、无权授予学历证书的各类

① 网上人大简介［EB/OL］.［2018-07-12］. http://www.cmr.com.cn/html/xygk/rdjs/.

教育活动。它没有入学资格的严格限制，没有学时长短的固定安排，学习结束时不颁发任何学历学习证明，通常是学生自觉自愿参加的项目。其教育类型主要为通识教育、技能培训、专业能力提升和学校课程同步学习等。其特点为周期短、见效快、针对性和适应性强，能够快速体现社会效应。

### (一) 通识教育项目

通识教育的目标是为全体公民提供通行于不同人群之间的知识观和价值观的学习路径。通识教育项目是全民教育的重要组成部分，是非专业、非职业性的教育，是对所有社会成员都适用的教育项目。通识教育的思想源远流长。《周易》中主张："君子多识前言往行"[①]；《中庸》中主张，做学问应"博学之，审问之，慎思之，明辨之，笃行之"[②]。古人认为博学多识就可达到出神入化的境界，就像《淮南子》中提到的"通智得而不劳"[③]。通识教育可以培养通才，他们通自然人文，知古今之事，兼备多种才能。在"互联网+"时代背景下，通识教育亦可以满足跨界融合、互通创新对人才培养的基本要求。

超星尔雅通识教育平台（http://erya. mooc. chaoxing. com/）的推出就是在线通识教育的一个成功案例。尔雅通识教育平台以国外先进教育体系为参照，邀请国内外著名学者专家、各学科领域名师授业解惑，经过精良的后期加工制作，提供优质的通识课程。

到2016年年底，尔雅通识教育视频已经完成2 000多位名家、名师的拍摄制作，拥有全部独立知识产权，内容涵盖社会与文化、中华文化与历史传承、自我与人生、自然科学与技术、艺术鉴赏与审美体验、经济与管理思维、创新与创业教育、心理健康与情商教育、军事理论与国防教育、大学职业规划与指导10个领域，近80个学科门类；每个学科系列的选题和讲授名师均由专业的学术委员会精心策划挑选。尔雅通识教育平台的授课老师大都是相关领域的学术权威和学科带头人，其中包括中国科学院院士、中国工程院院士、中国社会科学院学部委员、诺贝尔奖获得者、长江学者、国务院学科评议组成员等，这些优质的师资力量有力地保障了所有视频内容的权威性和前沿性。学生不仅可以学习知识，还可以参与学生互动，如图2-11所示。

---

① 《周易·大畜》。

② 《中庸·第三十一》。

③ 《淮南子·缪称训》。

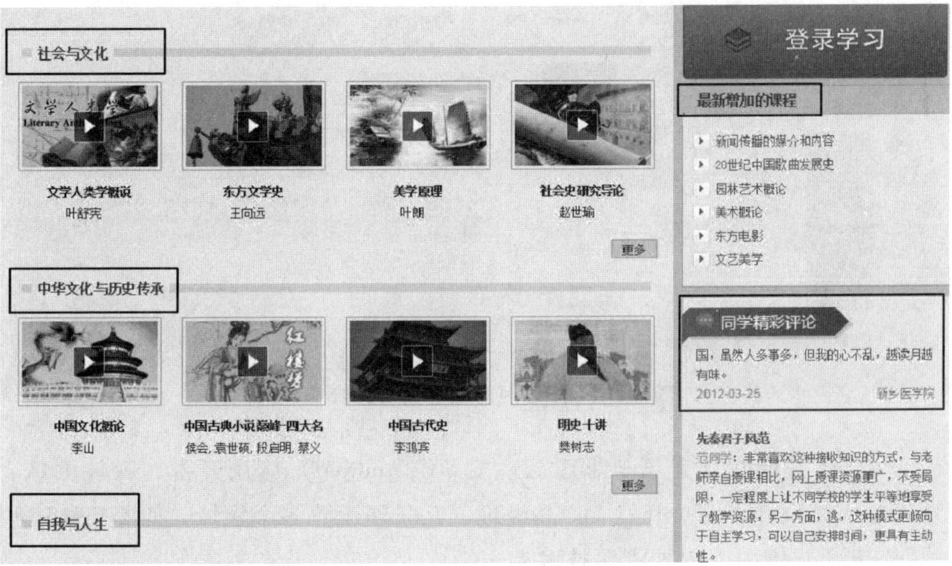


图 2-11　尔雅通识课示例（2016 年）

### （二）技能培训项目

技能培训是为了提升人才的某项技能，使受培训者具备更强的就业竞争力，通常由各级学校和各类技能培训机构开展。学习者完成技能培训项目的学习后，如通过技能考核，则可以得到行政管理部门认可的技能证书。技能培训与学历教育的人才培养方向是不同的。学历教育侧重某一专业领域人才的培养，如计算机科学领域的专业人士、软件工程专业的从业人员、汽车设计工程师和营养学家等；而技能培训注重某项专门技能，如电脑操作技能、软件开发技能、汽车修理技能、厨师技能等的掌握和提升。技能培训项目适用于广大完成了专业学历教育的在职人员和对某项技能有实际需求的社会人士。与学历教育相比，技能培训项目更有现实意义。

目前，慕课网、麦子学院、网易云课堂等在线教育平台都提供了技能培训类的在线课程。这些课程内容丰富，正逐渐按技能类型或职业类型形成体系化的培训课程。例如，慕课网（https://www.imooc.com/）专门提供信息技术类技能培训的课程。它根据职业路径，如网页工程师、系统程序工程师、软件工程师等，组织和提供不同阶段的课程，如图 2-12 所示。学习者可根据自己的职业发展和技能水平选取相应的课程，除此之外，慕课网还为学习者提供免费课程，学习者根据所要学习的技能方向、开发工具及语言、课程难度等，就能准确找到自己需要的免费课程。

图 2-12 慕课网课程示例（2018 年）

麦子学院课程涵盖了机器学习、安卓（Android）应用开发、软件测试、界面（UI）设计、网页开发、产品经理、互联网运营多个领域，如图 2-13 所示。① 讲师队伍由国内外资深技术人士组成。

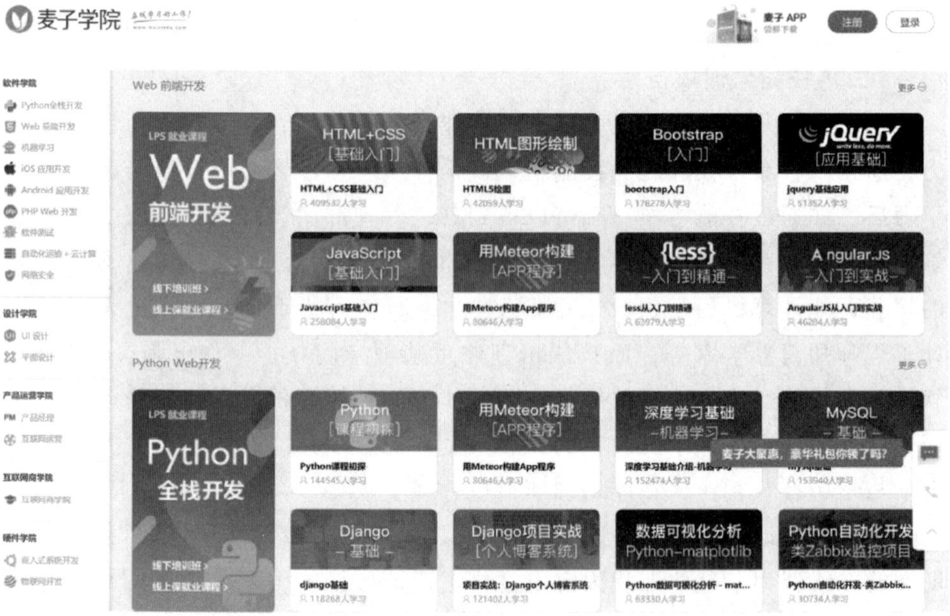


图 2-13 麦子学院课程示例

### （三）专业能力提升项目

专业能力提升是为让在职人士适应经济、社会和科技的发展，对其进行

① 麦子学院课程菜单［EB/OL］.［2018-07-12］. http://www. maiziedu. com.

专业培养，以提高他们的职业素质及从业能力。例如当前的教师专业发展培训、护士专业培训和测绘专业能力提升培训等，如图 2-14 所示是华南师范大学开设的一个教师专业能力提升项目示例。

图 2-14　华南师范大学教师远程培训网项目示例

专业能力提升类教育项目具有较强的针对性与实用性。这类教育项目的培训目标、专业设置、教学内容等可根据专业技能标准的实际要求确定，具有较强的灵活性。在培训形式上可根据培训委托单位或上级主管部门的要求，采取联合办学、委托培训、定向培训等方式。在培训期限上采取长短结合的方式。

**（四）学校课程同步学习项目**

课堂教学同步学习项目多为配合基础教育阶段学生的需要而设置的，目的是为了帮助学生更好地学习学校开设的课程。此类在线学习项目可以提供课程重难点的讲解、课程某类知识的系统讲解、习题分析，也可以为不同学习水平的学生提供相应的学习内容。当前，课堂教学的学生人数较多，学生个体认知能力或学业水平存在差异，学校课程同步学习项目无异是对课堂教学很好的补充，因此越来越受到家长和学生的欢迎。

国家教育资源公共服务平台（www.eduyun.cn）专门为学生提供了网校资源，提供小学、初中和高中阶段不同年级、不同学科和不同版本教材的在线课程，学生可以根据自己的情况选学其中内容，如图 2-15 所示。

图 2-15　国家教育资源公共服务平台

## 三、学历教育与非学历教育融合

伴随学习型社会建设的进行，终身教育理念逐渐被大众所接受，各教育机构都采取了一系列措施发展非学历教育，也在进一步寻求学历教育与非学历教育的沟通融合之路，提供不同类型教育间转换的可能性，促进人们终身参与学习。

在这种趋势下，专门从事远程教育的机构也尝试引入非学历教育因素，积极探索学历与非学历教育的融合。

英国开放大学是享誉世界的远程开放大学，其先进的理念和成功的实践经验为全球远程教育的发展提供了弥足珍贵的借鉴。英国开放大学用翔实的数据和事实说话，系统阐述了最新的科研成果和实践进展。其“四个开放”，即对理念开放、对公众开放、对方法开放和对地域开放的办学思想，带动学校向全球开放其高水平的课程。

2007 年，英国开放大学建立了开放在线课程项目“开放学习”（OpenLearn）（http://openlearn.open.ac.uk）。该项目提供 1 000 余种课程并免费向全球的学习者开放，课程涉及卫生、体育、心理学、教育、历史、艺术、语言学、资金和管理学、自然与环境、科学，数学和技术、政法等学科，如图 2-16 所示。

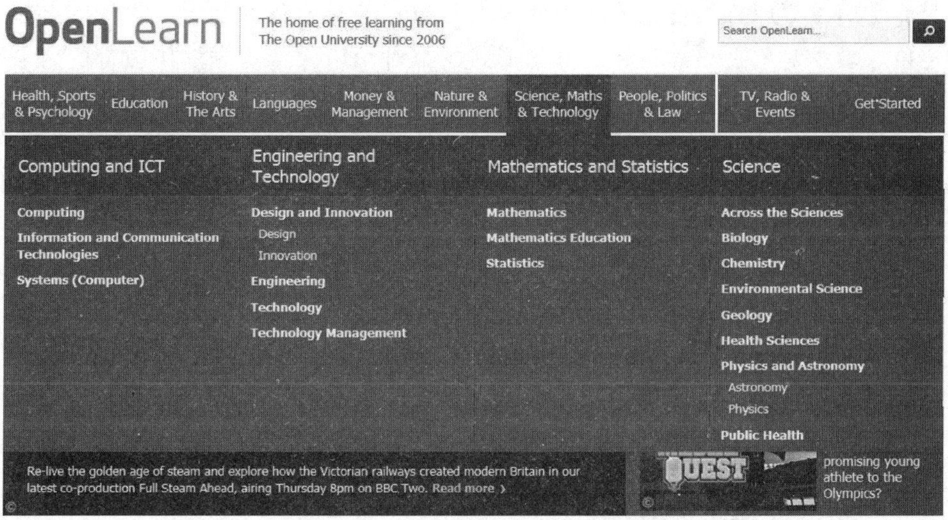


图 2-16　“开放学习”提供的课程覆盖的学科领域

学习者完成免费在线课程的学习后可获得成绩和学习完成记录，当学习者希望参加所学课程有关专业或认证项目的系统学习时，英国开放大学承认开放在线学习课程的学习成绩，并承认所修课程学分，学生不需要再重修课程。通过这一项目，英国开放大学打通了学历教育和非学历教育之间的界限，将是否参与学历教育的主动权交给学习者。这种教育模式获得了学习者的认可。实践证明，在高等教育办学竞争激烈的背景下，将学历教育与非学历教育融合是一条有效拓展生源的途径，如图 2-17 所示。

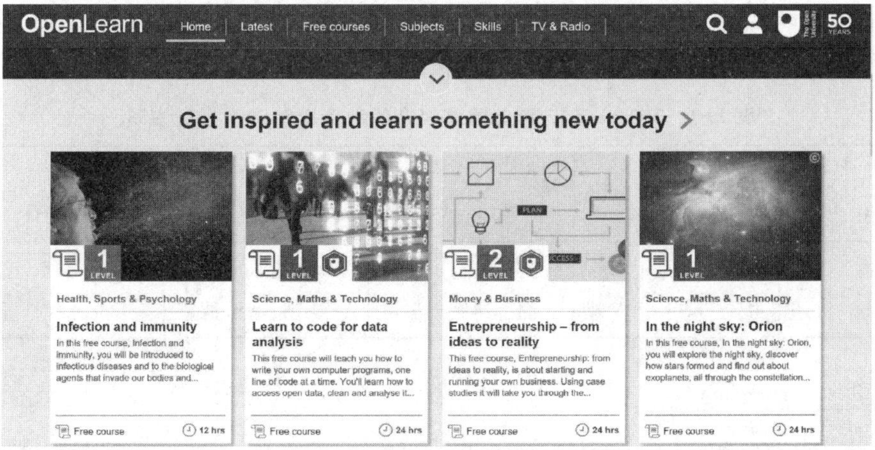


图 2-17　“开放学习”网站提供免费课程学习项目示例

在我国，国家开放大学通过建立免修免考制度、双证书制度、学历教育与非学历教育课程组合等方法来促进大众参与各类项目的学习。学校的办学定位、教学对象、培养目标、办学形式，都对学历教育与非学历教育的融合提出了内在需求。目前，远程教育界仍在探索学历教育与非学历教育更有效的融通方式，进一步推广终身教育理念。

## 第四节 国际在线教育的发展趋势

在互联网和移动技术应用广泛的时代背景下，教育的全球化、网络化、混合化特征越来越显著。随着国际竞争的日益加剧，诸多国家都把教育信息化作为国家信息化的战略重点和优先领域进行全面部署，其中较好体现教育信息化发展成果的就是在线教育的发展。在构建学习型社会的过程中，教育逐渐从线下走向线上。在线教育近几年一直处于教育行业发展的风口浪尖，各国都在探讨和鼓励在线教育的发展。

### 一、美国在线教育跟踪研究报告

斯隆联盟（Sloan Consortium，现更名为“在线学习联盟”，Online Learning Consortium，OLC）是由斯隆基金会赞助的致力于推动和促进在线教育与高等教育融合，提升全美高校在线教育质量、规模和有效应用的非营利性专业组织。该组织从 2002 年开始，联合美国大学理事会、培生教育出版集团、巴布森调查研究集团等机构，采用网络调查方法，以全美各高校主管教学的教务处长或副校长为调查对象，对美国高校在线教育发展的总体状况开展了持续十多年的大规模调查，至 2015 年年底，已连续发布了 13 份对美国高校在线教育的跟踪调查报告，如表 2-1 所示。①

**表 2-1 2003—2015 年美国高校在线教育跟踪调查报告主题**

| 发布年份 | 2003 | 2004 | 2005 | 2006 | 2007 | 2008 | 2009 | 2010 | 2011 | 2012 | 2013 | 2014 | 2015 |
|---|---|---|---|---|---|---|---|---|---|---|---|---|---|
| 报告主题 | 抓住机遇 | 进入主流 | 持续增长 | 卓有成效 | 线上之国 | 坚持到底 | 按需学习 | 等级差异 | 走向远程 | 变革课程 | 等级变化 | 等级水平 | 在线报告 |

① 2015 Online Report Card-Tracking Online Education in the United States [EB/OL]. [2018-08-23]. http://onlinelearningconsortium. org/read/online-report-card-tracking-online-education-united-states-2015/.

该系列报告主要围绕以下三个关键问题开展调查：① 学生规模（注册人数）及增长率；② 高校管理层是否将在线教育纳入长期发展战略；③ 对在线教学质量的认同度。其他议题还包括教师对待在线教学的态度和认可度，影响高校实施在线教育的阻碍因素，高校选择和实施在线教育的主要动因和教师培训问题等。从近年报告的内容可以看出在线教育在美国的发展现状。

### （一）学生规模及增长率

美国高校在线教育注册人数一直呈现持续增长态势，2013 年达到整个高等教育注册学生数的三成。至少注册一门在线课程的学生数从 2002—2003 学年的 160 万增加到 2012—2013 学年的 710 万，如图 2-18 所示。

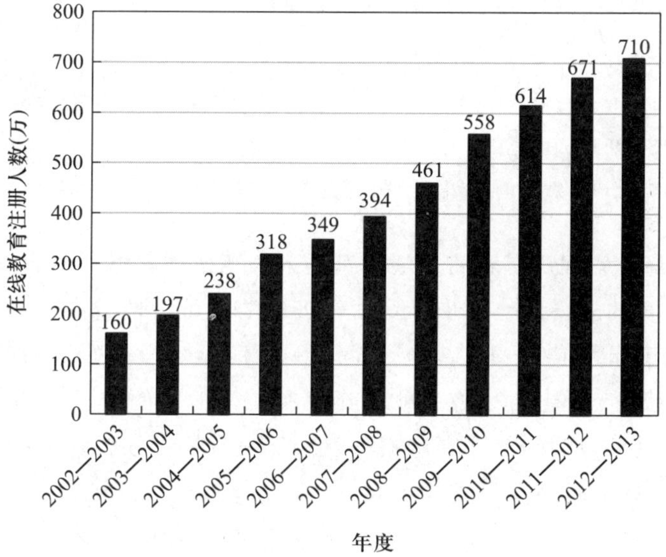


图 2-18　美国高校在线教育注册人数

资料来源：根据美国在线教育跟踪调查报告整理。

美国高校在线教育注册学生增长率一直远高于整个高等教育注册学生增长率。虽然在 2008—2009 学年后在线教育注册总人数持续上升，但增速明显回落，2012—2013 年增长率为历史最低（3.7%）。可见，在线教育在美国高校日益普及，其未来发展需要找到“新的市场动力”[①]。而 2003—2013 年美国高等教育注册学生增长率一直维持在一个很低的水平，甚至在 2011—2012 学年出现负增长，如图 2-19 所示。

---

① 熊华军，褚旭. 等级改变：2013—2014 年美国网络高等教育发展的显著特征 [J]. 现代教育技术，2015，25（6）：18-24.

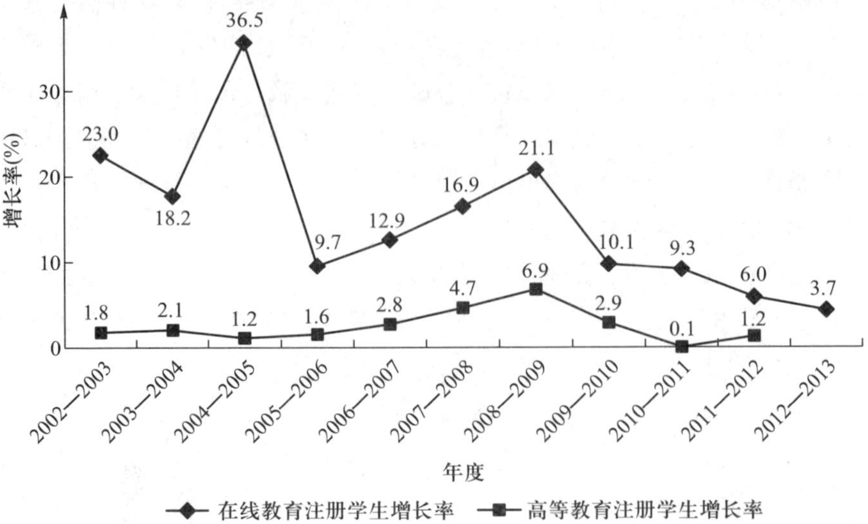


图 2-19 美国在线教育注册学生增长率和高等教育注册学生增长率

资料来源：根据美国在线教育跟踪调查报告整理。

### （二）高校管理层是否将在线教育纳入长期发展战略

在线教育的战略地位逐步得到教育机构的认可。各高校管理层对在线教育的重视程度呈平稳上升态势，如图 2-20 所示。尽管重视程度在 2005—2009 年保持平稳，但在 2009—2012 年又有比较显著的增长，2014 年的肯定回答达到了最高值 70.8%。斯隆报告认为还没有提供在线教育的院校可能是导致 2013 年肯定回答率下降的原因。

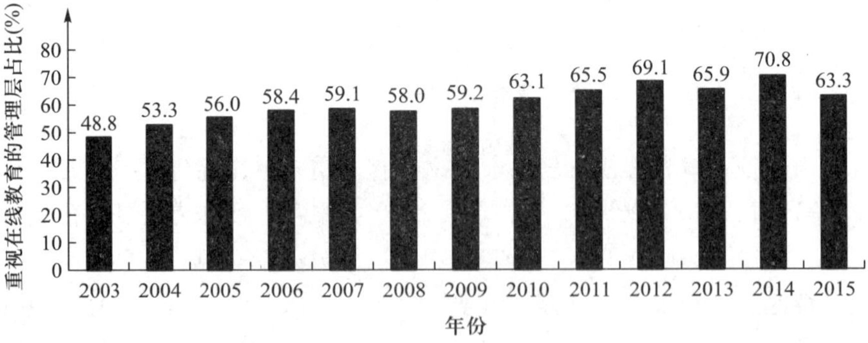


图 2-20 各高校管理层对在线教育的重视程度

资料来源：根据美国在线教育跟踪调查报告整理。

高校管理层对慕课大多持观望态度，认为慕课对美国高校课程和教学改革的作用有限。调查从 2012 年开始加入有关慕课的内容，连续三年的调查数据表明，慕课对美国高校教师和学生的影响有限，高校管理层对慕课大多持观望态度。当前只有极少数高校提供或计划提供慕课，虽然三年来提供慕课的高校数量有所增加，但无论正在提供或计划提供慕课的高校都只占少数。而且 2015 年计划提供慕课的高校比例下降，大部分高校不计划提供慕课（58.7%）或不确定是否提供慕课（27.3%），如表 2-2 所示。

**表 2-2　高校对于提供慕课的态度**

| 态度 | 2012 年 | 2013 年 | 2014 年 | 2015 年 |
| --- | --- | --- | --- | --- |
| 正在提供 | 2.6% | 5.0% | 8.0% | 11.3% |
| 计划提供 | 9.4% | 9.3% | 5.6% | 2.3% |
| 不计划 | 33.7% | 33.0% | 46.5% | 58.7% |
| 不确定 | 54.2% | 52.7% | 39.9% | 27.3% |

资料来源：根据美国在线教育跟踪调查报告整理。

### （三）对在线教学质量的认同度

研究者通过将在线教学质量和面授教学质量进行比较，考察被调查者对在线教学质量的评价。结果表明，十多年来高校对在线教学质量的认同度维持在一定比例，如图 2-21 所示。

该调查自 2012 年起加入了对混合教学质量看法的调查。2012—2015 年的调查表明：与在线教学相比，被调查者对混合教学质量的认可度要高出许多，如图 2-22 所示。这些研究结果也和当前国内外高校正在普遍开展的混合教学改革实践相吻合，高等教育从单纯面授模式转向在线模式或混合模式已成为今后发展的趋势。[①] 高校应将在线教学和传统面授的优势有机结合起来，发展混合学习模式，以便更有效地顺应信息化、个性化学习的需要。[②]

美国在线教育跟踪调查报告的研究表明：注册在线课程的学生数和提供完全在线课程和学位的院校数逐年稳步增长，大多数院校将在线教育视为长期战略规划，在线课程的质量逐步得到高校管理层的认可。上述调查结果从纵向视角证明，教育借助在线发展已成不可逆转的趋势。

---

① 梁林梅，夏颖越．美国高校在线教育：现状、阻碍、动因与启示——基于斯隆联盟十二年调查报告的分析［J］．开放教育研究，2016，22（1）：27-36.

② 韩锡斌，翟文峰，程建钢．cMOOC 与 xMOOC 的辨证分析及高等教育生态链整合［J］．现代远程教育研究，2013（6）：3-10.

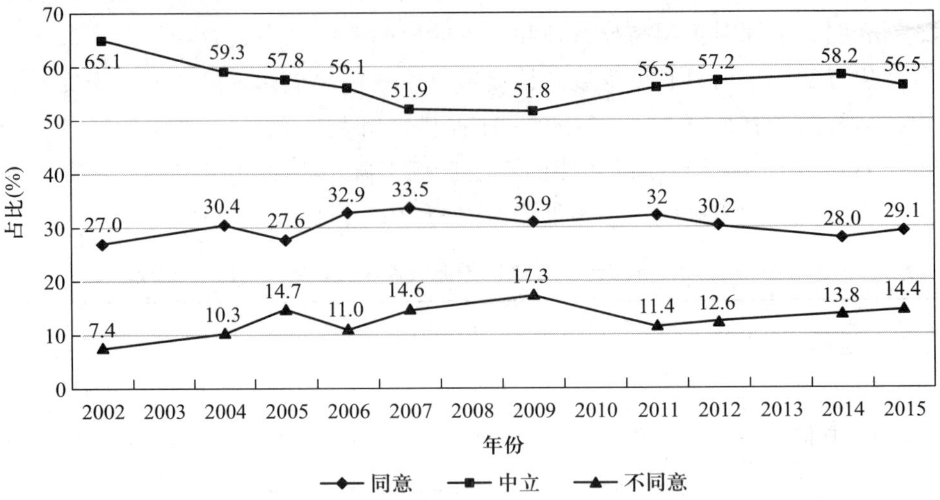


图 2-21　教师对在线教学质量的认同

资料来源：根据美国在线教育跟踪调查报告整理。

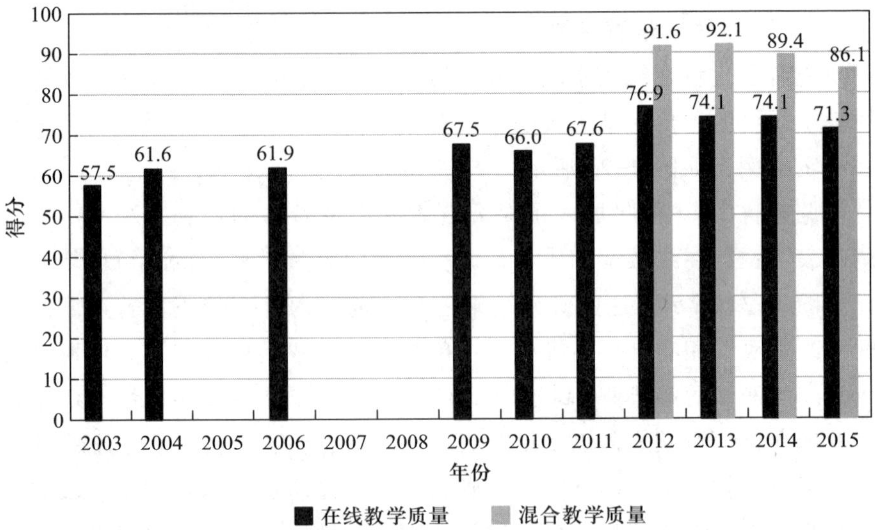


图 2-22　高校对在线教学质量和混合教学质量的认可度

资料来源：根据美国在线教育跟踪调查报告整理。

## 二、中国在线教育的发展趋势

全球范围内在线学习都正处在寻求有效发展的阶段，而中国有着远程开放教育的积累，在线教育的发展极富活力，但有效开展和真正接纳在线教育也还需时日。在高等教育领域，在线教育与面授教育相融合的创新探索已经初露端倪，显示了中国在线教育的发展潜力。

随着时代的快速发展，互联网已经渗透到社会经济生活的方方面面，改变着人们的生产、思维及行为方式。2015 年李克强在政府工作报告中首次提出制定“互联网+”行动计划，“互联网+”教育站在了风口上，发展潜力巨大。大数据、语言识别、直播互动、远程测评、移动计算、可穿戴设备等关键技术应用到在线教育领域，在线教育的种类、模式、内容多种多样，市场规模也不断扩大。中国教育正进入一场基于信息技术的更伟大的变革中。

### （一）市场规模逐年上升

据艾瑞咨询（iResearch）的分析，2017 年在线教育市场规模已达到 1 941.2亿元，同比增长率为 22.9%。随着在线教育用户规模的不断扩大，在线教育的市场规模还将有更大的发展，预计到 2019 年将达到 2 727.1 亿元如图 2-23 所示。学历教育、职业教育和基础教育将是市场规模高速增长的主要动力。

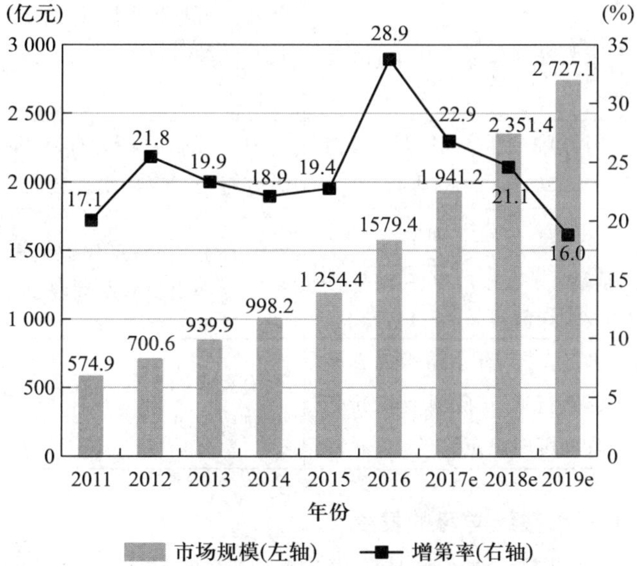


图 2-23 2011—2019 年中国在线教育市场规模

资料来源：艾瑞咨询：2017 年中国 B2B2C 在线教育平台行业研究报告（附下载）[EB/OL].[2018-08-31]. http://www. 199it. com/archives/671505. html.

注：e 代表期望值。

### （二）政府支持推进在线教育的发展

2015 年是中国全面深化教育改革的关键年，政府推出了多项重量级政策，见表 2-3。这些文件的出台持续刺激教育产业相关领域的发展，尤其对在线教育的发展起了重要的推动作用。

### （三）学习者、教师和家长对在线学习的支持度较高

据《2017 年中国互联网学习白皮书》的数据显示，无论是作为在线学习组织者、引导者和监督者的教师，还是作为在线学习监督人的家长，又或是在线学习者本人，大多对在线学习持“赞同”的态度。该报告对 117 622 样本进行调查，有 80.65%的学习者对在线学习持“赞同”或“非常赞同”的态度，有 62.97%的家长对在线学习持“赞同”或“非常赞同”的态度，如图 2-24 所示。

**表 2-3　政策文件**

| 时间 | 文件 | 相关内容 |
|---|---|---|
| 2015 年 2 月 | 教育部《2015 年教育信息化工作要点》 | 基本完成全国中小学互联网接入，基本实现每校至少拥有 1 套多媒体教学设备；加快推进职业院校数字化校园建设 |
| 2015 年 3 月 | 国务院《政府工作报告》 | 随着“互联网+”概念上升为国家战略，让在线教育站在起飞的风口上，市场潜力巨大 |
| 2015 年 6 月 | 国务院《乡村教师支持计划（2015—2020 年）》 | 借力“互联网+”，打造中国中小学智慧教育平台，以期实现教育公平 |
| 2015 年 4 月 | 教育部《关于加强高等学校在线开放课程建设应用与管理的意见》 | 加强高校在线开放课程建设应用与管理，支持中国特色慕课建设 |
| 2015 年 8 月 | 国务院《国务院对确需保留的行政审批项目设定行政许可的决定》 | 利用互联网实施远程高等学历教育的教育网校审批 |

### （四）需求驱动在线学习的发生

据《2017 年中国互联网学习白皮书》的数据显示，2017 年学习者开展在线学习的主要原因是“解决学习中遇到的问题”或“因为职业发展的需要”，数据也显示有近一半的学习者会根据自己的兴趣爱好来开展在线学习。这一结果表明，在线学习多是由于学习与工作需求驱动的，多是主动的学习，如图 2-25 所示。

### （五）移动设备成为在线学习最主要的工具

通过《2017 年中国互联网学习白皮书》中对在线学习者常用学习设备

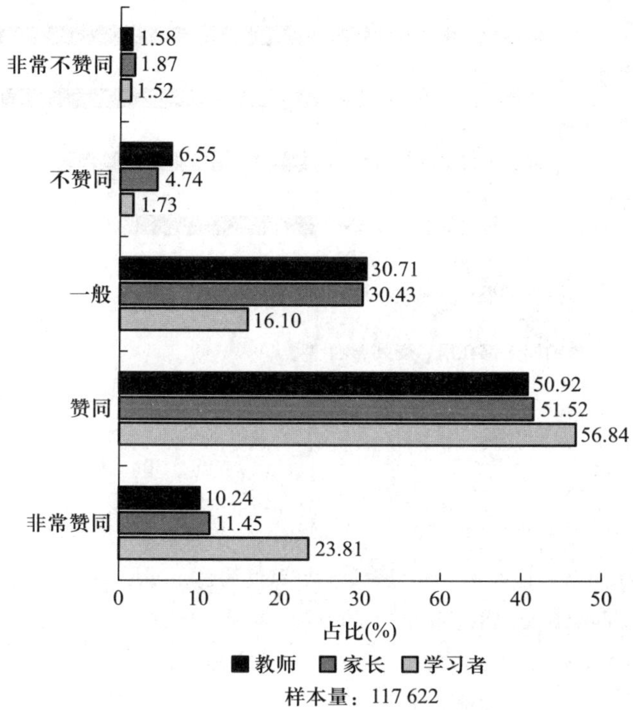


图 2-24　教师、家长、学习者对在线教育的态度

资料来源：教育部教育管理信息中心等. 2017 年中国互联网学习白皮书［M］. 清华大学出版社，2017：13.

进行调研的数据表明，智能手机和笔记本电脑是最主要的两类进行在线学习的工具，其中 2017 年智能手机使用率最高（70. 23%），超过了笔记本电脑使用率（62. 62%）。在 2015—2017 年，除了智能手机使用率在 2016 年出现过一次下滑，其余类设备的使用率都呈现增长趋势，表明在线学习越来越得到学习者的重视，一定意义上表明终身学习环境的生成，具体情况如图 2-26所示。

从艾瑞咨询数据和《2017 年中国互联网学习白皮书》的分析可以得出：① 在线教育用户规模和市场规模不断扩大，且还将有更大的发展；② 家长、教师以及学习者均对在线教育持积极态度；③ 在线学习多是由学习者本身学习、工作需求或个人兴趣驱动产生；④ 随着移动终端，尤其智能手机用户的增多，无线网络覆盖面积越来越广，上网速度越来越快，各大互联网企业不断培养着用户使用移动终端的习惯，在线教育将同娱乐、消费、社交、阅读等一样成为移动应用的重要方式。

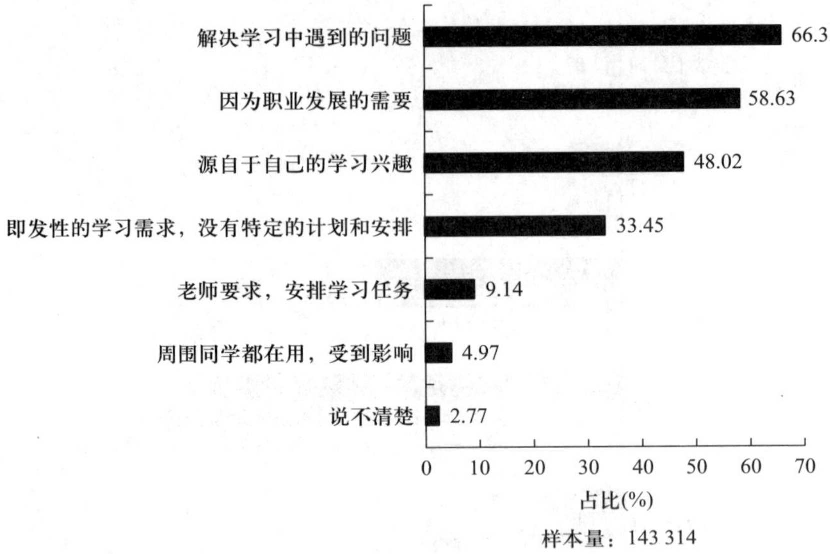


图 2-25　学习者进行在线学习的不同原因

资料来源：教育部教育管理信息中心等. 2017 年中国互联网学习白皮书［M］. 清华大学出版社，2017：12.

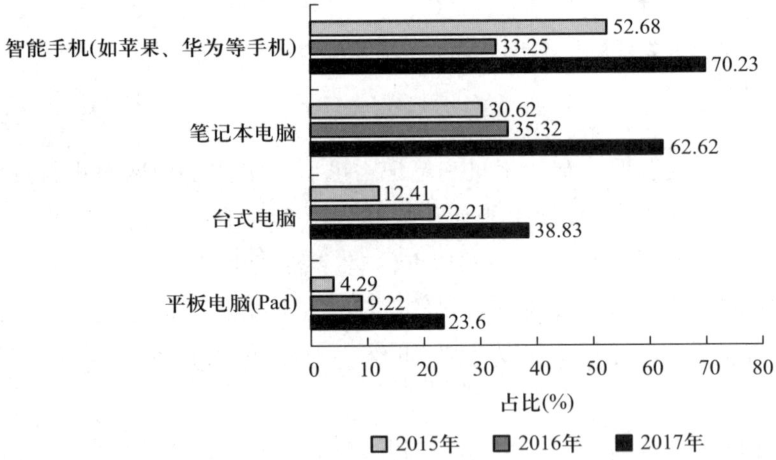


图 2-26　在线学习者常用设备使用情况

资料来源：教育部教育管理信息中心等. 2017 年中国互联网学习白皮书［M］. 清华大学出版社，2017：12.

## 三、世界各国在线教育项目的开展

世界各国也根据自己的国情和终身学习的需要，开展了各类在线学习项目，促进了多层次的人才培养和人力资源建设，特色鲜明。

**（一）瑞典的灵活学习机构**

瑞典对教育的高度重视和高水平的教育质量在全球闻名，除了其有名的“学习圈”和活跃的远程教育实践，还建立了灵活学习中心。多维度、多层面的高质量教育，使瑞典发展为世界上经济发达的国家之一，也使瑞典人生活质量高居世界榜首。

瑞典灵活学习中心（CFL，www. cfl. se）是相对于普通高校之外的成人教育系统，由瑞典国会于 2002 年建立的一个新的权力机构。这一机构的主要工作是促进公办成人教育和大众成人教育（民办高中、学习协会）对灵活学习的发展和利用。在 2002 年，正规成人学校中注册学生有 33. 2 万人。除了为正规成人教育系统服务，也包括在瑞典被称作“民众互助修养”的非正规成人教育，这是所有年龄段民众都可以自愿参加的非正规教育系统。瑞典灵活学习中心的有些远程课程已实现全部在线授课，参与者之间并不聚会；还有部分远程课程仍是在线授课和面对面授课的混合模式。这就是其被称为“灵活学习”的原因。①

瑞典灵活学习中心下设 11 个学习协会，每年组织大约 35 万次各类学习小组活动，参加者达 300 万人次；安排约 20 万次的文化活动，吸引大约 1 500万人次的参与者及参观者。全国有 147 所民办高中，每学期大约有 10 万人次参加短期课程。② 灵活学习中心的任务有项目支持、发展及传播在灵活学习领域的方法、为教师和管理人员提供深造机会、提供以互联网为基础的软件资讯、担任信息技术科技支持的远程教育的网络信息提供者、监察及提供与远程教育和灵活学习有关的研究和发展的信息。

**（二）英国的未来学习平台**

未来学习平台（FutureLearn，https://www. futurelearn. com/）由已有 40 年远距离教育经验的英国公开大学在 2012 年 12 月建立，是英国第一个慕课平台，旨在向学习者推出全球最高水平大学和研究机构的课程。未来学习平台中的课程公开且免费，推行时已有 12 所顶尖名校合作参与课程的提供，到 2018 年 7 月，已有全球 144 个参与机构，如英国国家书馆、大英博物馆、英国国家电影电视学院和国际工程师协会等。该平台自 2013 年推出第一批

---

① 亨利克·哈桑，卡尔·霍姆伯格. 瑞典远程教育的发展与模式［J］. 中国远程教育，2005（2）：52.

② 亨利克·哈桑，卡尔·霍姆伯格. 瑞典远程教育的发展与模式［J］. 中国远程教育，2005（2）：52.

开放在线课程以来，已经有 800 多万名学习者参与项目的学习，所提供的教育项目涉及大数据分析、商业基础、环境科学、人工智能、机器人制造、管理学等，已成为全球很多学习者开展在线学习的重要平台。① 图 2-27 是其课程目标界面，学习者可以在此自主选取课程开展在线学习，学习完成后，通过缴纳一定费用，学习者可获得课程学习成绩的认证。

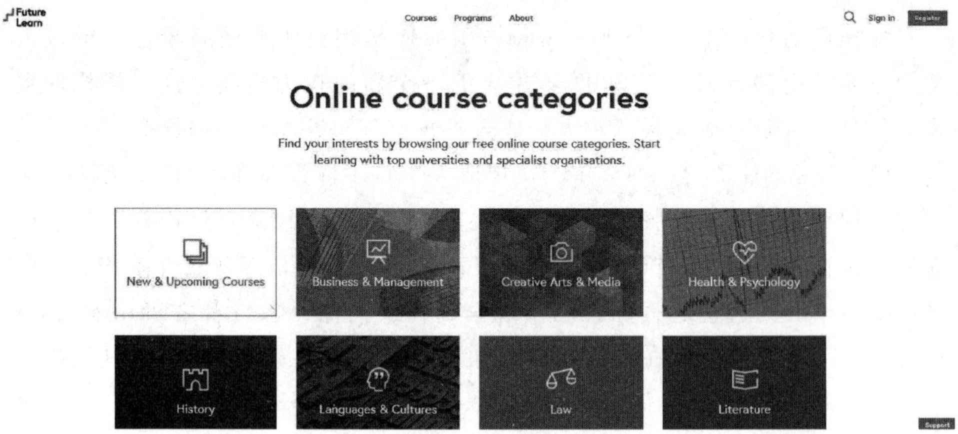


图 2-27　未来学习平台课程目录界面

① 数据来源：未来学习官网首页，https://www.futurelearn.com/，2018 年 8 月 23 日。

# 第三章
# 在线教育在各级各类教育中的开展

随着知识经济社会的来临，个体的学习能力已经成为人们在社会中立足的最基本能力。在大数据、云计算技术、光电新材料技术、传感技术等的基础上，各类信息技术产品的诞生，包括平板电脑、智能手机、感应手环等，为在线教育的开展创建了新的支持。技术的渗透促进了在线教育的多样化，使其在各级各类教育中广泛开展起来。

## 第一节　基础教育中的在线教育

2012 年，在慕课的冲击力尚不明显、商业模式尚未明确的时候，就已经有学者预见，慕课将会对高等教育产生颠覆性的冲击，而且基础教育也不能“幸免于难”。诺里斯和索洛韦指出，面对慕课引发的高等教育的变革，基础教育毫无疑问也要跟随变革的步伐。① 也许现在还不能感受到这种破坏性的变革，无论是大学还是中小学，都依然在做自己的事，但是改变已经在悄悄发生：自带设备（BYOD）、可汗学院、翻转课堂等，它们无一不是促成教育变革的新因素。在线教育对基础教育的影响只是没有像对高等教育那样产生较大的冲击。美国国际教育技术协会（ISTE）的一名官员曾说，美国基础教育（K-12 教育）也正在积极尝试和探索开放内容、学习分析、竞争教育以及个性化教育的应用，而这些应用会因为技术成本的降低、设备和网络连接的便利而变得越来越流行，慕课就向学校很好地展示了其补充和提升学校课程的功效。②

国内向中小学生提供在线课程和组织在线学习尚处于零星尝试的阶段，仅在较少区域得到认同并有组织地开展。但关于是否将在线课程应用于基础

---

① Norris, C., Soloway, E. Higher Ed. Has MOOCs, But K12 still Needs to Catch Up [J]. *District Administration*. 2012, 48 (9): 96.

② 舍基. 未来是湿的 [M]. 胡泳，沈满琳译. 中国人民大学出版社，2009：38-39.

教育的争论早已存在，有的人认为在线教育既是基础教育教学改革的机遇，也是一个巨大的挑战，应积极应对；也有人认为在当前评价和选拔机制不变的情况下，还是面对面教学对学生应试学习更有效，在线教育不过是一阵热潮，不可能根本改变基础教育的现状。但近年来国内外的一些事实和数据证明，在网络教育、大数据教育盛行的时代，互联网和教育的融合是必然的趋势，基础教育也不例外，在线教育必然会走入基础教育，关键在于介入的时机和方式。

## 一、基础教育阶段在线教育发展潜力大

在线教育在基础教育阶段发展潜力极大的原因有以下三方面。

### （一）基础教育可获得多种力量的共同支持

基础教育处于人的黄金学习时段，需要的学习时长最长。各国虽然学制不同，但时长基本为 12 年，因此基础教育市场线长、规模最大。基础教育可分为义务教育（小学及初中阶段）和高中阶段教育，是人一生中最宝贵的学习阶段。这一阶段学生学习时间的分布与高等教育阶段和职后终身学习完全不同，具体情况如图 3-1 所示。

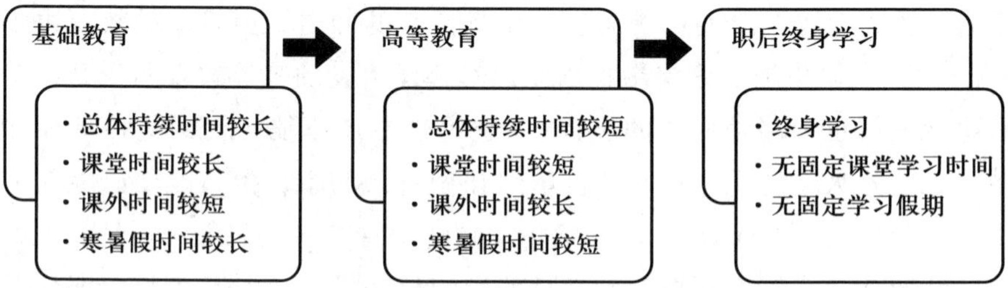


图 3-1　各阶段学习时间比较

在基础教育阶段，学生得到社会、政府和家庭的多方关注，大量的资金、人力用于服务学生的基础教育，为学生的个性化发展和未来的教育奠定基础。

### （二）网络技术及智能移动设备的普及

互联网的广泛接入、无线网络的普及和智能移动设备的广泛应用，让在线教育成为学生看得见、摸得着的学习方式，既可以在学校环境中实施，还可以在家庭、图书馆、博物馆和任何能接入互联网络的地方开展。据中国互联网络信息中心（CNNIC）的第 41 次《中国互联网络发展状况统计报告》数据显示，截至 2017 年 12 月，我国网民规模达 7.72 亿，普及率达到

55.8%，超过全球平均水平（51.7%）4.1 个百分点，超过亚洲平均水平（46.7%）9.1 个百分点。全年共计新增网民 4 074 万人，增长率为 5.6%。我国手机网民规模达 7.53 亿，网民中使用手机上网人群的占比由 2016 年的 95.1%提升至 97.5%；与此同时，使用电视上网的网民比例也提高 3.2 个百分点，达 28.2%。[①] 从这些数据可知，开展在线教育的技术条件已经具备，在线教育进入基础教育完全可行。

### （三）家长对基础教育阶段在线教育的认同

当前的中小学生家长多是伴随着信息技术的飞速发展成长起来的，基本上都是“数字土著”一代。这一代父母对信息技术的应用较认同，对新技术、新媒体和新教学方式的引入不抗拒。他们可能自己都在参与不同形式的在线学习项目，因此对在线教育并不陌生。这些家长已经为孩子准备好了在线学习的环境。数据显示，2017 年我国上网者中 20~29 岁人群占比最高，达 30%，30~39 岁人群占比为 23.5%，家庭接入互联网的比例为 85.6%，[②] 可见，互联网在中小学生家长中已经十分普及。

当前的中小学生家长大多认同在线教育，支持孩子通过在线方式参与学习项目，因此在线教育进入基础教育的可行性和可能性已较高。有的家长在学校没有引入在线课程时，已经自己挑选在线课程给孩子学习，甚至付费购买课程让孩子进行在线学习。如学而思网校为 3~18 岁孩子提供丰富的在线课程，家长可以根据孩子所在年级和学习需要选择同步课程、专题课程等进行学习。

## 二、基础教育领域中在线教育实施现状

### （一）美国基础教育阶段的在线教育

近 20 年来，美国一直将信息技术教育应用作为基础教育改革中的一项重点，为此不同部门、不同机构提出了系列标准和引导文件，其中在线教育的实施成为重要内容。根据北美在线教学协会公布的第五次年度报告调查结果显示，截至 2007 年 9 月，全美有 42 个州提供基础教育在线教学服务，每年使用网络教学系统的中小学学生人数显著增加。2011—2012 年基础教育在

---

① 中国互联网络信息中心. 第 41 次《中国互联网络发展状况统计报告》发布［EB/OL］.［2018-01-31］. http://www.cnnic.net.cn/gywm/xwzx/rdxw/201801/t20180131_70188.htm.

② 中国互联网络信息中心. 第 41 次《中国互联网络发展状况统计报告》发布［EB/OL］.［2018-01-31］. http://www.cnnic.net.cn/gywm/xwzx/rdxw/201801/t20180131_70188.htm.

线学习者已达250万人，2014年参与在线学习学生人数增长率为6.2%①。2011年的《跟上基础教育在线教育的步伐：年度政策与实践报告》显示，基础教育在线学习的发展促成全美基础教育在线学习产品和服务产业快速发展。2015年的《跟上基础教育在线教育的步伐：年度政策与实践报告》显示，美国各州的在线教育项目实施主要方式有两种，一是学生为获得常规学校无法提供的课程而进行的全在线课程学习，另一种是将在线学习与课堂教学融合在一起的混合学习。截至2012年，已有26个州提供州范围的学术性全在线学校，31个州有了多学区的全在线学校，有4个州要求高中学生毕业时必须修完一门在线课程。目前，美国中小学有96%的学生利用在线学习，且至少有一门课程采用在线学习，如在美国最大的基础教育州立虚拟学校——佛罗里达虚拟学校里，2014—2015学年注册学习在线课程的学生超过52万人，全部课程都选择在线学习的学生达1.1万人。②

有几百万个学生注册学习在线课程，并了解这些基础教育在线课程的学科分布情况。其中，核心课程包括语言艺术、数学、科学和社会研究四门，占在线课程总数的73.9%。而电力学、体育健康、世界语言、艺术等其他领域课程数占总数的26.1%，如图3-2所示。

美国基础教育阶段在线教学主要采用以下四种模式。

第一，由州主导在线教育计划。目前，有34个州由州政府支持相关在线课程、教师教学及提供学生辅助工作。2013—2014学年，美国有25个州拥有州立虚拟网络学校，如佛罗里达州、密歇根州、华盛顿州和阿拉斯加州等。佛罗里达虚拟学校（Florida Virtual School，简称FLVS）成立于1997年，是一所由政府领导的，专门为中小学生设立的在线远程教育学校。佛罗里达虚拟学校的座右铭是：任何时间、任何地点、任何途径、任何速度。他们的目标是：在迅速发展的佛罗里达地区减轻过度拥挤的学校压力；满足急需课程的需求；制作该州学生使用的高级课程，如图3-3所示。③

第二，由在线特许学校提供学生所需要的全时在线课程，旨在衡量学生是否达到了“不让一个孩子掉队”（No Child Left Behind）法案规定的年度进步目标与是否达到所在州制定的分数评定标准。

第三，学区在线计划，由学区管理，为学生提供全时或补习在线课程。

---

① 祝智庭. 教育变革中的技术力量［J］. 中国电化教育，2014（1）：1-9.

② Gemin，B.，Pape，L.，Vashaw，L.，et al. *Keeping Pace with K-12 Digital Learning*：*An Annual Review of Policy and Practice*［M］. 12th Edition. Eevergreen Education Group. 2015.

③ 刘彦尊. 美国中小学信息教育改革的新动向［J］. 中国教育信息化，2009（24）：15-19.

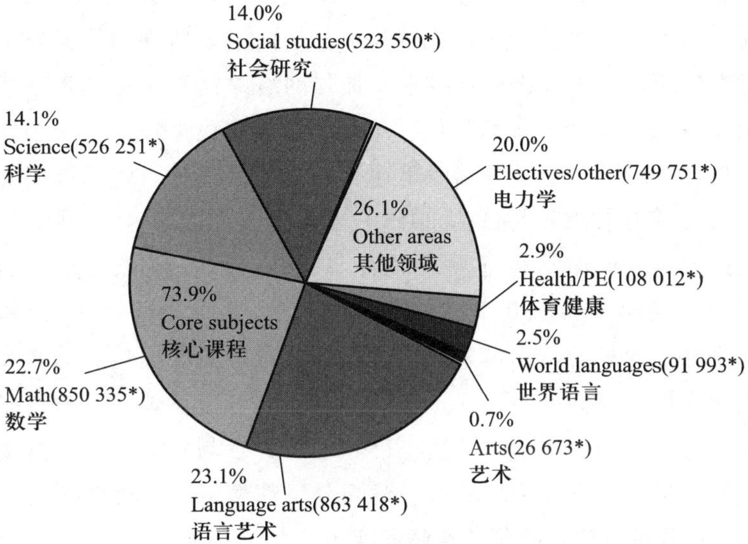


图 3-2　美国基础教育在线课程学科分布

资料来源：《跟上基础教育在线教育的步伐：年度政策与实践报告》，2015 年，第 12-13 页。

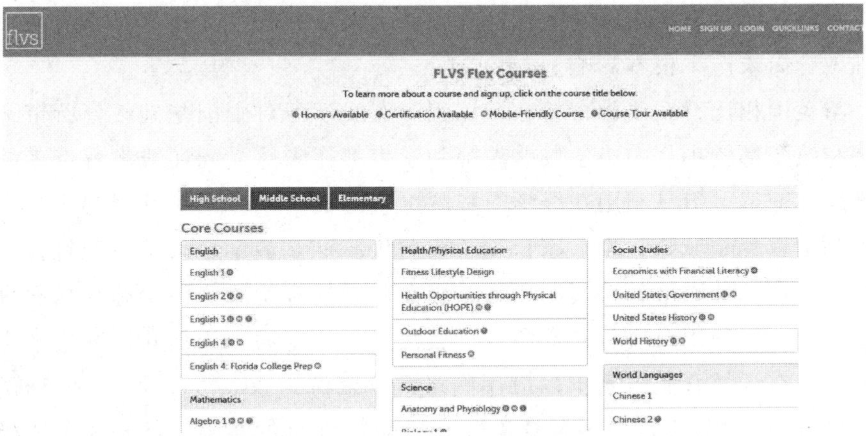


图 3-3　佛罗里达州虚拟学校提供的课程

第四，在线联合，由州内学区和教育机构联合提供在线学习材料和课程。例如威斯康星网络学校是由学区、教育合作服务委员会等联合主办，提供在线教材及设置在线教材的中枢交换中心。

2008 年的《跟上基础教育在线教育的步伐：年度政策与实践报告》表明，美国有 23 个州提供由州主导的补习教育在线教学；有 4 个州由特许学校与学区主导提供全时而非补习教育的在线教学。

目前，美国部分州中小学在线教学发展动向主要体现为：提倡全时在线教学，对学生所修课程提出严格要求，加强网络课程的开发与管理。2014 年的《跟上基础教育在线教育的步伐：年度政策与实践报告》对于如何将慕课引入基础教育进行了分析。如佛罗里达州正式地讨论是否将慕课引入基础教育中，政府文件要求州教育部为 2015—2016 学年慕课的引入制定州的课程认可和测试方案，同时法律还要求教育部建立慕课提供者的审批和认证程序，并于 2014 年提交立法机关。

从上可见，通过尝试和摸索，美国基础教育阶段在线教育的开展正逐步走向规范和理性。他们已经建立了有效的在线教育提供体系，建设了基于核心课程标准的在线课程体系，学生也已经理解并参与在线学习，这为促进基础教育阶段的学校教育和为培养终身学习公民都做出了有益贡献。

### （二）中国基础教育阶段的在线教育

截至 2016 年上半年，我国互联网公共服务类应用均实现用户规模增长，在线教育用户规模均突破 1 亿人。在线教育领域除用户规模增加外，业务上也不断细化，用户边界也不断扩大，移动教育提供的个性化学习场景以及移动设备触感、语音输出等功能性优势，成为在线教育主流，但对当前我国的基础教育尚未产生根本影响。

与美国相比，在线教育、在线课程和在线学习对中国基础教育所带来的影响和改变都较小，中小学校、教师和学生都还未感受到在线教育带来的巨大挑战和变革，但是利用在线学习资源进行的混合学习已经开展起来。由于我国基础教育领域师、生、家长和学校对传统课堂教学形式情有独钟，在线教育被视为一种网络教育资源。虽然想在基础教育阶段全面实施在线教育还比较困难，但利用在线教育资源进行教学则比较容易。当前我国基础教育阶段的校内在线教育实施基本以应用网络教育资源为主。近年来，“三通两平台”的建设，“教学点数字教育资源全覆盖”项目的实施，都是我国积极发展基础教育阶段在线教育的重要实践。

为贯彻落实党的十八大精神和全国教育信息化工作电视电话会议精神，根据《国务院办公厅关于规范农村义务教育学校布局调整的意见》和《教育部等九部门关于加快推进教育信息化当前几项重点工作的通知》要求，“教学点数字教育资源全覆盖”项目全面启动。

#### 1. 项目目标

该项目旨在为农村义务教育学校布局调整中需要给予保留和恢复的教学

点配备数字教育资源接收和播放设备，并配套优质数字教育资源，并以县为单位发挥中心校作用，组织教学点应用数字教育资源开展教学，利用信息技术帮助教学点开好国家规定课程，提高教育质量，促进义务教育均衡发展，更好地满足农村边远地区适龄儿童就近接受良好教育的需要。

**2. 项目实施情况**

2012 年 11 月，“教学点数字教育资源全覆盖”项目正式进入全面应用阶段，项目配备的设备陆续安装调试，配套优质数字资源正式开播，全国近 50%的教学点已利用项目配备的设备与优质数字教育资源正式开课。在对教学点教师进行全员培训的同时，教育部还建设项目专题网站，对教学点教师和中心学校教务人员进行资源接收、教学应用等方面的指导。

该项目根据教学进度提供课程及教学资源，并通过国家教育资源公共服务平台同步进行更新。为确保资源切实满足教学点需求，教育部组织有关专家、学者和一线优秀教师优化资源内容设计，开发出“教师上课”“学生自学”和“拓展资源”三大部分内容，覆盖小学 1~3 年级语文、数学、英语、品德与生活（品德与社会）、科学、音乐、美术和体育 8 个学科。这些资源将通过卫星通信网络和计算机网络两种形式，结合教学进度分期传输到全国的教学点，供广大教学点师生根据教学进程同步或异步使用，如图 3-4 所示。

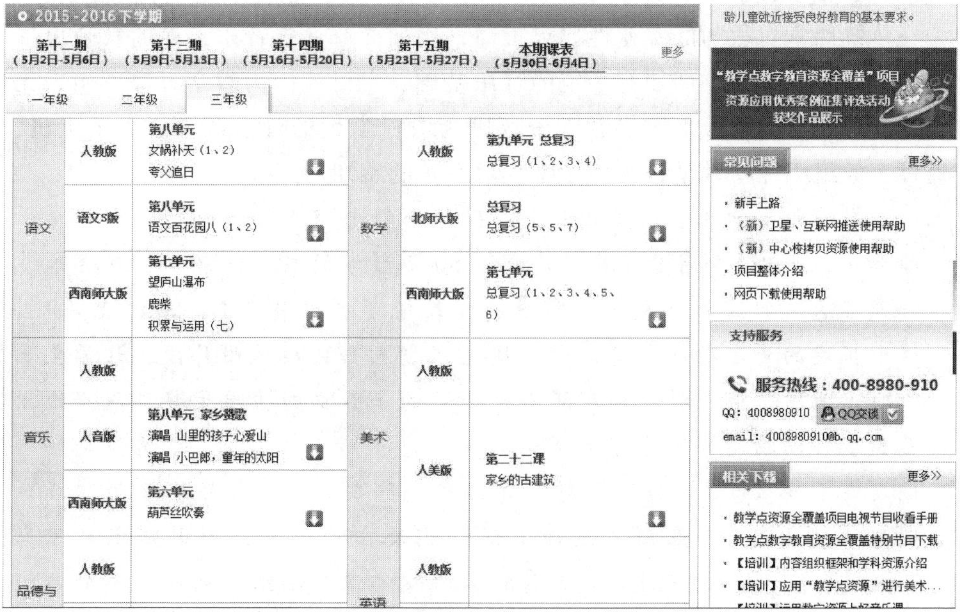

图 3-4　“教学点数字教育资源全覆盖”项目的课程资源

**3. 部分学科的教学应用情况**

（1）语文：图文结合，有效引入课文意境

学生受知识面及地域限制，对有些课文中描述的内容和场景无法想象或理解。网络教学资源可以提供场景，给学生身临其境的感觉。如在课文《葡萄沟》中描述："葡萄种在山坡的梯田上，茂密的枝叶向四面展开，就像搭起了一个个绿色的凉棚。"学生很难想象"梯田"和"绿色的凉棚"是什么样的。教师在学生朗读完这一段之后，向学生展示教学资源中的相关图片，学生便一目了然，明白了什么是梯田，也更直观地理解了葡萄叶长势的茂盛。这种图文结合的方式，帮助学生解决了疑惑，让学生有一种身临其境的感觉。

（2）数学：学生自学，有效丰富课堂教学

在"教学点数字教育资源全覆盖"项目课程资源中，每节课都设置了"学生自学"栏目，该栏目中的"跟我学"环节可有效地辅助学生完成课程内容的学习。

在学习旋转与平移的内容时，一些学生很难想象物体的平移和旋转等现象。这时，教师让学生自己观看"跟我学"中的教学资源，通过观看电视中电梯上下移动、缆车左右转动的视频，学生就可以直观了解物体的平移和旋转现象。

（3）音乐：音乐欣赏，有效组织课堂教学

传统课堂对教师的专业性要求很高，比如没有一定音乐素养的教师也很难上好音乐欣赏课，即使有一定的音乐基础，也可能因为教学方法不当，无法达到课程目标要求。数字教学资源则为农村学生的音乐课堂注入了生机，通过有效组织课堂教学，培养了学生对音乐的感知与兴趣。

在一所小学的音乐欣赏课上，代课的周老师正带领学生欣赏《跳圆舞曲的小猫》。周老师其实是教了30年数学的数学课教师，对音乐一窍不通。但因为有数字教学资源，教师可以利用其中"教师上课"这个板块的资源组织课堂教学。周老师先点击播放乐曲片段，让学生听听乐曲中是哪一种动物？随着乐曲中的一声猫叫，学生异口同声地答出这种动物是猫，接下来周老师又让学生听音乐，问："这位动物朋友在干什么？"从而引出美国作曲家安德森的一首管弦乐名曲《跳圆舞曲的小猫》。根据"教师上课"模块中的流程，周老师完成了"导入新课""分段欣赏""完整欣赏"及"课堂小结"四个环节的教学。在整个教学过程中，周老师个人的音乐背景几乎没有影响课程的正常进行，课堂教学完全是按照“教师上课”的流程组织的，学生在轻松、自在的学习氛围中完成音乐欣赏，并表现了极大的音乐兴趣，课堂效果良好。

## 第二节　职业教育中的在线教育

职业教育，包括初等、中等、高等职业教育，旨在培养受教育者的职业技术技能、职业知识和职业道德，从而使受教育者能独立自主地承担一定的社会劳动。职业教育的目的不仅是满足个人就业方面的需要，还需要满足各工作岗位对从业人员能力的需求，从而推动整个社会生产力的快速发展。与基础教育相比，职业教育具有自身的优势和特点。第一，职业教育更注重以人为本，关注学生多方面的发展。第二，职业教育多采用“技能+学历+就业”的培养模式，在培养学生技术能力的同时也提升学生学历，更注重学生实际从业能力的培养。

随着经济社会的发展，职业教育已经演变成一种特定的教育类型。科学技术的发展推动着社会进步，促进了产业结构调整升级，促使社会分工进一步细化，也就此推动着新旧职业的更替，人的职业素质、职业结构、职业技能等也因此产生了变化。从这个视角上看，职业教育是社会发展的产物。因此当前发展职业教育，就要遵循其客观发展规律，其人才培养目标及实施过程要全方位适应并有效嵌入当今这个信息化、网络化的新时代，不断培养满足科技进步和社会发展需要的职业人才。

### 一、在线教育给职业教育教学提供了新途径

在传统教育中，职业教育的开展主要以“学校+实地”的方式来进行。在“互联网+”时代背景下，职业教育的开展也有了新的途径，即可以通过“线上+线下”的方式进行。学习者通过线上学习原理、观摩过程、模拟操作和虚拟项目实操等进行学习，然后到线下的实践场地中动手进行操作和实践。在线职业教育是职业教育的一道风景线。

在线教育改变了传统教育的教学方法，学员可以通过在线开放课程进行在线学习，也可以通过下载网络教学资源进行学习。由此，学生可以充分利用自己的闲暇时间，随时随地开展学习。智能手机、平板电脑等移动设备的普及也推动着在线教育的迅速发展。利用在线学习软件进行在线学习、通过移动设备下载资源实现离线学习的人群日益增加，网上教育服务平台也越办

越红火。目前，很多在线教育机构针对职业教育推出了移动端学习应用软件（APP）和在线课程，使在线学习变得更加方便迅速。

## 二、在线职业教育项目开展便利，呈蓬勃发展之势

在政策和技术双重利好的情况下，职业教育领域的在线教育前景最被看好，服务平台间的竞争也最激烈。与基础教育和高等教育相比，职业教育是一个相对容易标准化的领域，天然适合于在线模式。会计、信息技术、英语、医学等以掌握技能为依托的职业教育成为当下在线教育机构关注的焦点。相比线下培训，在线职业教育可以方便高效地开展学习活动，价格通常也更实惠。参与职业教育的学习者通常有明确的学习需求，学习意愿和支付能力都很强。因此在线职业教育得以迅速发展。

正保远程教育早期主要提供电脑端课程。2013 年，正保远程教育开始推出独立于电脑端的移动端课程。2013 年移动端有 2.6 万付费学员，新老学员各占一半。尚德机构在 2014 年 5 月之前是全部面授课程，5 月之后每月 95% 的收入是来自在线直播课程。据称，2014 年尚德机构完成由面授向电脑端授课的转型，2015 年则将重点布局转向移动端授课。

《2017 年中国在线教育行业白皮书》报告显示，2018 年中国在线教育市场规模将突破 3 000 亿元关口，达到 3 480 亿元。该报告还指出，近年来在线学习的方式已逐渐渗透于人们的日常生活，未来几年，在线教育技术的持续升级、在线学习产品的丰富和成熟都将推动在线教育市场规模进一步增长。①

## 三、面向职业教育的体系化在线课程建设

无论是职业学校还是各类培训机构，多年来已经积累了一大批面向特色专业领域的体系化职业教育课程。在“互联网+”时代，如何让学员以更灵活的方式学习这些课程，是在线教育在职业教育领域应发挥的作用之一。学生在传统的学习环境中学习某一课程时，可能因为无法选择授课的团队、教学的方式和学习的时间受限等原因而影响其学习兴趣和学习效果，但在参与在线学习时，这些问题都将迎刃而解。

这里以计算机类课程为例来进行分析。当下各职业学校、培训机构、大学都开设计算机类课程，课程资源相当丰富，可选择的空间很大，但如果在

---

① 艾媒咨询. 艾媒报告丨2017 年中国在线教育行业白皮书［EB/OL］.［2017-11-22］. http://www.iimedia.cn/59782.html.

传统教学环境中，学生只能选择本校的课程或附近培训机构的课程，难以实现对授课团队、教学方式和学习时间等的选择。但计算机类课程大多内容抽象、难以理解、不易自学，很多学生遇到困难后容易产生畏难情绪，削弱了学生学习的兴趣与动力，学习效果受到了负面影响。

2014 年，网易云课堂推出了完整的计算机专业课程体系（http://study.163.com/curricula/cs.htm），这是中文在线教育平台首次成系统、成规模地引入大学专业课程，相当于在网络上建立起了一个线上的计算机学院，如图 3-5所示。学生可以在这个平台自由地选择授课团队、教学方式和学习时间。

图 3-5 计算机专业课程体系

网易云课堂当前提供的计算机类课程的授课教师均来自国内一流高校，比如北京大学、北京邮电大学、中国科技大学、哈尔滨工业大学、浙江大学等。网易云课堂把全国范围内广受好评的计算机类课程移到网络上，每一门课程都由名师讲授，由专人录制并提供不同阶段的课程供学习者选择。网易在线教育负责人蒋忠波表示："计算机专业是目前国内比较受欢迎的专业之一……包括计算机科学与技术、软件工程、网络工程、信息安全等七八个专业。"① 首次上线的计算机课程包括 C 语言程序设计、Java 程序设计、数据结构、算法设计

---

① 小谦. 在线教育哪家强？MOOC 搅局能否圆美梦［EB/OL］.［2018-07-17］. https://www.csdn.net/article/2014-11-10/2822564.

与分析等从大一到大四完整的计算机专业课程。课程之间的关联情况由连接线呈现，箭头方向反映课程学习的先后顺序，如图 3-5 所示。

计算机技术是当今世界上发展最快和应用最广泛的技术之一，各职业学校纷纷开设计算机专业。不同学校的培养目标不同，学生知识基础不同，其课程设置亦应不同。表 3-1 是某两个高职高专院校计算机应用专业的课程设置和网易云课堂计算机课程设置的比较。

**表 3-1　计算机类课程设置的比较**

| | A 学校计算机应用专业课 | B 学校计算机应用专业课 | 网易云课堂计算机专业课程 |
|---|---|---|---|
| 第一学年 | 计算机专业导论 | 基本电路与电子学 | Java 程序设计 |
| | 电工电子技术 | 数字逻辑设计 | C 语言程序设计 |
| | 数字电子技术 | C 语言程序设计 | Python 程序设计 |
| | 计算机组装与维护 | 计算机实用技术 | 计算机专业导论 |
| | C 语言程序设计 | 高等数学 | 高等数学 |
| | 网页设计与制作 | 计算机专业导论 | |
| | 机器人技术基础 | | |
| | JAVA 程序设计 | | |
| | 多媒体制作技术 | | |
| | 服务器架构 | | |
| | 高等数学 | | |
| 第二学年 | 计算机辅助设计 | 数据结构 | C++程序设计 |
| | Linux 系统及应用 | 计算机组成原理 | 数据结构 |
| | 网络数据库案例与应用 | VB 程序设计 | C#程序设计 |
| | JSP 编程及应用 | 图形图像制作 | 计算机组成原理 |
| | 路由与交换技术 | 汇编语言 | 算法设计与分析 |
| | 企业网组建与维护 | 数据库系统原理 | 离散数学基础 |
| | | 计算机网络 | 概率论与数理统计 |
| | | 计算机操作系统 | |
| | | JAVA 程序设计 | |
| | | 离散数学基础 | |

续表

| | A 学校计算机应用专业课 | B 学校计算机应用专业课 | 网易云课堂计算机专业课程 |
|---|---|---|---|
| 第三学年 | | 网络编程 | 软件工程 |
| | | 软件工程 | 编译原理 |
| | | 单片机及接口技术 | 操作系统 |
| | | 多媒体技术 | 计算机网络 |
| | | PB 程序设计 | 数据库系统原理 |
| | | 微机外设与维护 | 线性代数 |
| | | Jbuilder 平台 | 软件测试 |
| 第四学年 | | | 软件测试方法与技术实践 |
| | | | 面向对象软件开发实践 |
| | | | 计算机系统结构 |
| | | | Linux 内核分析 |
| | | | 软件安全 |
| | | | 信息安全数学基础 |
| | | | 近世代数 |

注：阴影部分是学校与网易云课堂一致的课程。

从表 3-1 中的课程设置可知，A 学校的课程设置比 B 学校更简单，与网易云课堂有 4 门课程一致，B 学校的课程设置与网易云课堂有 11 门一样的课，并且这 11 门课程开设的时间段也基本相同。

传统学校课程只能是在固定的学年开设，学习灵活度不高。但在网易云课堂中，课程按照不同学年划分只是作为学生选课的参考，学习者对课程的选择并不受限制，可按兴趣或需要选取任何一门课程进行学习。

网易云课堂中计算机专业在线课程都有和名校一样严格的授课大纲，授课的内容形式包括视频、文档、随堂测验、富文本（RTF）和讨论，每门课每周都需要 3~5 小时的学习时间。学习者在学习过程中可以与教师互动，与同伴讨论，在课后还要按时完成作业。课程内容完全免费，并且可以使用相应的应用程序随时随地学习。学习者完成相关的学习内容后，课程教学团队根据学生的学习情况和考核分数来颁发结业证书。在获得结业证书的基础上，表现优异的学生将获得杰出证书。

网易云课堂推出具有慕课形态的计算机专业课程，打造了一个高水准、高质量的职业课程体系，让有专业知识需求的人们免费获得高质量、系统的在线教育资源。网易云课堂还将进一步把高校课程和各领域的职业或实用课程相结合，满足更多学习者的学习需求。

各类职业教育课程体系在引导学生制订专属学习计划的同时，统筹多渠道课程供不同层次的学生选学，充分发挥了在线学习的自主性和灵活性。

在线教育给职业教育带来了显著的影响。它将职业教育由工业化时代逐渐带入信息化时代，职业教育的治理体系和治理能力在现代信息技术的引领下走向现代化，职业教育的学习活动已经无处不在。

## 第三节　高等教育中的在线教育

随着互联网、移动计算技术、大数据分析应用等在各行各业引发的变革和创新，在全球开放教育资源运动和开放在线课程热潮的不断冲击下，在线教育已逐渐成为高等教育的重要组成部分。

### 一、我国高等教育中的在线教育

1998 年以来，教育部批准在清华大学、湖南大学、浙江大学和北京邮电大学等高校进行在线高等教育试点。截至 2002 年，全国共有 68 所高校加入到在线高等教育这一新兴领域中来，开展了双重模式之下的远程教育实践。现代远程教育试点院校到 2010 年前开展的主要都是在线学历教育，借助各个大学雄厚的科研积累和优质师资，尝试了独立开展的学历教育，为国家培养了大批人才，显示出在线教育在人才培养方面的旺盛生命力。到 2012 年的“慕课元年”，美国慕课的井喷式发展也促进了我国高校尝试在自己常规的学历教育中引入在线教育，带动国内掀起了开放在线课程建设浪潮。

早在慕课的风暴到来之前，国内高等教育已经开展了多次网络课程资源建设。2000 年教育部高教司启动面向高校的“新世纪网络课程建设工程”，2003 年教育部又启动“国家精品开放课程建设”，截至 2010 年，累计评选出国家精品课程 3 800 多门，① 省级和校级的精品课程上万门。但由于当时组织者、高校和教师都把网络课程建设理解成课程的网络资源建设，依然以自己的“教”为中心，围绕数字化教学资源的设计和制作来建设课程，忽视

① 数据来源：精品课官网首页，http://www.jingpinke.com，2018 年 8 月 23 日。

了教学过程的设计，忽略了以“学”为中心，因此当时建设的网络课程在学生中产生的影响不大。因为这类网络课程提供的内容很难普遍应用于课堂，很少被任课教师选用，所以社会影响力不大。

2010年开始，耶鲁大学等国际名校的视频公开课逐步在网络上流行，国内一些媒体，诸如网易等甚至为国际名校视频公开课开辟了专门的频道。这些国际名校的课程讲授过程生动、教学内容新颖、教学方法多样、教师博学多才，受到广大学习者的欢迎，一时形成了收看国际名校视频公开课的学习浪潮。在此带动下，我国教育部在2011年启动了“国家精品开放课程建设”，在精品课程建设的基础上进一步促进优质课程的开放共享。

可以说在慕课掀起热潮之前，国内高等教育对在线课程已有所知。2012年慕课风暴后，国内诸多高校纷纷跟进，清华大学、北京大学、复旦大学、上海交通大学等分别加入课程时代和edX等慕课平台，向全球提供开放在线课程。到2013年，清华大学基于“Open-edX”开放的源代码，构建了自主的慕课平台“学堂在线”，2014年上海交通大学自主研发的“好大学在线”也正式对外发布，并支持西南地区高校的跨校学习，学分互认。同年，深圳大学牵头组建“优课（UOOC）联盟”，以联盟形式推动开放在线课程的建设，并与企业合作构建慕课平台。除高校之外，网易云课堂和爱课程网合作推出的“中国大学MOOC”等，也汇聚了许多高校的优质课程资源。

从2014年开始，众多高校在投入慕课建设和大学生热衷慕课学习后两年，慕课热潮渐渐散去，学校和学生都在反思在慕课学习过程存在的学习投入度低、课程完成率低、学生满意度和认同度不高等问题。为了有效地将在线教育引入常规高等教育的教学，很多学校和教师都开始重新思考课程教学实施的过程和模式应如何设计。

在思考如何有效地实现线上学习与线下学习的整合，如何有效组织和开展线上线下混合学习时，应该先明确开放在线课程不等同于在线教育。教师应了解各种形式的开放在线课程，然后根据课程的特点和学生的需要选择适合的开放在线课程，组织在线学习。

## 二、形式多样的开放在线课程

目前，全球高校中开展的开放在线课程形式逐渐多样化，例如大规模开放在线课程（MOOC）、区域性开放在线课程（LOOC）、小型开放在线课程（SOOC）、大型开放在线课程（BOOC）、分布式开放协作课程（DOCC）、小规模私有在线课程（SPOC）、大规模私有在线课程（MPOC）等。不同类型的在线课程教学特点各异，但目的都是为学习者提供更多的学习机会和支持服务，丰富其学习机会和方式。这些在线课程各有自己适用的情境、关注范围和教育价值，提供了多样的课程教学方式，让学习者有机会找到最适合自己的课程类型，也给教师提供了实现自己课程设计的多种可行方案，促进高等教育的在线教育项目顺利进行。

**（一）大规模开放在线课程（Massive Open Online Course，MOOC）**

大规模开放在线课程，即我们常说的慕课。从慕课蕴含的理念来讲，它是一种全新的在线教育方式，它以“将世界上最优质的教育资源，传播到地球上最偏远的角落”为教育宗旨，力求最大限度地促进教育公平，实现真正的教育民主，促进精英教育的大众化。从字面的理解来看，慕课有以下特点：

（1）大规模（Massive）：大规模是指学生规模较大，最多时一门课程的参与者达到16万之多。

（2）开放（Open）：没有人数、地域、民族等因素的限制，任何人都可以参与课程的学习；同时慕课的学习环境也是开放的，学习者可以根据自己的喜好使用多种工具来参与学习。

**（二）区域性开放在线课程（Local Open Online Course，LOOC）**

区域性开放在线课程最早出现于英属哥伦比亚大学2013年12月创设的“数字素养”课程（代码M101）。该课程由英属哥伦比亚大学教育系、图书馆和教育技术学项目的研究生共同创建，开设的目的是帮助大学所在社区的成员提高数字素养，也是想帮助学生在学习其专业知识的同时，使学生提升与专业有关的数字素养。区域性开放在线课程的特点是服务于一定社区的成员，课程的参与者因此可能拥有统一的学术标准和地域特色。其特点主要有以下几方面。

（1）区域性（Local）：区域性是指课程只针对一定区域的人群，如代码为M101的课程只提供给英属哥伦比亚大学社区中的人们进行学习。在区域性开放在线课程里，区域中的学习者在任何地方都可以加入到课程学习中，区域外的学习者也可以看到课程的内容，但是只有社区的成员才能参与课程实施，可以发表信息、参与课程交互及在线活动。

（2）自我导向的学习：区域性开放在线课程提供不依赖于教师或者其他类型支持的自我导向学习体验，学习内容和材料由学习者共同创造和审核，借助学习者的力量来更新学习内容。如代码为M101的课程的学习材料不断地由学习者共同提供和审查，某一个学生关于数字故事的网站可由另一学生进行评价，该生再根据建议和评价进行改进。通过这种方式，学习资料的质量控制由名誉激励和同伴管理实现，并且学习资料时刻处于动态积累和不断更新中。代码为 M101 的课程开设的基础是另一个正式的全在线研究生课程，教育技术学的研究生为这门课程提供了学习内容并进行管理，它们也成为代码为 M101 的课程的内容基础。

（3）多种方式的课程学习认证：和其他开放在线课程一样，资格认证是区域性开放在线课程必须解决的问题。为鼓励学习者们参与并完成课程学习，区域性开放在线课程提供不同方式的资格认证，或在大学内等同于某门课程，学习者可以免修并取得对应课程的学分，或提供电子徽章认证。如英属哥伦比亚大学区域性开放在线课程的创建者们就通过创建并使用徽章来对学习者的课程学习成果进行认证。

### （三）小型开放在线课程（Small Open Online Course，SOOC）

小型开放在线课程是由希瑟·M. 罗斯提出来的。罗斯认为小型开放在线课程真正的创新是在学习者的选择性上，课程依然是公开和免费的，互联网上的任何人都可以申请加入，但招生人数缩小到数十或者数百个，而不是数千。

在慕课以大规模取胜的情况下，小型开放在线课程更注重精细地提供学习支持服务和有效地组织教学活动。相比之下，小型开放在线课程有以下特点。

（1）选择学习者：小型开放在线课程平台通过统计学习者参与度及达到的学习水平而进行学习者筛选，之后针对这部分学习者组织各种学习讨论和互动，教学对象特点明确。

（2）有针对性的学习支持服务：和慕课一样，小型开放在线课程拥有在线教学的优势，资源和信息全部开放且通过网络进行传播，没有时间和地点的限制，但针对学习者群体的明确特点开展个性化互动等学习支持服务，一定程度上解决了学习者参与度低的问题。

（3）小型的效应：由于参与课程学习者的数量得到控制，小型开放在线课程平台的“小”大大节约了成本，减少教学团队工作量，减少了由于学生变动带来的计划调整。小型开放在线课程凭借“小型”的优势，成为值得关注的开放在线课程形式之一。

### （四）大型开放在线课程（Big Open Online Course，BOOC）

大型开放在线课程的构想在 2013 年由美国印第安纳大学的丹尼尔·希基（Hickey）提出来。它是指学生范围控制在 200~500 人、向所有人免费开放的在线课程。希基提出大型开放在线课程源于很多参与开放在线课程学习的人都希望课程能提供更多的交互方式。在提出大型开放在线课程之前的6年时间里，希基致力于实现真正交互在线教学，从而促进学生间更多交互并让他们更投入地参与到学科学习中。刚开始，他尝试在人数较少的在线课程中通过互动引导学生参与到课程学习中。结果表明该课程提高了学生参与性，加深了学生对新知识的理解和掌握，并在网络学习社区上形成了大量学习成果，在此基础上他决定将互动方式扩展到上限为500人的在线课程中，大型开放在线课程就此产生了。与慕课相比，大型开放在线课程也有自己的特点。

（1）规模的控制：大型开放在线课程虽然对学习者没有地域和机构等的限制，但在人数上有一定限制，通常在200~500人之间。

（2）课程内容针对性强：大型开放在线课程的学习内容一般是那些学生自学觉得比较难掌握的或者与实践经验相关的内容，更有针对性，且动态性更强，随着学习过程的开展能不断生成和变化。同时，大型开放在线课程在教学中注重学生的先前经历和学习背景，可以根据学生的不同情况，有针对性地促进学生对知识的真正吸收和掌握。

（3）互动和交流：大型开放在线课程注重学生的参与，学习中的互动和交流强度明显增强，以此来激发和维持学生的学习兴趣。大型开放在线课程采用多种类型的同伴评价方式让学习者完整地参与到教学过程中。

**（五）分布式开放协作课程（Distributed Open Collaborative Course，DOCC）**

分布式开放协作课程也是通过网络开设的一种课程，强调学习过程中学习者之间的协作。2013年8月，一家女权主义研究机构（Fem TechNet）在布朗大学、耶鲁大学和罗格斯大学等15所大学开设了一门名为“女权主义与科技之对话”的课程，即为分布式开放协作课程的开始。该课程不局限于单一专家授课，其课程专家背景多样，并分布在各高校或机构，突出数字时代的协作学习，避免学生被动学习。作为一种与大规模在线开放课程不同的在线课程，分布式开放协作课程具有以下三个鲜明的特点。

（1）分布式。一门分布式开放协作课程，不同于大规模在线开放课程是由一位或几位教师向许多学生发送教学内容，它的出发点是由专家们来协作性和分布式地组织教学，课程建立在专业知识在整个网络分布的情况下和教学参与者位于不同的制度背景的基础上。教学者与学习者都生活于不同的制度背景中，来自不同的地方，属于不同的民族，从事不同的行业（例如教师、学生、媒体从业者、活动家和教练等），因此他们可以提供、了解和认识到不同的观点、经验和经历，带来观点的差异，从而能批判性地分析问题和思考问题。

（2）强调协作。分布式开放协作课程利用教师和学习者的集体智慧组织协作学习。学习者围绕同一话题或共同主题表达观点，相互对话、讨论，并在此过程中不断发展自己的观点。评估学习结果时，重点放在实现的过程中，而不仅是结果上。分布式开放协作课程中的协作还反映在线上和线下的混合式协作学习中，在线下活动的经验和体验的支持下，线上活动才得以有效地进行。

（3）开放。和慕课同样，分布式开放协作课程也是一门开放的课程。分布式开放协作课程向所有的学习者开放，开放的目的是实现优质资源的共享。分布式开放协作课程的开放程度相对慕课更大，开放让愿意来教授课程的专家承担教学的工作，开放由学习者来提供教学内容或从学习者学习过程中生成学习资源，这样可以让更大范围的教师和学习者相互学习，由于教与学的参与者来自不同地区，学习者可以共享不同而丰富的材料，这种层次上的开放与慕课中的开放相比更向前迈出了一步。

### （六）小规模私有在线课程（Small Private Online Course，SPOC）

小规模私有在线课程是由加州大学伯克利分校的阿曼多·福克斯（Armando Fox）提出的，“小规模”是指学生规模一般在几十人到几百人；“私有”是指对学生设置限制性准入条件，达到要求的申请者才能被纳入小规模私有在线课程。

目前加州大学伯克利分校、哈佛大学、麻省理工学院都在进行小规模私有在线课程教学试验，具体的实施方式包括以下三个方面。

（1）增加小班管理、小组学习等功能。慕课平台上的学生数以百万计，不同基础的学习者进入课程后都会面对标准化的学习材料以及统一的学习任务，并且极难得到主讲教师的指导和支持，庞大的学生数量也使得学生管理几无可能。因此，哈佛大学等高校正在对某些课程尝试小班在线教学方式，组织有针对性的学习活动。例如，哈佛大学肯尼迪政治学院的一门国家安全战略课程就对学生人数有限制，并且要求想要报名该课程的学生必须提交有关叙利亚冲突的研究论文。部分小型培训，学生人数甚至会限制为 17～20 人，与传统的大学班级人数相当。

（2）增加数据分析模块的内容。在小规模私有在线课程教学试验的改进中，各高校以小班组织为基础，尝试增加对学生成绩、学习行为等方面的记录和分析。在组织小班教学情况下，教师可以根据数据分析，与学生进行大量互动，比如催交作业、写评语等。

（3）对学生个性化学习的全过程进行在线辅导。学生的学习需求推动了小规模私有在线课程模式的发展，在小规模私有在线课程教学试验中，加州大学伯克利分校把 edX 上的视频及其他课程资料应用于传统课堂，让学生在课前自学，教师则在课堂内回答学生问题，检测学生掌握情况。小规模私有在线课程的应用使教师不用再把大量精力放在每堂课的讲授上，而是可以集中精力进行个性化教学、实践教学、合作学习等模式的探索，这正是对慕课平台的有益补充。

**（七）大规模私有在线课程（Massive Private Online Course，MPOC）**

以小规模私有在线课程为基础的大规模私有在线课程，通过培养合格的网络辅导教师以及同时开设多个“班”的方式，实现大规模私有在线网络教学。从在线课程的内容和教学活动设计来看，小规模私有在线课程和大规模私有在线课程可以共享同一个网络课程设计方案，差异主要体现在运营阶段的班额、收费、师资配备等方面。

大规模私有在线课程是基于北京大学中小学教师教育技术能力网络培训的实践提出来的一种网络课程模式，具有以下特点。

（1）大规模私有在线课程的基础是小规模私有在线课程，通俗地说，大规模私有在线课程就是一期开设多个小规模私有在线课程“班”的一种在线教学模式。

（2）大规模私有在线课程将教材和教学过程分离，在教学平台主要呈现教学资源、教学活动和学习指导手册，并以视频教学资源为主。

（3）大规模私有在线课程为每一个“班”安排一位网络辅导教师，由他负责一个“在线课堂”的教学过程，并对学习者的作业提供评价与反馈。

（4）在线教学的组织管理、辅导答疑活动都通过“班”来开展，“班”由经过选拔的网络辅导教师管理，由此实现大规模、非开放的在线教学。

从高等教育的战略发展着眼，网络必须进入大学的正式课堂，扎根于本校课堂，成为大学课堂教学不可或缺的重要组成部分。借助在线课程的各种新型经验、成果、理论、方法，提高广大师生的学习生活质量，高等教育实现了从教师灌输式的课堂，向信息化的高效课堂转变。

多样化的在线课程可以满足不同类型课程学习者的需要，合理选择和开设各类在线课程，是高等教育在教育信息化发展进程中实现优质教学资源共建共享，提高教学质量，促进教育公平，实现个性化、多样化、终身化的有效途径。在线教育将革命性地改变高等教育中教师的教学方式和学生的学习方式，从而给高等教育发展带来新机遇。

## 第四节　职后培训和终身学习中的在线教育

在信息时代，职业特点和知识增长的特征决定了人们仅仅接受职前一次性学历教育已远远不能适应时代发展的要求。人们必须接受职后培训等继续教育，自觉开展终身学习，不断汲取专业内外的新的科学文化知识，使自身随着时代发展而前进。可见，职后培训和终身学习对人的成长发展是极其重要的。

### 一、通过在线学习参与职后培训

自20世纪末以来，计算机网络、卫星等现代信息技术逐步应用于培训领域，并迅速打破了传统分级分区施训的固有培训格局与模式。各行各业的远程培训以其大规模、低成本、可以跨越时空等特点，为解决长期困扰行业职后培训的覆盖问题、成本问题及工作与学习矛盾问题提供了有效的途径和方法。利用在线远程教育开展的教师专业发展研修和培训活动就是在线教育在职后培训中应用的一个典型例子。

在依托互联网、卫星网、移动网等网络开展的教师培训中，优质培训资源得以在短时间内实现大范围共享，为推动我国中小学教师队伍整体素质的提高，以及为全国教育的均衡发展起到积极促进作用。进入21世纪，全国中小学教师继续教育网、中国教师教育培训网等网络培训专门机构相继成立，许多高校也纷纷建立自己的教师远程培训机构及平台，远程培训逐渐从边缘走向中心，成为与集中培训、校本培训相并列的我国中小学教师培训“三驾马车”之一，如华南师范大学教师远程培训网，如图3-6所示。

教师远程培训以现代媒体与信息技术为支撑，以构建的虚拟班级为基本单位，在专家团队和指导教师的引领下，通过观看专家视频讲座、自主学习电子文本、在线交流研讨、线下校本研修和实践、提交项目报告等方式，在管理者和助学者的支持下，解决教师教学实践的问题，并促进教师专业成长。教师远程培训有以下五个特点。

（1）教学资源的共享性。基于网络的远程培训与传统的培训模式相比，实现了优质教学资源的共享。培训组织者只要将优质的教学资源存放到网络学习平台上，进入平台的所有学员均可获得和使用这些资源。对教师来说，远程培训的共享性一方面使他们能够最大限度地获取教学资源和信息，开阔

图 3-6　华南师范大学教师远程培训网首页

他们的视野；另一方面有利于他们正确地理解和整合这些优质的教学信息。

（2）课程形象生动。远程培训的专题课程通常是将授课内容录制成教学视频或微课等，形成课程体系放在网络学习平台中。视频素材都是取自教师日常教学实践的典型案例，贴近教师的日常教学活动，更易于理解吸收。

（3）教学过程的交互性。教师与学员、学员与学员或学员与教育信息资源通过在线学习平台进行主动交流。交流得越主动，个人的收获也就越大。

（4）培训空间的虚拟性。远程教育平台提供有结构的学习材料及各种学习交互活动，这种培训空间的虚拟化意味着教学活动可以在很大程度上脱离物理时空的限制，不受教学场地和教学时间限制，克服了传统培训课堂中交流的心理障碍，产生了较好的规模效应。

（5）培训管理的智能性。远程培训管理的智能性主要表现在研修平台能动态跟踪学员的学习过程，通过交互获得学员学习行为和参与活动的数据。教师会对学员每一次提交的作业和文章进行评论。在线研讨的参与次数，研修平台都有动态的跟踪，从而生成学员的各种学习轨迹参数，对学员的各种学习行为进行处理分析，自动生成每一位学员的学习发展报告，是考核学员学习效果的重要依据。

很多教师在参与远程培训中受益。河北省乐亭县马头营初级中学的刘艳红认为，教师远程培训是成长，更是一种思想的洗礼。湖南省洞口县第九中学的严慧健认为，远程研修架起教师专业成长的桥梁。她认为，通过远程培训平台，与国内著名的教育专家进行"零距离"的接触，"面对面"聆听他们的辅导讲座、鲜活的案例和丰富的知识内涵，既让自己开阔了视野，也让自己的理论水平有了质的飞跃。比如明白了新课程到底"新"在哪里，知道了考纲如何设定，了解了高考的动态变化，能够紧紧地把握课堂能力导向和德育评价。

远程培训的在线活动丰富多彩、形式多样，如专家集中答疑、撰写学习体会、参与论坛讨论、相互评价作品、在线集体备课等，既有知识性，又有主动交互的趣味性，整个学习过程充满乐趣，打破了以往学习的单一和沉闷。通过远程培训，在领悟专家讲学精粹的同时，学员可以发表自己的见解，集体讨论、精益求精，不仅学到了许多新的教育观念，也通过同行的帮助，解决了自己在教育教学方面的许多困惑。比如通过"发帖、回帖"，在充分阐述自己教育教学的感想、心得、体会的同时，也促进了学员之间的真挚交流，增长了学员的见识，丰富了学员的业余生活，增加了学员的幸福指数。

教师远程培训让学员站在一个崭新的平台上审视自己的教学工作，使学员对今后的工作有了明确的方向，也使他们的教学理念不断更新，通过咀嚼、消化将所学知识内化为自己的教学思想，指导自己的教学实践。可见，教师远程培训有效地促进了教师的整体发展。

## 二、终身学习中的在线教育

在现代社会里，学习是生存与发展的必要条件，学习是每个人乃至整个社会开启繁荣富裕、文明幸福的金钥匙。当代社会科技发展日新月异，我们正处于一个知识爆炸的时代，人类知识总量的增长周期愈来愈短，从过去的100年、50年、20年缩短到5年、3年。

有人预言：人类现有的知识到21世纪末只占知识总量的5%，其余95%现在还未创造出来。资料显示，在农业经济时代，人类只需要7到14岁的学习就能胜任日后的工作；在工业经济时代，人类的学习时间延伸为5到22岁。而在今天，我们已经迈入了知识经济时代，人类只有坚持终身学习，才能适应时代的发展和社会的需求。[①] 美国前总统克林顿在一次演讲中也说：

① 终身学习，知识经济时代的需要［EB/OL］.［2018-08-31］. http://blog. sina. com. cn/s/blog_74ff30101aiki. html.

“终身学习是知识经济的成功之本，假如我们实现了这一目标，它将爆发出无限的良机，并改变每一个年轻人的未来。”① 因此，不断进行知识更新，坚持终身学习已成为全球的共识。

终身学习是在人的一生中持续进行的学习，并不是日常生活中自发产生的一般的学习活动。塔夫认为终身学习是一种“有意学习”（deliberate learning），这种学习具有以下四个关键特征：① 它是有意识的，学习者意识到自己正在学习；② 它有具体而准确的目标，并且这种目标不是那种含糊的概述；③ 这些目标是进行学习的原因；④ 学习者有意在相当长的一段时间里保持并且运用所学的知识。②

在现代信息技术没有得到广泛应用的时代，人们进行终身学习主要依靠书本、广播和电视，终身学习的机会不普遍、参与形式单一、学习方式选择性小，因此进行终身学习并不容易。随着网络、计算机技术和移动设备的广泛应用，终身学习的便利度已经大大改善。人们可以随时随地利用移动设备或家中的电脑，使用互联网中的教育资源，按自己的需要进行在线学习。根据中国互联网络信息中心第 41 次《中国互联网络发展状况统计报告》的数据显示，2016 年 12 月我国的互联网用户参与在线教育的规模为13 764万到 2017 年 12 月这一规模达到 15 518 万。2016 年 12 月，移动互联网在线教育课程学习的用户规模为 9 798 万，而到 2017 年 12 月此类用户的规模为 11 890 万，如图 3-7 所示。

从上述数据可知，我国在线教育用户群不断增大，参与者越来越多，他们可能成为根据自己的需要进行在线学习的终身学习者。随着经济的发展、知识更新换代速度加快，一方面社会对技能型人才的需求越来越强烈，终身学习是大势所趋，另一方面为提升自身竞争力，人们有主动学习各类课程的需要，终身学习的主动性还将增强。当前许多成年人为了兴趣爱好的发展，利用在线资源进行学习，如通过微信公众号了解健康生活的知识，通过专题网站学习绘画、下棋、书法，通过开放教育资源学习新知识和新科技等。基于互联网建构的终身学习体系能让不同年龄、有不同学习需求的社会成员的终身学习得以开展，保障了人们学习需求的满足。2015 年，习近平在致国际教育信息化大会的贺信中提到：“应信息技术的发展，推动教育变革和创新，

---

① 陈生根. 终身教育理论的发展与实践［J］. 华中农业大学学报（社会科学版），1999（3）：59-62.

② Tough，A. *The Adult's Learning Projects*［M］. Learning Concept. 1971.

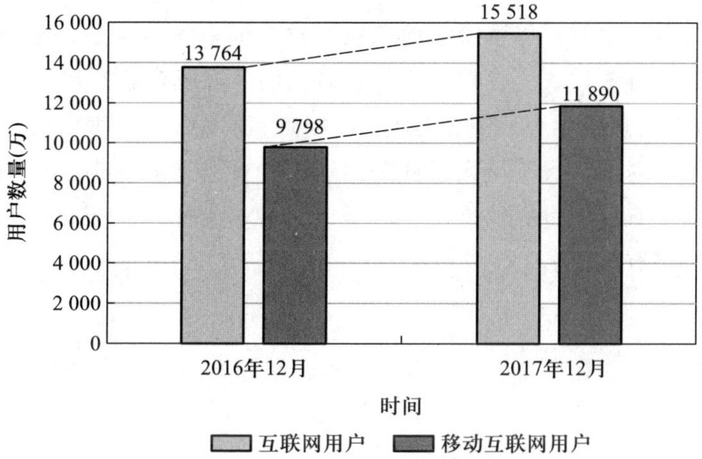


图 3-7　互联网用户中在线教育用户规模

资料来源：中国互联网信息中心. 第 41 次《中国互联网发展状况统计报告》发布［EB/OL］.［2018-07-18］. http://www. cnnic. net. cn/gywm/xwzx/rdxw/201801/t20180131_70188. htm.

构建网络化、数字化、个性化、终身化的教育体系，建设‘人人皆学、处处能学、时时可学’的学习型社会，培养大批创新人才，是人类共同面临的重大课题。”①

当前数据技术助力在线教育的发展，改善了人们的体验。在线教育平台通过大数据挖掘技术，掌握用户个人教育水平、收入、消费等情况，了解用户需求和学习动机，对用户进行精准定位，推荐定制化的学习内容，有助于提升用户学习兴趣。随着虚拟现实（VR）、增强现实（AR）技术的发展和相关硬件设备的开发，“沉浸式教学”成为可能，尤其在建筑、物理、医学、生物相关的学习中，在线教育可提供真实场景的教学体验，增强互动性，提高终身学习的效率。

《信息时代的学习革命：以杭州为例》一书中的研究显示，虽然传统方式的学习仍然是主流，但近九成的市民选择通过电脑和手机，根据兴趣随机学习。随着智能手机的普及，社交式的互助互动学习更受欢迎。有意思的是，大家普遍意识到浅阅读和社会浮躁相关，但又青睐浅阅读，如同缺乏自制力的学生。② 在该书中有关对网络学习平台和悦学体验点的调查发现，“印

---

① 习近平致国际教育信息化大会的贺信［EB/OL］.［2018-08-23］. http://www. xinhuanet. com/politics/2015-05/23/c_1115383959. htm.

② 翁卫军主编. 信息时代的学习革命：以杭州为例［M］. 杭州出版社，2014.

象笔记”“果壳网”“中国大学 MOOC”等一批在线教育产品脱颖而出，让线上学习与线下学习得以整合。而在线下学习的多种途径中，参观博物馆是终身学习的最有效方式。在杭州，信息时代的学习革命让市民“用智慧点亮生活”，市民们热爱学习，更多地将学习和阅读还原成了生活的常态。无论是地铁工人范秀江、民工诗人郭祥勤，还是社区志愿者鲍倩、民间文学达人吴关荣，都没有征服世界的抱负，而是以一种平常心，希望自己通过不断的学习活得快乐有价值。

# 第四章
# 实施在线教学的原则和方法

毋庸置疑，在线教育正引发人类教育史上的又一场变革，其来势之快、影响之大、范围之广令全球瞩目。在线学习以其灵活自主、关联开放、交互丰富等特点，广泛影响了人们学习生活的方方面面，越来越为广大的学习者所接受。在“互联网+”时代，互联网为人们提供了沟通、互动、可读、可写的虚拟空间，是人们获取信息、交流信息的重要平台。互联网提供既可相互协作又可自主学习的环境、丰富的资源、可记录学习过程的工具等。这些对学习者来说，都是不可多得的支持。

## 第一节　以学习者为中心

在美国达顿私立学校，凯瑟琳正在给孩子们上历史课。讲到古代玛雅文明时，她给孩子们布置了这样的作业，在学校数字图书馆中的虚拟玛雅文明遗址中发掘文物，了解其璀璨的文明，然后写一篇有关玛雅人生活方式和文明发展程度的文章。孩子们通过电脑进入了虚拟的玛雅遗址，开始挖掘工作。一切都像真的一样，那些珍珠、象牙等珍宝被孩子们一个个挖掘出来。挖掘的时候，甚至还可以听到沙沙的挖掘声，孩子们俨然成了考古学家。整个学习过程都在线上完成。与传统的教学方式相比，孩子们可以在类真实环境中进行仿真操作，虚拟的挖掘过程启迪孩子们提出自己的观点，通过在网络上寻找资料来证明自己的观点，并与同伴们在讨论中发展自己的观点，学习效果非常不错。

凯瑟琳老师很明智，她知道如何根据教学内容和学生的特点，利用网络中的资源和平台，合理选择教学策略，让学生成为学习中的主人。而以学习者为中心，也是在线学习中最为重要的原则。

严格意义上来说，在线学习是在网络及相关平台、软件工具和资源等的支持下，学习者在网络上开展学习活动、完成学习任务、实现学习目标的一种学习方式。在线学习者，泛指利用网络在线上进行学习的人群。随着学习的需求日益多样化，统一的教学安排，或者统一的学习内容已经无法满足学习者对知识的个性化需求，越来越多的学习者依靠网络获取或学习知识。特别是成人学习者，当前时代背景下，他们职后相当一部分的知识和技能都是通过网络进行自主学习而获得的。

## 一、在线教育中的学习者

在线教育中的学习者作为学习的主体，愈来愈明显地呈现学习的自主性、目标性和个性化需求。学习者对学习内容、学习方法和学习成果的个性化需求，导致他们在在线教育中迫切寻求得到个性化的教育服务。他们更加倾向于自主选择学习内容和活动，以达到自己预定的学习目标。由于学生主要是通过跟随推送的课程和预设的教学进程进行选择，所以，学生需要教学组织方提供引导，帮助他们进行理性选择。无论是对于在线学习项目的总体规划，在线课程的设置，在线学习材料的设计与制作，还是对于在线学习活动设计与实施，在线学习支持服务的提供和在线学习评价的设计与开展等环节来说，以学习者为中心都是最基本的原则。为了更好地为学习提供支持，体现以学习者为中心的原则，课程组织者需了解在线学习者的特征。本书将在线学习者的特征总结如下。

（1）结合自身需要，通常目标较明确

在线学习者对学习有一定的准备和构想，通常基于他们的工作、生活的经验开展学习，目标比较明确。在线学习项目的设计，需要关注他们目标的达成，注重发挥学习者在抽象思维和实践能力上面的优势，减少记忆类的内容。

（2）以非正式学习为主，通常没有严格的时间表

在线学习者多数是利用工作或学习之余，在网上完成额外的学习任务，学习时间难以固定，每次投入学习的时间也是零碎的。在线学习项目的设计，应慎重设定学习时间长度，应将学习内容分解，每段时间不应过长，便于学习者有效利用碎片化时间。

（3）学习动机强烈，注重学习效果

在线学习者因为面对工作和生活的双重需求而参与学习，他们的学习是由在实践中产生的需求决定的，因此，具有较强烈的学习动机。同时，他们迫切地期望将知识应用到实践中，及时看到实践的效果。在线学习项目的设计需要充分考虑学习者的需求，激发学习者的动机，同时，为学习者提供应

用知识的实践机会，及时地反映他们的学习效果。

（4）自主能力和协作能力兼具

在线学习者都有自己的学习方法和学习习惯。但在线学习者作为一个社会化的人，在工作、学习和生活中需要与他人协作，也应具有较强的协作能力。在线学习项目的设计需要充分发挥学习者的自主能力和协作能力，设计结合自主学习活动和协作学习活动的学习模式。

## 二、以学习者为中心的观点

以学习者为中心的观点认为，学生是认知的主体，在线学习的设计应充分考虑学习者的潜在能力，以他们为中心，激发他们的学习动机，最终把他们培养成全面发展（包含知识掌握、情感培养和实践体验三个方面）的人。以学习者为中心关注两个方面。一方面是关注学习者，包括他们的遗传因素、经验、观点、背景、潜能、兴趣、能力和需要；另一方面是关注学习，如学习者最容易获得的关于学习的知识是怎样发生的？什么样的教学最能有效地提高学习者高水平的学习动机、学习和学业成绩。在以学习者为中心的教学中，学习者也参与教学的决策，各种各样的个人观点受到尊重，学习者被看作是学习过程的共同创造者。[①] 个性化学习是以学习者为中心的学习模式的一个方面，它致力于帮助学习者在学习过程中用最有效和最有意义的方法去优化学习。以学习者为中心观点的坚实基础是由美国心理学会提出的以学习者为中心的心理学原则，其内容如表 4-1 所示。

**表 4-1　以学习者为中心的心理学原则**

| 项目 | 体现的规律 |
|---|---|
| 认知和元认知因素 | • 关于思维的思考。成功的学习者能反思自己是如何学习和思考的，能制定合理的学习或绩效目标，具有高水平的选择策略并监控目标达成的进度，更容易产生创造性和批判性思维<br>• 学习情境。学习不是在真空中发生的，会受环境因素的影响，其中包括学习文化、学习技术和教学活动。文化氛围和小组对学习者的影响会引发如动机、学习倾向和思维方式等的改变 |

① McCombs, B. L., Whisler, J. S. *The Learner-Centered Classroom and School: Strategies for Increasing Student Motivation and Achievement* [M]. Jossey-Bass. 1997.

续表

| 项目 | 体现的规律 |
|---|---|
| 动机因素 | • 动机对努力度的影响。掌握复杂知识和技能需要学习者投入相当多的精力和策略性的努力，并且坚持不懈。但要学习者自愿地付出努力是不太可能的，教育者需要通过系列策略来提高学习者的努力度和责任感，从内心产生对学习的追求和理解 |
| 发展和社会因素 | • 发展对学习的影响。个体的发展会对个体的学习提供不同的机遇和约束，当个体生理、智力、情感和社会领域的不同发展被充分考虑时，学习的效果最好<br>• 社会对学习影响。学习受社会交往、人际关系及交流的影响 |
| 个体差异因素 | • 学习中的个体差异。学习者有不同的学习策略、方法、经历和遗传因素起作用的学习能力差异<br>• 学习和多样性。考虑学习者语言文化和社会方面差异的学习，效果较好<br>• 标准和评估。跟随学习进程为学习者设计适当难度和挑战性的标准和评价，包括诊断、进程和结果的评估，是构成学习进程的部分 |

## 三、在线教育中的学习设计

在以学习者为中心的在线教学中，传统的“教学设计”理念和方法难以指导在线教育的设计实践，而采用以学习者为中心的“学习设计”理念能够以深入分析学生的学习情况为基础，以达成学习目标为指导，通过对学习目标、学习资源和学习活动进行设计，开发具体学习单元，促进有效学习的发生。学习设计相对于教学设计，最大的变化就是把学习放到了首位，学习的主人是学生，于是学生的位置被自然地放到了最前面。因此在线教学团队首先考虑的是学习者的学习内容以及学习者的能力培养，而不是教学团队自己的需要。

### （一）通用的学习设计框架和策略

奥利弗等人致力于通用型学习设计的框架开发，他认为学习设计主要是学习活动的设计，而学习活动具体由学习任务、支架和资源构成。其中，学习任务可能是问题解决、方案制定、调查研究等中的一项或多项；支架用于管理和引导学习活动的开展，包括教学指南、活动进度表、过程步骤、同伴协作等；资源也用于支持学习活动的开展，可以是个案、书籍、数字学习资源、网络链接等，如图 4-1 所示。奥利弗等人对学习活动设计的分析是建立在任务、支架、资源三因素基础上的，乔纳森则是分别以策略、规则、事件和角色为中心来进行分析①。尽管分析角度不同，但二人反映的问题则是彼此相关的，如表 4-2 所示。

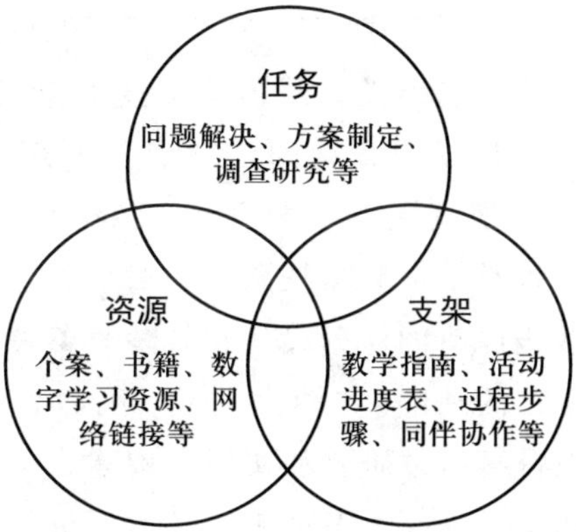


图 4-1　学习活动设计的要素②

**表 4-2　奥利弗和乔纳森的学习设计框架**

| 奥利弗的框架 / 乔纳森的框架 | 任务 | 支架 | 资源 |
|---|---|---|---|
| 策略中心 | 复杂的学习任务 | 教师指导、合作学习、评价、总结反思 | 学习资源、分析评价、理论、案例 |
| 规则中心 | 在现实情境中符合逻辑规则和有明确界限的学习任务 | 教师指导、合作学习、总结反思 | 多样化学习资源、教师的个别指导 |
| 事件中心 | 情境性、故事性学习任务 | 教师指导、合作学习、总结反思 | 事件描述、案例 |

① Jonassen, D. H. Toward a Design Theory of Problem Solving [J]. *Educational Technology Research & Development*. 2000, 48 (4): 63-85.

② Oliver, R., Harper, B., Hedberg, J., et al. Exploring Strategies to Formalise the Description of Learning Designs [J] *Distance Education Journal*. 2007 (2): 96-504.

续表

| 乔纳森的框架 \ 奥利弗的框架 | 任务 | 支架 | 资源 |
| --- | --- | --- | --- |
| 角色中心 | 角色扮演 | 教师指导、学习者扮演不同角色经历、总结反思 | 理论依据、角色界定、资源运用、事件演化 |

从学习为中心的基本观点出发，美国特殊技术应用中心的大卫·H. 罗斯和珍娜·沃森提出了通用学习设计的“三表”原理：多元表征理解（聚焦学什么）、多种行为表现（关注怎样学）、多样表达意愿（探究为什么学）。与之相配的有32种教学策略，从课程的四个要素（目标、教材、方法和评价）出发，旨在改进原有的课程设计在教学对象失准、教学内容不当和教学方式狭隘等方面存在的缺陷。[①] 澳大利亚著名教育专家卡兰茨教授和柯普博士带领学习设计项目组通过研究和实践，构建了学习设计框架，该框架主要包括学习焦点、知识目标、学习过程、学习评价、学习途径五个大的要素。[②] 这些策略、方法对于在线学习同样有效。

**（二）明确学习者的认知特点和文化背景**

根据戴林-哈蒙德等人的观点，以学习者为中心的学习设计首先包括对学习者独特认知结构的认识，以及对学习者在具体学习情境中的理解力的认识。[③] 因此，教师需要了解学习者的已有知识，包括学习者建构新知识时可能用到的错误概念。其次，在线学习环境需要尊重和包容特殊的文化因素，尤其是不同的语言和不同的表达方式。以学习者为中心的活动可以广泛采用诊断性的工具和活动，从而帮助教师和学生将学生已有的知识结构以可视化的形式呈现。

（1）重视学习活动的设计

学习者通过参与学习活动完成学习任务，进而获得知识以及技能。应为在线课程设计多样化的学习活动：自主学习、协作学习、小组讨论、角色扮演、主题探究等。不管采取哪种学习活动，都需要学习者的积极参与，才能取得最佳的学习效果。为更有效地促进学习，可以对学习活动进行结构化排

---

① Rose, D. H., Wasson, J. Universal Design for Learning Guidelines Version 1.0 [EB/OL]. [2018-07-20]. http://www.cast.org/publications/UDLguidelines/UDL_Guidelines_v1.0.doc.

② Yelland, N., Kalantzis, M., Cope, B. Learning by Design: Creating Effective Contexts for Curriculum and Pedagogies in Contemporary Times [C]//Architectural Institute of Japan. 2006: 1884-1891.

③ Darling-Hammond, L. E., Bransford, J. E. (Eds.). *Preparing Teachers for a Changing World: What Teachers Should Learn and Be Able to Do.* [M]. Jossey-Bass. 2005.

序，形成学习活动序列。这种排序包括对不同学习活动的时间顺序和各种教学内容出现的逻辑先后顺序进行排序。排序可以是简单的分支流程，也可以是复杂的聚合流程。

（2）学习内容模块化和微型化

在线学习者的学习是在业余时间进行的，业余时间是零碎的。为了保证学习知识的完整性，学习者每一次在线学习都应该保证至少完成一块完整的学习内容，因此，在线课程学习内容的设计应该模块化和微型化。

（3）学习过程注重激发动机和反馈效果

在线学习者的学习动机来自于学习、工作和生活的实际需求，因此在线课程设计应该深入学习者的工作，从实践中挖掘学习者感兴趣的问题，开发学习者感兴趣的学习内容，激发学习者的学习兴趣。同时，需要给学习者的学习结果提供及时有效的反馈，以供学习者检验自己的学习效果，及时调整学习。

（4）自主学习和协作学习相结合

在线学习者有着较强的自主学习能力和协作学习能力，以学习者为中心的在线学习活动设计需要兼顾自主学习活动和协作学习活动，根据知识内容的特征和学习目标，设计学习活动，以便学习者更高效地参与学习活动。

（5）学习内容联系实际

在线学习内容的设计需要从实际出发，从学习者的需求出发，从社会需求出发。在介绍学科理论知识的基础上，还需要给学习者呈现理论知识在实际中的应用方法。

（6）线上学习和线下学习相结合

在线学习者的学习主要是依靠在线学习资源而进行的学习活动，但学习者进行的与学习资源相对应的学习活动并不都是在线的。只有将线上活动和线下活动结合起来，充分发挥二者的优势，才能为学习者提供更完善的学习体验。

## 四、学习者为中心的在线学习过程

在线学习中的学习者，是在线学习中唯一的主体，是学习活动的主导者，同时也是学习资源的提供者、学习过程的管理者、学习结果的评价者。这里通过实际的案例来呈现其实施过程。

在上地理课前，张老师将维基主题和要求发到了 MOODLE① 平台，

① MOODLE：Modular Object-Oriented Dynamic Learning Enrironment 的缩写，用于制作网络课程的平台。

要求学生根据主题——气候类型及其对生活的影响，搜集自己所需要的学习资源。张老师从远程端查看学生利用维基进行在线学习的情况。他看到有的学生利用搜索引擎下载资源，有的使用专门的音视频下载工具来下载相应的资源，也有学生使用一些具有资源推荐功能的软件、应用等。张老师在给出主题之后便不再直接参与讨论与学习，让学生自己去主导学习，学生对学习更加有兴趣，他们对待学习的态度也更加主动。

在整个基于维基的学习过程中，学生既是学习者，又是管理者，要管理自己的学习过程，搜索和获取的各种信息和资料。学习管理是整个学习过程的主体部分，也是关键部分。学习管理包括：① 学习资源的管理，学习者创建并共享学习资源，同时可以对这些资源进行分类、评价，实践和掌握知识管理的方法；② 学习活动的管理，学习者创建活动并参与活动，建立针对特定主题或资源的学习小组，通过学习活动的管理有效地开展学习交互和交流，管理自己与教师、同伴的关系；③ 学习结果的管理，使学习者对自己学习的结果进行整理并保存，不断反思，不断进步。

在基于维基的协作学习过程中，学习小组成员共享搜集来的资源并对“气候类型将对我们产生怎样的影响”展开讨论，发表各自的观点。学生们自己负责整理、保存和管理学习结果，管理自己与同伴的关系，根据自身的需要来扩大自己的学习圈。

课程进行到最后，学习评价自然少不了。小组成员彼此交流观点，同时查看其他小组的维基讨论情况，根据其他小组同学的观点和讨论成果进一步修改自己的观点，同时进一步完善自己小组的分析报告，直到形成最终报告。维基具有记录功能，能记录学习者的历程，以供学习者进行反思。事实上，目前很多在线学习平台支持学习者建立自己的知识库，分门别类地储存原创知识以及所收藏的知识链接，同时将自己的想法以日记或随感形式记录下来。学习者可以在课程结束后将自己的心得整理出来，有意识地将已形成的知识显性化，这样既促进了知识的学习，又可以反思学习过程，及时加以改进和提升。在这样以学习者为中心的在线学习中，学生成了学习的主体。

## 第二节　在线教学设计的模式

在线学习活动、学习材料和学习支持服务在在线教学实施中举足轻重。如何根据不同的学生和教学内容，有效利用网络技术、学习平台、应用软件等，合理选择教学策略关系到在线教学的成败。ASSURE 和

EDECES模式作为操作性很强的教学设计模式，可以结合起来应用到在线教学的设计中。

## 一、ASSURE模式

ASSURE模式自1999年由美国印第安纳大学教育技术专家罗伯特·海涅克（Robert Heinich）、迈克尔·莫伦达（Michael Molenda）和普渡大学的詹姆斯·罗素（James D. Russell）等人提出以来，在国外已经得到了广泛的应用，并从课堂教学推广到远程教育和企业培训等多个领域中。①

教学设计的ASSURE模式是一个操作性很强的教学设计模式，该模式能够帮助教学团队有效地将技术、媒体和学习材料整合运用到在线教学中，故而ASSURE模式也是一个很有应用价值的在线教学设计模式。ASSURE这个名称是由六个单词的第一个字母组合而成，每个字母分别代表该模式中的一个环节。每个字母的代表意义如下：

A：分析学习者特征（Analyze learner）；

S：阐明学习目标（State objective）；

S：选择材料和媒体（Select materials and media）；

U：运用材料和媒体（Utilize materials and media）；

R：要求学习者的参与和响应（Require learner participation）；

E：评估与修订（Evaluate and revise）。

ASSURE模式是一种教学过程设计模式，它可用于在线教学过程的策划和设计，从学习者特征、教学目标出发进行技术媒体和学习材料的融合设计，力求将媒体与技术有效地融入教学中。它也是一种系统化制订在线教学计划的策略，能够帮助教师团队有效地管理和组织在线教学计划。ASSURE模式为使用媒体与技术进行教学提供了一套明确的程序指导，指引教师按部就班地选择和设计可应用于教学的教学媒体，让学习者在科学的引导和帮助下，遵循教师预定的路线到达目标。在实际教学应用中，ASSURE模式较为简单，特别是在教育技术和新型教育媒体层出不穷、教学资源日益丰富的情况下，ASSURE模式可以指导教师快速、准确地选择与学习者特征相匹配的教学媒体和资源，有效促进学习者的学习，实现教学目标。

---

① 斯马尔蒂诺等. 教学技术与媒体［M］. 第8版. 郭文革译. 高等教育出版社，2008：60-66.

**1. 分析在线学习者的特征**

在线学习的实践和相关研究都表明学习者中断或放弃在线学习的现象非常普遍，这也引发了社会各界和教育机构的高度重视。《纽约时报》曾在2012年刊文宣布“慕课元年”的开启，在2013年年初，还在头版专栏文章中高调赞誉这种模式。但是紧接着，有5位学者同时发文评论慕课，其中有4人表示，慕课本身的缺陷限制了它的发展前景。戏剧性的是，在2013年年底，《纽约时报》又推出重点文章，开篇便申明，这种大规模授课方式的最初效果不尽如人意，不得不重新思考大学教学该如何更好地利用互联网的问题，整篇文章都在讨论慕课的种种缺陷和不足。也是在2013年，加州的圣何塞州立大学以慕课形式推出三门低成本网络入门课程进行教学试验，备受瞩目，但最终效果却差强人意。他们发现，网络教学无法完成课堂教学的各种细节。所以，在线教育的设计不能只考虑教学形式和课程开设方式，更重要的是要分析和认识学习者在线学习的特点，然后根据他们的特点提供学习材料和学习内容、组织在线学习活动、提供学习支持服务，这样才能保持学生的学习兴趣，从而坚持完成在线学习课程或项目，使在线学习成为一种持续性学习。因此，明确在线学习者的学习特征相当重要。

在线学习者的特征体现在很多方面，比如学生的学习风格和习惯、学习动机以及学习者面临的技术应用和支持等。

（1）学习风格和习惯

对在线学习者学习风格和习惯的了解和掌握，是在线学习设计最基本的关注点。一项关于在线学习者网上活动内容的调查结果显示，在线学习者参与的与在线学习相关的活动只占33%，而其参与的其他活动占比总计为67%，远远超过学习活动所占的比例。网上与学习无关的诱惑太多，在线学习者经常在学习过程中被弹出的广告、闪动的信息通知和新邮件到达通知吸引；同时，在线学习者也都承认自己缺乏必要的时间管理技能和信息筛选能力。在缺乏监督的情况下，在线学习者很容易被与学习无关的事情吸引，纷繁复杂的信息让在线学习者忘记了自己本来就不明确的学习目标。

有的在线课程和教学的设计不注意与学习者学习风格和习惯相匹配，使得学习者难以适应在线学习，如长时间观看教学视频、长时间面对计算机学习、缺乏及时的学习反馈和指导等，最终导致他们弃学。有的在线学习者愿意与同伴组成小组学习，但他们的学习风格各不相同，总有学习者喜欢自学，如果没有能兼顾不同学习风格在线学习者，那他们都可能因不适应学习方式而放弃学习。

（2）学习动机

除了学习风格和习惯，在线学习者的学习动机是另一个非常重要的特征。在线学习者通常学习目的性强，对选学的内容也有一定兴趣，但他们的兴趣变化比较频繁，消减很快。因此，如何准确捕捉他们的学习兴趣，在后续学习设计中不断推动他们主动参与学习，并产生学习动机是在线学习设计要考虑的重要因素。

（3）需要技术的应用和支持

需要技术的应用和支持是在线学习者具有的外部特征，如果对技术的应用能力不佳或技术支持水平不足，也会导致在线学习者弃学。对于在职人员，他们面临的学习困难比普通全日制学习者更多，原本不是为了完成硬性学习任务的他们，在遇到技术应用的困难、网络速度慢和网络接入不稳定的干扰等情况下更容易半途而废。

除了上述三种特点，在线学习者还存在其他特征，学习者时间有限，总是被其他的杂事打扰；同伴之间的矛盾冲突、个人家庭因素或者网络环境与课程资源方面的问题等同时存在。它们共同作用于学习者的在线学习，是在线学习设计不得不面对的问题。如果教学团队在设计中忽视学习者的这些情况，就很容易引起学生的厌烦情绪，使之丧失学习兴趣，影响学习效率，最终导致其放弃学习。正如斯莱文（Robert E. Slavin）认为的那样，教学方案是否与学习者的特点相适应，或在多大程度上适应，是衡量一个教学设计是否成功的重要指标。[①]

受生理、心理和社会文化等因素影响，学习者个体之间既表现出一些共性的、稳定的特征，又表现出多样化的差异。比如，同年龄段的学习者存在一些共性，但在认知结构、学习风格、学习动力等方面又会表现出诸多的差异。这样一来，分析学习者特征就十分必要，而事实上 ASSURE 模式的第一步就是从分析学习者特征开始。分析学习者特征既需要考虑学习者稳定的、相似的特征，又要分析学习者之间变化和差异性的特征。对相似性特征的研究可以为集体化教学提供理论指导，对差异性特征的研究能够为个性化教学提供理论依据。好的教学是学习者特征、教学内容及教学媒体和资源的完美配合，它可以使具有不同特征的学习者更快适应在线学习带来的挑战。

---

① 斯莱文. 教育心理学：理论与实践［M］. 姚梅林，等译. 人民邮电出版社，2004.

### 2. 明确学习目标

ASSURE 模式的第二步是明确学习目标，即阐明教学所要传递的信息、解决的问题、建立的概念、教会的技能、改变的态度、建立的价值标准等方面的目标。在准备在线教学时必须对目标有严格、具体的分析限定和明确陈述。哪些目标必须达到？哪些目标不可能达到？如何检验和判断这些目标是否达到？

马杰（Robert F. Mager）是研究行为目标的著名学者，他强调应该以具体明确的方式说明学生完成学习任务后能做什么。在 1962 年出版的《准备教学目标》这本经典著作中，马杰提出一个完整的教学目标应包括三个基本要素：行为、条件、标准。[①]

在教学设计的实践中，有的教育研究者认为，有必要在马杰的三要素的基础上，加上对教学对象的描述，这样，一个规范的教学目标就包括四个要素。为了便于记忆，他们把编写教学目标的基本要素简称为 ABCD 模式：

A—对象（audience）：阐明教学对象；

B—行为（behavior）：说明通过学习以后，学习者应能做什么（行为的变化）；

C—条件（condition）：说明上述行为在什么条件下产生；

D—标准（degree）：规定达到上述行为的最低标准（即达到所要求的行为的程度）。

例如在“了解英美文化”一课的教学中，教师根据中国学生的特点，制定如下学习目标。

① 观看一些日常交际的视频资料，明确辨析姓名、交通安全常识及英美人的忌讳，辨析中国与英美文化的差异；

② 通过阅读有关英美国家礼仪、风俗习惯和重要节假日的资料，清楚阐述英美国家节假日的时间、来源和主要活动，列出并理解英美文化中的主要风俗习惯；

③ 通过学习视频中使用的简单英语，记录 90%已学过的简单问候语；

④ 在讨论区进行语音交流中，倾听、记录和使用全部常用的交流语句；

⑤ 通过模块情境练习，在实际交往中能应用所学英语正确地表达和描述。

教学目标的分析与确立是在线教学设计过程中至关重要的一个环节，它决定着教学的总方向，就好比射手在打靶射击之前先确定自己要射中的靶位一样。因此，学习目标的确定是一件很有意义的工作。

---

① Mager, R. F. *Preparing Instructional Objectives* [M]. Fearon Publishers. 1962: 5-16.

3. 享用资源大餐

学习材料是在线课程的重要组成部分，它通过教学设计，支持在线学习者开展自主学习。学习者可以依托学习材料中的内容形成观点，参与在线学习活动，因此学习材料是开展在线学习必要的条件。广泛、多样化地设计和制作各种学习材料，合理、恰当地组织和使用教学资源，既是保证在线教学质量的基础性工作，也是对达成教学目标的有力支持。但是，所谓“知己知彼，百战不殆”，为了能够有效地设计和制作在线教育学习材料，教师需要根据学习者特征和教学目标，明确教学当中需要什么学习材料和教学资源，在选择和应用资源之前，知道待选的资源具有怎样的特征。

教师团队通过设计、编辑加工、集成各种媒体，形成多样化的学习材料和教学资源。在开放教育资源运动已经在全球开展了十多年后的当下，互联网中的开放教育资源类型丰富、数量多，学科分布广泛，也能持续更新，可便利地用于在线教学。教学团队根据学习者的特点和需要开发学习资源，同时利用网上已有的优质资源。在线教学开展过程中，学习者也会对学习资源提出修改建议，或提供自己制作的资源等。可见，在线教学的学习资源并非是固定和单方提供的，而是灵活、可编辑的和多方参与共同建设的。教师如果能够充分利用在线教学学习资源的这一特点，便可以让学习者随心所欲地享用资源大餐。

在中山大学的国家级优质视频公开课“远程学习方法与技术”中，除了教学团队提供的学习材料（如图 4-2 所示），教学团队还整合了互联网中的优质资源，并根据这些资源与课程之间的关系，分类归并为“课程拓展资源”“专业学习资源”和“开放教育资源”（如图 4-3 所示）。

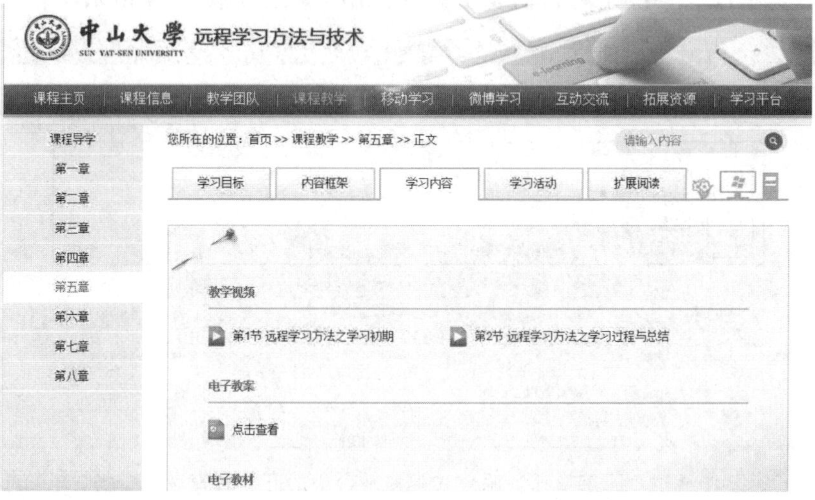


图 4-2　教学团队提供的学习材料

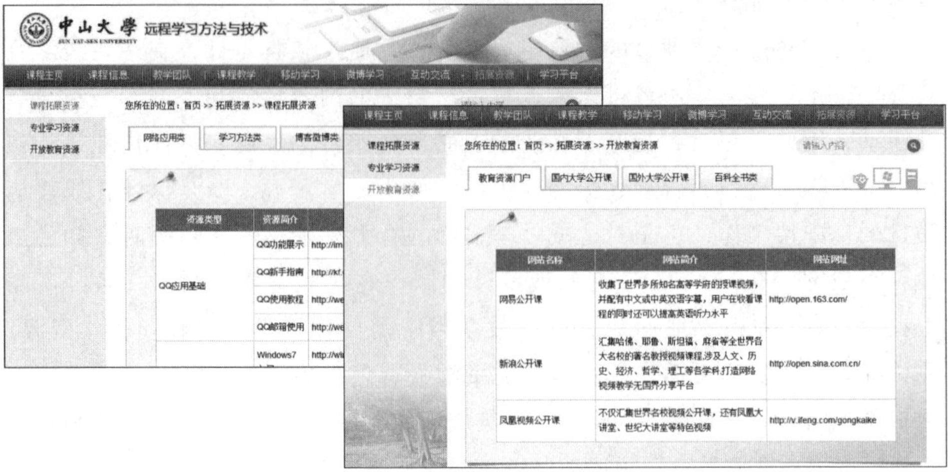


图 4-3　教学团队整合的优质教学资源

基础教育领域的开放教育资源在国家教育资源公共服务平台中得以汇聚和共享，现在已经形成覆盖基础教学各年级、各学科、多版本教材的配套教学资源。教师们在国家教育资源公共服务平台中可以自由下载资源；可以根据教学设计，选择需要的资源进行修改并融入教学中；可以组织和开展在线教学或混合学习。

国家教育资源公共服务平台中的开放教育资源已经按学段、学科、（教材）版本和年级等进行了分类，教师和学生可以根据分类快捷查找到自己需要的资源。所有教学资源都有简单的描述，使用者可以通过描述快速了解资源的内容概况，并决定是否需要下载和使用资源，如图 4-4 所示。

图 4-4　国家教育资源公共服务平台中的开放教育资源分类

国家教育资源公共服务平台是目前我国运行稳定和质量有保证的开放教学资源平台。该平台具有建设规划起点高、设计理念先进、栏目设置齐全、资源类型多样、属性标识规范、资源检索便捷、运行快速稳定、坚持公益性原则、使用完全免费等特点，深受广大教师特别是中西部地区中小学校教师的喜欢。

该平台中的资源一直定期更新，因此各版本资源数量不断增加。从教材版本来看，在全部资源中，以人教版教材的资源建设数量最多，而其他版本教材的资源建设数量都较少。经统计，截至 2015 年 7 月，人教版教材资源数量占到资源总量 10% 以上。从传播媒体来看，网站内视频类资源数量最多，占资源总数的 1/3 以上，其次为文本资源、图片资源、动画资源和应用型资源（包括应用程序、平台、工具、量规等资源），音频类资源数量最少。从资源的内容来看，资源库中的专题资源也较丰富，包括品德教育、科学普及教育、爱国主义教育、艺术熏陶、健康教育、文学修养、环境保护教育、安全教育、禁毒教育、预防青少年犯罪和预防艾滋病等。

**4. 教学资源选用的原则**

在选择教学资源时，应把握适用优先原则。适用优先原则是指若现成的资源中已有适用的资源，应尽可能地优先选用；当已有的资源不合适使用时，可先考虑对资源略作修改，以满足教学需要；如果选取和修改都不行，再考虑设计和制作符合要求的教学资源或学习资源。这样可以节约时间成本和经济成本。除了适用优先原则，在选择教学资源时，还应遵循以下原则。

（1）目标控制原则

教学目标是贯穿教学活动全过程的指导思想，它不仅规定教师的教学活动内容和方式，指导学生对知识内容的选择和吸收，而且还控制资源类型和资源内容的选择。例如在英语教学中，学生能够掌握语法规则和学生能够在情景中进行会话，是两种不同的教学目标。前者往往通过文字讲解并辅以各种实例及练习来实现；后者则往往通过让学生学习反映实际情景的动画和对话，熟悉语言环境来实现。可见，教学资源的选取应遵守目标控制原则，否则效果会适得其反。

（2）内容符合原则

学科内容不同，适用的教学资源也不同。即使同一学科，如果具体内容不一样，对教学资源的要求也不一样。以化学学科为例，在讲解一些不宜现场操作的危险实验时，最好用可以模拟化学反应的虚拟实验软件来一步步展示化学反应过程；而在讲解分子式、分子结构以及元素周期表等内容时，则需要用图形或图表之类的媒体来形象地展示这些内容。而在语文学科中，对散文和小说的讲解最好通过能提供活动影像的媒体辅助，使学生有身临其境的感觉，以加深学生对人物、情节和主题思想的理解。而数学中的某些定理和法则，由于概念比较抽象，最好通过视频片段或动画过程把事物的运动变化规律展现出来（或把微观的、不易观察的过程加以放大）以帮助学生理解定理和规律。总之，对教学资源的选用要以符合教学内容为原则。

（3）对象适应原则

不同年龄阶段的学生其认知结构有很大差别，教学资源必须与教学对象的年龄特征相适应，否则使用效果不会理想。按照皮亚杰（Piaget）的儿童认知发展理论，小学生（6~12岁）正好处于认知发展的第三阶段，即“具体运算阶段”，其认知结构属“直觉思维模式”。初中学生（12~15岁）则处于认知发展的第四阶段，即“形式运算阶段”，其认知结构属“运算思维图式”，处于这一阶段的学生思维能力有了较大发展，且抽象思维占优势地位，但是初中学生的抽象思维仍属经验型，还需要感性经验的直接支持。高中学生（16~18岁）的抽象思维能力已得到进一步发展，逐渐由经验型过渡到理论型，即能在有关理论的指导下分析处理某些实际问题，并能通过对外部现象的观察，归纳出一些客观规律。而成人学习者的抽象思维能力强，有实践和工作经验，已形成自己的学习风格和学习习惯，对学习资源类型和媒体类型的喜好已经形成。在选用教学资源时必须充分考虑上述不同年龄段学习者的认知特点，设计和选用适当的学习资源和学习材料。

（4）最小代价原则

研究表明，人们总是根据最小代价原则来选用信息。由于人们对信息的预期选择率为可能得到的好处与需要付出的努力之比。因此，为增加信息被选择的可能性，要么增大分子值，即增加接受者可能得到的好处，要么减少分母值，即降低接受者使用信息的困难，让接受者付出更少的努力。接受者得到的好处是指信息接受者通过从教学软件获取的信息能满足其学习需要的程度。接受者付出的努力主要是指其获得信息途径的便利程度，即接受者需要花费多少时间和精力来获取这些信息。根据最小代价原则，能够被学生选用的学习资源应该包含丰富的信息量，同时便于获取，内容通俗易懂，学生能够只花较少时间就获得满足需求的信息。

**5. 学习者的参与和应用**

在线学习者开展学习必然要用到相关的在线教学平台、应用工具和教学资源。因此，在线教学的教学团队应该提供机会让学习者试用在线课程的平台、学习工具，帮助学习者适应教学资源的媒体类型和风格等。在学习者适应了在线学习需要的技术平台和媒体风格后，他们才能自然地开展在线学习，将主要注意力投入学习内容和学习活动中。

在线教学团队应设计相应的指导和答疑，引导学习者适应平台、工具和资源，并根据学习者反馈的意见和提出的问题进行适当的调整。在线教学过程与传统教学过程相比，学习资源的修改、调整和推送可以随时进行，教学团队更新资源后，学习者立即可以看到更新后的资源，能够快速满足学习者的需求。

## 二、EDECES 模式

EDECES 模式是紧密结合在线学习的特点提出的在线教学设计模式。在 EDECES 模式中，3 个 E 分别代表经验（Experience）、解释（Explanation）和评价（Evaluation），为了方便进一步解释，下面分别用 E1、E2、E3 表示；D 代表对话（Dialogue）；C 代表创造性（Creativity）；S 代表分享（Sharing），这个模式各组成部分间的关系如图 4-5 所示。可见，EDECES 模式的根本目标是为在线学习者提供更多的经验，这个经验不仅仅是指通过教学获得的学习经验，也是指通过对与真实生活相关的、可视化的知识学习和从个性化课程、学习应用等构成的个人学习空间获得的学习经验。在线教学设计的学习活动包括：① 积极的、批判性的对话；② 多元化的评价活动，包含同伴评价、民主化评价等（如每周一次的投票活动）；③ 向学习参与者提供学习方法支持服务，解释如何进行在线学习，让他们适应没有太多及时反应和非文字性反馈的数字学习环境；④ 设计创造性活动，即通过持续发展的学习进行制作或创作。EDECES 模式通过学习社区分享来组织在线学习活动，并最终实现获得学习经验这一根本目标。

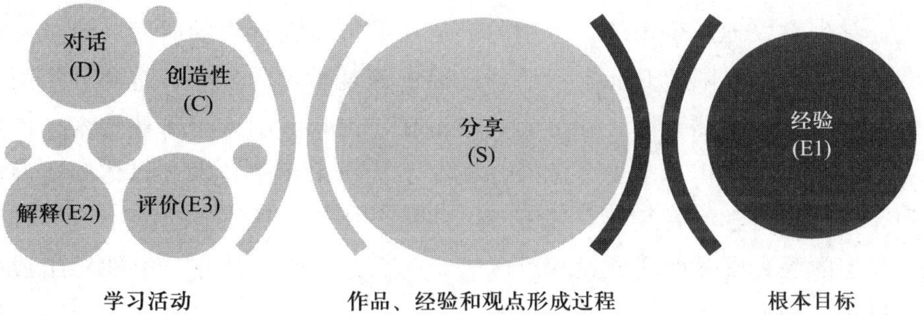


图 4-5 EDECES 模型中各组成部分间的关系

EDECES 模型充分发挥网络具有联结人与人、人与信息之间关系的功能，从社会化、开放、共享等方面促进在线教学更有效地达到其目标。当然，这一模式还需要在实践中进行验证和改进，相信随着在线教育的深入开展，专门为在线教育提出的教学模式将会越来越丰富。

## 第三节　在线学习与课堂学习的混合

当前的教学活动中，只有专门从事远程教育的机构提供全在线学习，一些教育机构的部分课程提供全在线学习，常规教学机构采用的依然是将在线学习与课堂学习整合在一起，开展混合学习。混合学习也更受教学参与者的认可。

在线学习的特点决定了学习者以独立自主的学习为主，大部分时间与教师、其他同学处于分离状态。在没有教室也没有课堂氛围的情况下，学习者的学习持续性、学习自控制能力和学习投入度都受到挑战。发生在教室、实验室、研讨室和实践现场等的课堂学习则可以弥补在线学习的局限。因此，在线学习与课堂学习的有效融合，将同时发挥两种学习的优势，使学习者更好地开展学习活动。

### 一、混合学习的实施过程

在线学习与课堂学习的混合不是简单地将两者并列。正如里克·瓦尔德兹（Rick J. Valdez）在《混合学习：将整合方法的影响最大化》中提到的，混合学习就像化学反应一样，将各种元素进行混合，在一定的时间和条件下，促使他们之间相互作用，产生新的元素。在线学习与课堂学习，即线上学习与线下学习的混合是要在适当的时间，为适当的人，以适当的传递媒体，采用适当的学习方式提供学习内容和活动。这些教学元素融合并发挥作用，让学生者以他们想用的、可用的、适用的方式在适当的时间、地点并且没有线上与线下界限地开展学习活动，促进深度学习的发生，达到最优的学习效果和效益。因此，混合学习的关键不在于加入或引入了哪些技术，使用了多少种媒体，制作了多少个微课，而在于让所采用的技术、媒体和资源灵活和无缝地支持学习者线上、线下学习的每个环节和具体活动。

典型的混合学习的实施过程可以表示为一个由八大部分（组件）组成的循环过程，如图 4-6 所示。

组件 1：确定组织目标。用于确定开展混合学习的学习目标。

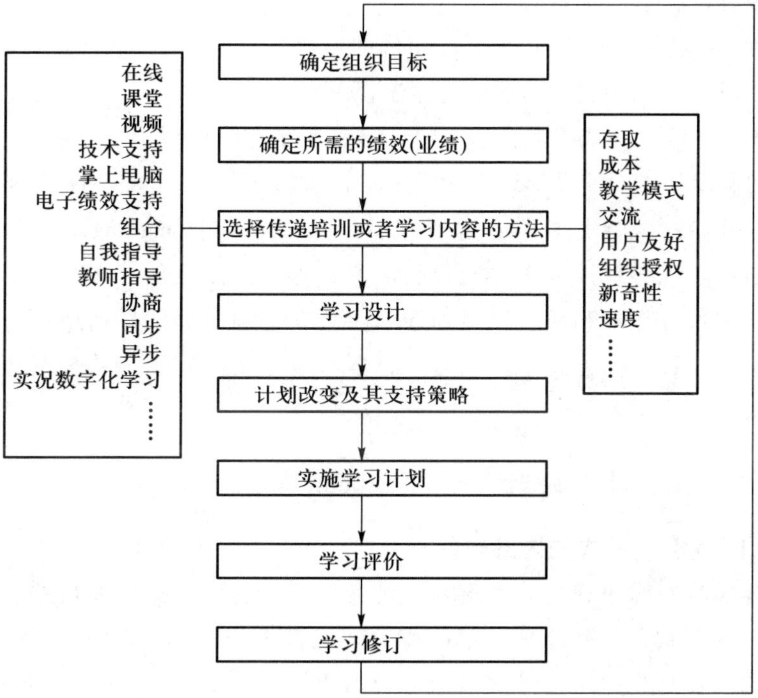


图 4-6　混合学习实施过程

资料来源：李克东. 混合学习的原理与应用模式［J］. 电化教育研究. 2004（7）：4.

组件 2：确定所需的绩效（业绩）。明确通过混合学习应该取得怎样的学习绩效。

组件 3：选择传递培训或者学习内容的方法。主要需要考虑两方面的内容：一是考虑可供选择的传递手段，主要包括在线、课堂、视频、技术支持、掌上电脑（PAD）、电子绩效支持、组合、自我指导、教师指导、协商、同步、异步和实况数字化学习（E-Learning）等。二是考虑与传递手段相关的因素，如存取、成本、教学模式、交流、用户友好、组织授权、新奇性和速度等。

组件 4：学习设计。参与人员包括课程专家、教育专家和技术专家。学习设计的结果即形成学习计划。

组件 5：计划改变及其支持策略。如果改变学习计划，需要怎样的支持策略。

组件 6：实施学习计划。实施学习设计，完成学习计划。

组件 7：学习评价。对学习的效果进行评价。评价的方法包括诊断性评价、形成性评价和总结性评价。

组件8：学习修订。根据学习评价的结果，对学习进行修订。根据修订的结果，重新进入组件1，重复上述流程。

事实上，线上与线下混合学习的具体实施方式有多种，每一种方式都是基于不同的假设和不同的设计理念，但他们的基本点是相同的，都是为了达到既定的学习目标，综合考虑课堂学习（Classroom-based Learning，C-Learning）与在线学习的优势，根据学习内容、学习者的需要以及学习者的自身条件对学习方式进行选择并利用，以达到让学习者在任何时间、任何地点、以任何媒体教材、通过任何方式手段和途径，学习所需要的知识，并与其他人进行适当形式的交流学习。

## 二、混合学习的实践——HyFlex模式

### （一）HyFlex模式的内容与特点

混合学习的构建和具体实施方式是多样的，通常根据学习目的、学习内容和学习需求而定。混合学习不能遵照传统教育中“一种尺寸适合所有人”的思考模式来开展，而是将“以学习者为中心”作为出发点，让整个过程的各环节都具有弹性和灵活性，让学习者有更多的选择，就像在自助餐厅里用餐一样。美国旧金山州立大学创立的HyFlex模式就是一个实施线上与线下相融合的混合学习的典型案例。

美国旧金山州立大学的布莱恩·贝迪设计和实施了HyFlex模式，HyFlex是混合（Hybrid）和灵活（Flexible）的组合词，真正实现了在线学习和课堂学习的灵活整合。

HyFlex模式是远程教育与常规教育融合的重要体现，同时它也是均等理论这一源于美国教学实践的远程教育理论在常规教育中应用的典范。这一模式体现了在现代信息技术支持下，远程教育与常规教育的相互渗透和互补。自2006年开始在旧金山州立大学投入应用以来，HyFlex模式已经在许多教育机构的各层次教学活动中得以推广。

HyFlex模式将常规的课堂教学与在线教学整合在一起，让学生在同一门课程的学习中可灵活地选择是到现场参与面对面的课堂教学，还是用在线学习的方式参与并完成课程学习。也就是说，在课程教学中，教师会在某一教学现场组织课堂教学，学生可以选择到教学现场参与面对面的教学活动，也可以选择以在线学习者的身份同步地进行在线学习或在教学活动完成后异步地进行在线学习。HyFlex模式主要应用于两种课程：一种是高交互性的以研

讨为主的课程，这种课程的教学过程以研讨会形式进行，师生和生生交互活跃，如教学技术学专业的硕士研究生课程；另一种是以讲授为主的课程，常用于面向本科生的教学项目，这种课程将常规课堂教学用网络同步传播给在线学习的学生，便于学生自主选择学习地点和时间。

HyFlex 模式提供了一种让学生灵活参与课程学习的机制。学生自己决定是参与面对面的课堂教学，还是在线学习，真正体现了学生学习的独立自主。在这种课程的学习中，基于同样的学习目标和学习要求，教师要提供同时满足参与课堂学习和在线学习学生需要的学习材料和学习活动，在教学过程中通过学习平台关注在线学习者提出的问题、发表的观点或存在的疑问并及时解答、回应和反馈。在教学过程中，除了组织课堂学习活动，也启动在线学习活动，让参与在线学习与课堂学习的学生同步开展教学活动，并给异步在线学习者留下任务。在给学习者提供练习和学习材料时，应指明参与在线和课堂同步学习的学生适用哪些学习材料，异步在线学习者重点运用哪些学习的材料等，帮助两类学习者都能较好地完成学习任务，达到学习目标。

HyFlex 模式的学习活动并不是两套完全独立设计的活动，而是既考虑在线学习和课堂学习活动各自的特点，又能让线上、线下学生都参与其中的活动。活动的组织方式有时是在线学习的学生和课堂学习的学生分别组成小组，有时是混合组成小组，完全根据具体学习内容的安排而定。课堂学习的学生也可以登录学习平台进行在线学习。因此在课堂学习的过程中，还可以同时参与在线活动，如网上实时的同步在线对话和讨论，如图 4-7 所示。

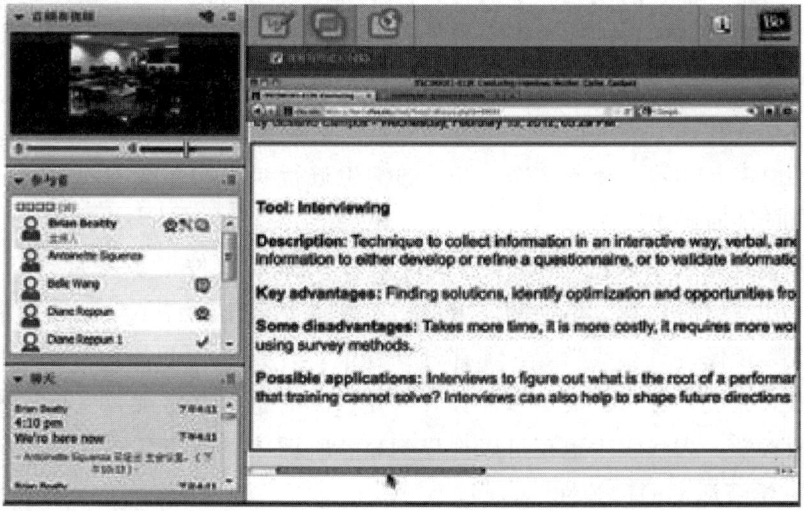


图 4-7　HyFlex 模式下课堂学习中的在线学习过程示例

图中可见在课堂教学过程中，用视频方式将教学现场直播给在线学习的学生，学生登入平台后可以显示在参与者列表中，并参与文本聊天，右边公共区域既可以同步显示教师电脑上的演示文稿、电子书、网站等内容，也可以设定为所有学生可共同操作的共享白板，支持协作学习的开展。当学习者有问题时，可以要求发言；在教师同意后，学生可以用音频或视频形式发言。课堂学习与在线学习通常可以无缝切换，在线学习者因为可以与教师实时进行交流，与课堂学习者同时参与学习活动，线上学习与线下学习没有分离感。因此在 HyFlex 模式下，虽然不是所有学生的具体学习活动和过程都相同，但他们的线上与线下学习之间没有界限，学习者最终都能完成有效的学习，并达成预期的学习效果。HyFlex 模式有四个特点。

**1. 学习者的选择性（灵活性）**

HyFlex 模式为学习者提供了学习方式的选择性，让学习者在每次参与课程教学时都能选择自己的参与模式，这是设计和使用 HyFlex 模式最重要的原因。旧金山州立大学的非国际学生很多是一边工作一边学习的，且他们大多选择常规教学项目进行学习，如学历教育课程、资质考证教学项目或从业资格考证等项目。课时较多且通常安排在周一到周五。如果他们在下班后，从工作场所赶往校园参加课程学习，时间安排非常困难，学生很可能因此放弃学习。学校不想让这些学生失去参与常规教学项目的机会，因此尝试实施可以灵活选择学习参与方式的课程教学模式，所以创立了 HyFlex 模式。

在研究生课程里，大多数学生在可能的情况下愿意到现场进行课堂学习，因为这些课程的现场教学通常有许多课堂现场讨论和互动活动，交互性强。在贝迪教授所教的课程中，近 60%的学生每周都参与课堂学习。网络会议系统让学生可以同步在线链接课堂教学，通过这一系统教师可以同时组织和实施在线和课堂教学活动，约 40%～50%的学生通过或部分通过网络会议系统实时参与学习，还有 20%～30%的学生进行异步的在线学习，充分实现了按需的随时随地学习。

大多数本科阶段的 HyFlex 模式课程使用录播软件记录课堂教学情况，让学生在需要时观看，不强制要求他们出席课堂教学，许多学生选择观看网上的视频录像进行在线学习。在部分课程中，有 80%或更多学生通过在线学习的方式完成各种学习活动和任务。这让大学有机会在常规教室里安排较大规模的教学。当然学生也还可以选择到教室听课、提问和参加讨论等。

**2. 学习活动的均等性**

HyFlex 模式为所有参与学习的学生提供均等的学习活动，在让学生能灵活选择参与方式的同时，还保证无论学生选择什么样的学习方式都将参与均等的学习活动。即便学生学习的过程有所不同，但不同方式的学习都要达到相同的教学目标或产生相同的学习成果。

如果教师要求不能到课堂参与教学的学生参与异步在线讨论，那就必须确保这些讨论能得到主讲老师或助教的有效组织和引导。一些教师也向全体学生（包括参与课堂教学的学生）安排非实时的在线讨论。贝迪教授在实践中发现，可混合性地设计和组织讨论，即一些讨论要求所有学生参加，一些讨论只要求在线学生参加，并提供给他们多样的交互活动。教师可要求学生在课程网站提交主要的作业，并要求他们阅读和评论同学的作业，提出自己的意见和观点。学生在得到学习同伴的意见和评论后，再根据这些评论修改作业，然后提交给教师评分。这种同伴交互的方法给了学生更多的相互学习的机会，无缝地将在线学习和课堂学习融合为一体。

**3. 教学资源的可重用性**

HyFlex 模式能让学习者使用通过不同参与形式生成的信息、案例、网络链接等“人工制品”。设计 HyFlex 模式最重要的就是要提供多套资源以支持可选择性的学习参与形式。如果教师能设计一些学习活动，在活动过程中让学生也提供、分享、创造信息并形成互动资源，那么设计和制作多套资源的工作将大大减少。重用由学习者提供或创建的各种资源有助于建构由各种参与形式学生组成的课程学习共同体。

**4. 可获得性**

在 HyFlex 模式下，通常在课堂教学结束后，教师留下在线练习、在线讨论和小组在线学习项目等让所有学生课后完成。因此，所有学习者都将进行在线学习，教学由课堂内延展到课堂外，从由砖和墙形成的校园拓展到校园外，线下与线上的学习也通过在线活动得以延伸。在这一过程中，所有学生都要掌握在线学习所需的学习技术，自如地参与任何课程学习活动。当采用在线学习模式时，学生需要使用多种技术，否则有可能达不到相应的学习目标，因此技术和媒体的可获得性相当重要。

**（二）HyFlex 模式的受益者**

HyFlex 模式最主要的受益者是学生，因为教师和学校所做的任何努力都是要提升和促进学生的学习。HyFlex 模式对学生的益处在于：让学生能够自由地选择和决定哪种课程学习参与方式是他们最喜欢和最适应的。这能帮助学生选择有效的方式方法开展学习，这也是让他们终身受用的重要能力。

由于 HyFlex 模式的课程教学过程被记录下来并被保存在学习平台中，

学生能重复观看课程教学过程的记录，反复聆听教师的授课，重温课堂活动及小组学习活动，因此受语言困扰或对知识重难点理解有困难的学生可以通过重复学习而从中受益（旧金山州立大学是一所国际化程度很高的学校，现有国际学生近 1 800 多人，来自全球 100 多个国家，他们的第一语言大多都不是英语）。[①] 当学生由于工作、身体或家庭事务不能到课堂参与教学活动时，他们仍能够参与实时或非实时的教学直播，完成当次课程学习。这对于在职学生和那些需要照顾家庭的学生来说相当重要。

教师也是 HyFlex 模式的主要受益者。对教师来说，HyFlex 模式对教师的益处在于：教师可以在实施常规教学活动的同时了解和逐步掌握在线教学的过程及方法，扩展他们已经熟悉的常规教学，并慢慢地开展在线教学。

这一混合学习的教学模式为教师提供了一个将信息技术整合到教学中以支持有效教学活动的实践。这将帮助教师学习和实践有效利用信息技术开展教学工作的方法，提高教学效率，实现教师专业发展。

HyFlex 模式的受益者除教学双方外，还有学校和管理者。对学校及学校管理者来说，HyFlex 模式的益处在于：大学因此可以招收那些不能到课堂参与面授学习的学生，为他们提供参与常规教育项目的机会。保证了在职和全职学生学习质量和效果相一致，支持生源的多样化。另外，因为部分学生将以在线形式参与课程学习，较小的空间也许就能满足一个较大班级的教学，大大降低了扩大招生人数对教学场地和硬件设施数量的要求。

**（三）HyFlex 模式面临的挑战**

HyFlex 模式的潜在价值是巨大的，大多数教学机构拥有实施课堂教学和在线教学的技术和设备，因此技术和设备不是问题。但如果大学想在小的教室安排大的班级教学以扩大办学规模来受益，他们就不得不抓住并非所有学生都想出现在教室参与教学这个机会。我们发现，在旧金山州立大学，不同课程学生到教室参与课堂教学的比例从 10%到 80%不等，课程开始阶段各种参与的情况也不会很明确，但几个星期后，选择课堂学习和在线学习的学习者的比例就比较稳定了。如在交互性强的研究生课程中，会有 60%～80%的学生坚持到教室参与课堂学习，但在本科生的大班教学课程中，则只有 10%～20%的学生坚持到教室参与课堂教学。不同课程学生参与情况不一样，这主要取决于学生、老师和教学内容的情况和特点。

---

① 数据来源：旧金山州立大学官网，https://cel.sfsu.edu/global，2018 年 8 月 23 日。

此外，如果某课程用 HyFlex 模式教学，学生就能够选修在时间安排上有冲突的课程，因此学校必须要让学生清楚知道哪些课程是以 HyFlex 模式进行教学的。不过，现在美国大学使用的许多排课系统做不到这一点，除非课程被列为在线课程，但实际上课程是支持在线学习和课堂学习两种方式的，这会让学生误解，因此会给管理带来一定困难。

对旧金山州立大学来说，采用 HyFlex 模式的最大挑战在于，教师不愿意在他们的课程中开展在线教学。一些教师认为课堂教学比在线教学好，因此不会自愿选择用 HyFlex 模式进行教学。在这样的情况下，系主任带头使用在线教学，让其他教师对在线教学更有信心。学校还通过宣传开展在线教育能使教师减少工作时间或获得额外的报酬等，激励教师尝试使用 HyFlex 模式。一旦教师从他们学生身上看到实施 HyFlex 模式的益处，那么，即使这种方式可能并不是他们本人最喜欢的，他们通常也都愿意继续使用这种模式进行教学。

## 第四节　在线教师必备的技能和素质

在线学习因其灵活性、多样性和开放性受到广大学习者的欢迎，但同时又表现出对外界技术支持和条件变化的敏感性，容易受环境、网络中的其他信息及应用、学习者的状态、技术应用水平等的影响。一方面使得在线教育机构要比普通学校更快捷地应对来自技术进步和教育观念的变化，另一方面，也对在线教学的教师提出了新的要求。在 HyFlex 模式下，教师在实施课堂教学的同时，需要同时关注在线学生的学习情况，及时回馈或回答学生线上或现场提出的问题及疑问等；要同步组织、跟进和引导线上和课堂的学习活动；根据两种学习者的学习情况，安排不同的课后活动和相应的作业；之后还要在线上提供学习支持服务并引导异步在线学习的学生完成学习活动。无论从教学方法、教学技能和技术应用能力上，都对教师提出了远比传统教师高的要求，因此教师们也需要改变教学观念、学习混合学习的理论和教学方法，不断掌握新技术、新应用程序及软件工具的使用方法，为开展在线教学做好准备。

教师从传统教师向在线教师转变的最核心部分包括，认识到自己从知识权威转变为具有共享意识的知识重新配置者和优质教育资源的推送者，从知识的灌输者转变为个性化学习顾问和教学交互的促进者。当教师正确认识到在线学习以学习为中心、以学习者为中心的特点后，在线教师就能理解在线教学过程不仅是在线学习资源的提供，而且要在课程目标的确立、课程材料的选择、教学过程的合理组织和师生交互及辅导中，做出不同于传统课堂教学的改变。

事实上，未来的在线教学将面临更加快速变化的外部环境，这种变化将会对在线教育的发展产生深远的影响，甚至将给整个在线教育体系带来挑战。为应对这种挑战，在线教师应具备怎样的技能和素质？欧洲在线学习协会和国际培训、绩效、教学委员会分别给出了答案。

## 一、教师与培训者能力框架

欧洲在线学习协会（European Institute for E-Learning，简称 EIfEL）根据在线学习和远程学习迅猛发展的趋势，制定了“教师与培训者能力框架”。该框架将能力划分为十大领域，包括学习活动准备、学习活动运行、学习支持、方便学习者学习、学习评价（两种）、学习环境管理、为学习组织做出贡献、自我专业发展管理和交流，每一领域下又分为若干具体表现，如图 4-8 所示。

从教师与培训者能力框架中可以发现诸方面的能力规定都是以“以学习者为中心”为核心来定位的。其中每一个方面的能力规定都强调在线教师并不止承担“教师”的角色那么简单，更是要承担诸如管理组织、关系协调或某种理想氛围创设者的角色。因此，为能够沉稳应对在线教学带来的诸多挑战，教师要在这些方面做好准备，教师在加强自身素养方面还需要做出更多的努力。

## 二、教师能力标准

面对在线学习和其他以计算机为媒介的学习方法已经非常普遍的情况，国际培训、绩效、教学委员会（IBSTPI）认为，教师的角色也应该是多样化的。在线教师不仅仅是教学者，还应该是导师、伙伴、教练、评价者，他们不再是课堂的主人，而是要与学习者共享学习中的领导权力，教师的能力也应该发生变化。[①] 基于这种认识，该委员会对在线及混合情境下的教学人员所应具备的能力进行了规范，给出了评价绩效指标，包括 5 个能力维度的 18 项能力以及 96 项绩效指标，如表 4-3 所示。

---

① Goodyear, P., Salmon, G., Spector, J. M., et al. Competences for Online Teaching: A Special Report [J]. *Educational Technology Research & Development*. 2001, 49 (1): 65-72.

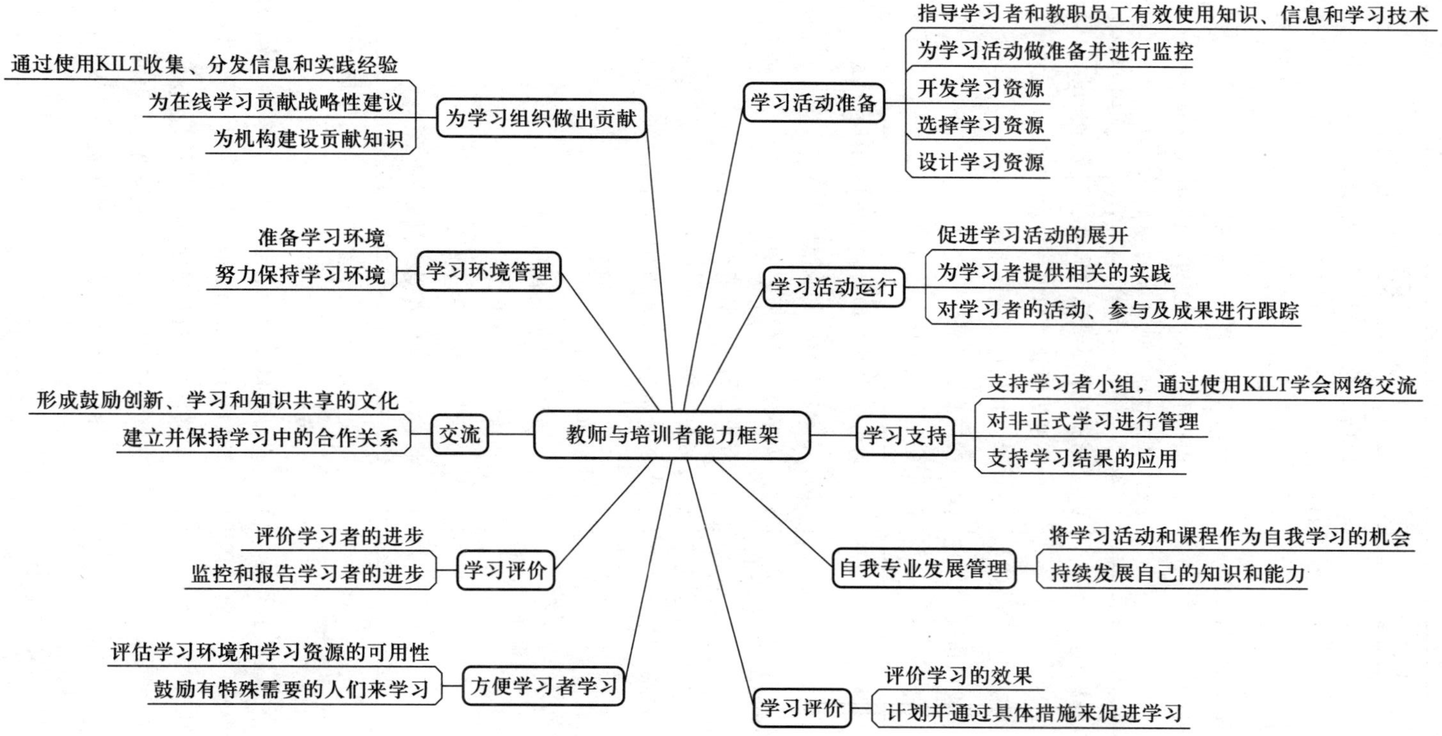


图 4-8　欧洲在线学习协会颁布的教师与培训者能力框架

资料来源：The E-Learning Competency Framework for Teachers and Trainers，https://docplayer.net/21073611-The-elearning-competency-framework-for-teachers-and-trainers.html，2018 年 8 月 21 日。

注：图中 KILT，即知识（Knowledge）、信息（Information）和学习技术（Learning Technologies）。

**表 4-3 国际培训、绩效、教学委员会颁布的教师能力标准**

| 能力维度 | 能力 | 绩效指标 |
|---|---|---|
| 专业基础 | 能力 1：<br>有效的交流沟通 | (1) 根据受众、情境及文化背景，采用合适的语言<br>(2) 使用合适的语言及非语言符号<br>(3) 寻求并吸收多样的观点<br>(4) 根据不同的情境采取积极有效的倾听技巧<br>(5) 运用适当的技术进行交流 |
| | 能力 2：<br>更新和提高自己的专业知识和技能 | (1) 拓展有关学习原理和教学策略的知识<br>(2) 不断更新技术知识和技能<br>(3) 建立并保持专业联系<br>(4) 参加专业发展活动<br>(5) 建立个人工作文档备用 |
| | 能力 3：<br>遵守已有的道德和法律条文 | (1) 认识教学实践中潜在的道德和法律问题<br>(2) 遵循组织和职业道德规范<br>(3) 确保公平对待所有学习者<br>(4) 尊重保密及匿名请示<br>(5) 避免冲突<br>(6) 尊重包括版权在内的知识产权 |
| | 能力 4：<br>树立和维护职业声誉 | (1) 示范职业操守<br>(2) 尊重他人的价值观和见解<br>(3) 具备学科专业知识<br>(4) 对变革和改进持开放态度<br>(5) 将教学与组织背景及目标相联系 |
| 计划与准备 | 能力 5：<br>设计教学方法和教学内容 | (1) 确定学习者、其他参与人员和教学环境的相关特征<br>(2) 设计或修改教学活动以适应学习者、教学环境和呈现方式的需要<br>(3) 明确目标、任务及次序<br>(4) 选择合适的教学方法、策略和呈现技巧<br>(5) 设计个性课程内容、教师手册、评估工具和支持材料<br>(6) 根据需要创建或修改基于技术的资源 |

续表

| 能力维度 | 能力 | 绩效指标 |
|---|---|---|
| 计划与准备 | 能力 6：<br>教学准备 | (1) 对学习者的困难和问题进行预测并做好准备<br>(2) 进行学习者分析<br>(3) 确定关键知识点、相关实例、轶事及其他补充材料<br>(4) 确认支持教学的后勤和物质保障<br>(5) 确保所有学习者都能获取所需教学资源<br>(6) 确认设备、技术和工具准备就绪 |
| 教学方法与策略 | 能力 7：<br>激发并维持学习者的学习动机和学习投入 | (1) 吸引并保持学习者的注意力<br>(2) 保证学习目标清晰明确<br>(3) 培养良好的学习态度<br>(4) 建立提高学习动机的策略<br>(5) 帮助学习者设定合理的期望值<br>(6) 为学生提供参与学习并获得成功的机会 |
| | 能力 8：<br>有效的表达技巧 | (1) 根据学习情境采用合适的表达方式<br>(2) 采用多种方式表述关键概念<br>(3) 提供案例，阐明含义<br>(4) 让学习者参与表达过程<br>(5) 根据学习者需要采用合适的表达方式 |
| | 能力 9：<br>有效的促学技巧 | (1) 利用所有参与者的知识和经验<br>(2) 为全体学习者指明努力方向<br>(3) 使学习活动高度聚焦<br>(4) 鼓励和支持合作<br>(5) 引领学习活动并及时终止<br>(6) 监控、评估和适应动态变化的情境 |
| | 能力 10：<br>有效的提问技能 | (1) 提出清晰和恰当的问题<br>(2) 有效跟进学习者所提问题<br>(3) 使用多样的问题类型和问题层次<br>(4) 提出并重新引导到那些促进学习的问题<br>(5) 以回答问题来连接学习活动 |

续表

| 能力维度 | 能力 | 绩效指标 |
| --- | --- | --- |
| 教学方法与策略 | 能力 11：<br>提供阐释和反馈 | （1）为学习者提供阐释<br>（2）多样的阐释和反馈策略<br>（3）提供清晰、及时、中肯和具体的反馈信息<br>（4）提供和接受学生反馈时保证开放与公平<br>（5）帮助学习者提供和接受反馈 |
| | 能力 12：<br>促进知识和技能的巩固 | （1）将学习活动与已有知识联系起来<br>（2）鼓励学者对概念和思想观点进行细化<br>（3）提供综合和整合新知识的机会<br>（4）提供实践新学技能的机会<br>（5）提供反思和回顾的机会 |
| | 能力 13：<br>促进知识与技能的迁移 | （1）提供与知识技能、运用环境相关的安全和活动<br>（2）示范知识和技能在真实情境中的运用<br>（3）提供在真实情境中的实践机会<br>（4）提供规划未来的机会<br>（5）和学习者一同探究可能促进或阻碍知识和技能迁移的情形<br>（6）提供自主学习的机会 |
| | 能力 14：<br>使用媒体与技术来加强学习、改进绩效 | （1）认识教学媒体和技术的潜能与局限<br>（2）运用媒体和技术开展最佳实践<br>（3）以多样的方式呈现内容<br>（4）为学习者使用媒体和技术做好准备<br>（5）发现并解决小的技术故障 |
| 评估与评价 | 能力 15：<br>评估学习和绩效 | （1）针对评估标准进行交流<br>（2）监测个人和小组绩效<br>（3）评估学习者的态度情感和反应<br>（4）评估学习结果<br>（5）提供自我评估的机会 |

续表

| 能力维度 | 能力 | 绩效指标 |
| --- | --- | --- |
| 评估与评价 | 能力 16：评价教学效果 | （1）评价教学材料<br>（2）评价教学方法和学习活动<br>（3）评价教学绩效<br>（4）评价教学环境和设备的影响<br>（5）记录与公布评价数据 |
| 教学管理 | 能力 17：管理促进学习与改进绩效的环境 | （1）预测并处理可能影响学习和绩效的情形<br>（2）确保学习者能够获得所需资源<br>（3）与学习者共同制定基本规章和学习期望<br>（4）在教学中运用时间管理原则<br>（5）采取合适的方式方法，及时阻止不良行为举止<br>（6）及时并公正地解决冲突和问题 |
|  | 能力 18：适当地使用技术管理教学过程 | （1）使用技术支持教学管理功能<br>（2）使用技术查找和共享信息<br>（3）使用技术存储和重复利用教学资源<br>（4）使用技术维护学习者个人信息的安全及隐私 |

在线教学过程相对于传统教学而言，要求教师角色和职责进行转变，进而对教师素养也提出了新的要求。教学过程由以教为中心转变为以学为中心，教师的一切角色旨在促进学习者的学。在这个过程中，教师的专业素养尤为重要，一个教师的态度、动机、真实的付出会极大地影响在线教学的质量。要适应在线教学的发展，教师对自己的角色要有新的认识，对在线教学要有信心和奉献的精神。在诸多能力项中，教学辅导（教学技能）、评价、管理是重要能力；技术的掌握并不像想象中那么重要，而关键是会善用技术和媒体开展学习活动和师生交流，因此善用技术也成为教师能力的组成部分；合作和自我发展也是支持教师进行教学创新的组织支持和内在动力。而对教师教育专业方面的知识要求已经隐含在了所有的教学环节中，在线教师更需要将教育专业知识融会贯通，应用于在线教学实践当中。

## 三、在线教师需扮演多样化的角色

陈晓凡是一位高三年级数学老师，已有 15 年教龄。他第一次接触在线教育产品是在 2012 年，当时用的产品叫“Show me”（展示我），可以录制视频生成课件供学生观看。需要个别辅导的学生就可以自己挑时间去看这些课件，避免了重复讲解和一对一多次辅导，对老师和学生的帮助都很大；但是他却始终觉得对着电脑讲课没有教学现场感觉，只有看到学生的反馈才能有效地教学。线上教学与线下教学在课堂控制力、节奏把控、应对突发事件等方面都有所不同，因此想要完全掌控在线教学的整个过程，并不是一件容易的事。尤其一些教师对电子设备不“灵通”，在线教学也就更无从谈起了。

早在 2001 年，古德伊尔等人就提出一套在线教育教师角色及能力结构的分析框架，他们认为，在线教师通常要扮演八种角色其中，内容帮促者和过程帮促者这两个角色是这八种角色中最重要的两种，如图 4-9 所示。

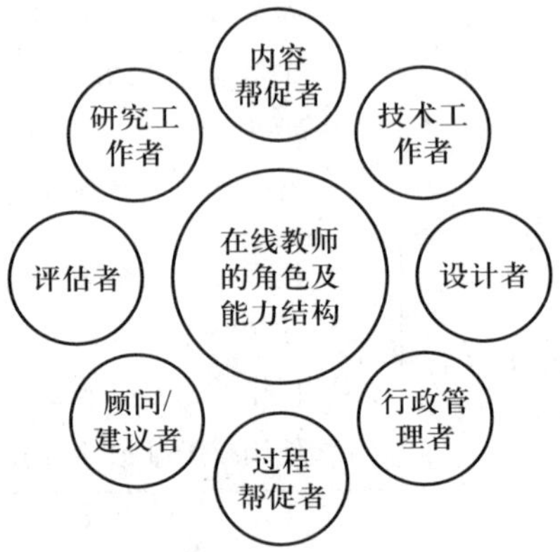


图 4-9　在线教师角色及能力结构图

资料来源：Goodyear，P.，Salmon，G.，Spector，J. M.，et al. Competences for Online Teaching：A Special Report［J］. *Educational Technology Research & Development*. 2001，49（1）：65-72.

这八种角色组合在一起构成了一个比较完整的在线教师能力结构，而且这八种角色能力对在线教师能力结构而言缺一不可。在线教师作为过程帮促者在在线学习活动的整个过程中，必须给学习者提供必要的帮助，以支持学习者的在线学习（与内容帮促者相对）。过程帮促者必须学会提出挑战性的问题来激励学习者参与，在容忍个体与小组群体的模糊性或不确定性的情况下支持小组学习与个别学习，更为重要的是要尊重个体与小组成员的意见并总结讨论关键点。同时也需要做积极的倾听者，帮助学生清晰陈述学习重点与学习需要，合理分配任务，为学生营造学习共同体的氛围。而作为内容帮促者，需要帮助学习者明确预期目标和学习价值，激发学生兴趣，做到成功的导入，制定基本规则，构建学习共同体，管理学习小组，确保充分的学习交流，确立自我认同感。

正如上述的各类角色及能力结构所述，在线教师承担的角色与传统教学中的教师角色相比是不同的。在线教师需要扮演更加多样化的角色，想要胜任相关的角色，就必须具备多方面的能力。

## 四、在线教师能力等级

2004 年，阿布杜拉在有关教师能力素养的研究中进行了一次新的尝试，同时提出了在线教师的能力等级，并将自己的观点与撒奇等人及威廉姆斯的观点进行了对比，如表 4-4 所示。从对比中可以看出，虽然这些学者对在线教师能力等级的判定存在不小的差异，但在他们的分析框架中，人际交流能力、精通英语均被认为是在线教师必备的能力之一。另外，威廉姆斯与撒奇等人都认为团队协作能力和写作能力非常重要。

**表 4-4　阿布杜拉对在线教师能力等级的研究**

| 能力等级 | 撒奇等人（1995 年） | 威廉姆斯（2000 年） | 阿布杜拉（2004 年） |
|---|---|---|---|
| 1 | 人际交流能力 | 团队协作能力 | 教学内容 |
| 2 | 计划编制能力 | 基本的技术知识 | 促进（讨论）的能力 |
| 3 | 团队协作能力 | 人际交流能力 | 组织能力 |
| 4 | 精通英语 | 精通英语 | 计划编制的能力 |
| 5 | 写作能力 | 远程学习领域的知识 | 精通英语 |
| 6 | 组织能力 | 写作能力 | 表达能力 |
| 7 | 反馈能力 | 提问能力 | 人际交流能力 |
| 8 | 远程学习领域的知识 | 开发以学生为中心的学习环境的能力 | 学习风格和理论 |
| 9 | 基本的技术知识 | 成人学习理论 | 教学策略模式 |
| 10 | 技术获取知识 | 支持服务知识 | 利用网络工具教学的能力 |

注：阴影部分是三种研究均涉及的能力。

尽管国内外有关在线教育教师能力和素养框架的研究已经有不少，但事实上，很多教师仍不清楚也没意识到他们角色的变化、所需教学技能的变化和教学过程的变化，更无从适应在线教学带来的变革。因此，意识到在线教学带来的新要求，是当下教师提升在线教学技能的前提和关键。

# 第五章
# 在线教学中常用的媒体与工具

人的认识往往都是从感性到理性、从具体到抽象的。语言、文字是人类在长期交往实践中创造出来的信息交流符号，它所描述的概念和现象是从具体事物和实践中抽象出来的，对于学习者来说比较抽象。如果教学只通过语言和文字来进行，缺乏实践经验的学生就会难以理解其中的信息，对事物的认识也会缺乏完整性和鲜明性，远不如利用各种媒体所提供的多感官刺激所产生的信息那样具体和深刻。教学媒体与工具对于施教者和受教者而言是教育信息的载体，其中包括一切可以利用的具有教育价值的材料。教学媒体的使用不仅给学生提供了一个从具体到抽象的认知渠道，甚至还可以帮助教师和学生缩短教学时间，提高教学效率，实现更好的学习保持率，优势非常突出。在在线教学中教师与学生无法面对面，教与学相对分离，需要使用恰当的媒体和工具来弥补这一缺憾。媒体与工具可以直接进入在线教学活动，在教学过程中发挥信息传播作用。它可以联系施教者与受教者，沟通教与学的两个方面，支持完成教学系统活动。但不容忽视的是，媒体与工具的性能对在线教学的效果和效率影响很大，选取的媒体与工具是否合适对于教学成功与否有决定性的影响。如此一来，如何选择媒体与工具对于在线教学至关重要。

## 第一节　在线教学媒体与工具的选用

在互联网时代，各种在线教学平台及工具的建设与应用正如火如荼地展开，很多教学机构、企业、社会团体组织或个人都投入其中，他们创建了一些灵活而有效的在线教育平台、工具和应用模式，取得了很大的成功，其中较为著名的当属在第一章中讲述的可汗学院了。可汗学院的成功首先是其教学视频简单易懂，每段视频课程的长度一般不超过 10 分钟。其次，可汗学院能够提供配合视频学习的系列在线学习平台，平台的功能保证了教师在线上就能够实时了解和跟踪学生的学习过程，学生也可及时得到评价结果和推荐指导，教学效果得到了保证。而近年来大热的慕课三大平台，学生认同度一般，有研究说明平台提供的在线学习方式单一，教学媒体形式单调等都是影响应用与推广的重要因素，可见在线教学平台和工具对在线教学来说至关重要。

实际上，有效选取在线教学过程中的教学媒体与平台工具是有章可依的，通常需要综合考虑教学机构、教学项目和教学双方等多种因素，综合评判教学应用中的各种问题，例如在一些情况下媒体技术是否会产生高成本以及学习内容的非人性化等问题，综合各方面情况才能决定在某一特定环境下，技术和教学媒体的选择。ACTIONS 模型就是一个应用多年的、在远程教育中行之有效的媒体与技术选择模型，也可以用于在线教学中技术和媒体的选择中。

## 一、媒体与工具的选择——ACTIONS 模型

英国开放大学的开放学习项目运营了学习空间（Learning Space）和实验空间（Lab Space）两个网站，学习者可以通过免费注册学习空间创建属于自己的电子学习档案，并通过课程论坛、学习日志等方式与其他学习者进行交流；学习者通过免费注册实验空间可以获得专门支持在线学习的工具，能够下载、上传学习资源，交换笔记，共建更为丰富的学习资源，还可以使用视频会议系统、概念图和即时通信工具等协作学习工具。借助网站上的学习工具，学习者可以快速建立与其他学习者的交流和协作，更有效地进行学习。开放学习项目为在线学习者提供的学习工具在保证了很好的交互效果的同时还考虑到教学方式的创新，有效促进了学习的发生。而事实上，想要达到更加优质的在线教学效果，媒体与工具的选择需要考虑的因素还有很多。

那么，在线教学媒体与工具到底该如何选择？托尼·贝茨在《技术、开放学习和远程教育》一书中已经给出答案。他针对如何将技术应用于在线教学，如何在在线教学中选择技术媒体和合理地应用媒体与工具等问题，提出了在线教育媒体选择和使用的 ACTIONS 模型，如表 5-1 所示。贝茨认为，无论是在何种情境下，技术选择与应用都可以表述为以下要素（按重要性排序），而决策者在做出选择时，都需要对这一系列具体要素进行质疑，并对这些问题进行回答，从而可以做出恰当的选择。①

---

① Bates，T. *Technology*，*Open Learning*，*and Distance Education*［M］. Canadian Journal of University Continuing Education. 1995.

**表 5-1　ACTIONS 模型**

| 类目 | 内容 |
|---|---|
| A：可行性（Access） | 目标学习者是否能方便地使用这类特殊技术 |
| C：成本（Costs） | 使用该技术的成本如何，每个学习者为此支付多少费用 |
| T：教与学（Teaching and Learning） | 需要何种类型的学习，需要什么样的教学方法来支撑，支持教与学的最好技术是什么 |
| I：交互与用户友好（Interactivity and User-friendliness） | 这种技术能够实现何种类型的交互，是否便于使用 |
| O：机构问题（Organizational Issues） | 在线学习的组织机构要求的必备条件是什么；为了技术能够成功运用需要移除哪些障碍，需要做哪些改变 |
| N：新颖性（Novelty） | 创新性怎样，是否可以创造性地呈现教学内容，或者以一种创新的方式支持教学 |
| S：速度（Speed） | 利用该技术，课程启动速度如何；材料获取速度如何 |

ACTIONS 模式中的主要分析指标有七项。A 为可行性（Access），即同时面向机构和学习者考虑媒体使用的便利性和可获得性。C 为成本（Costs），是媒体和技术应用的成本，这是在线教育机构开办任何项目时都需要考虑的因素。T 为教与学（Teaching and Learning），指在某种技术支持下会发生特定的学习活动，以及技术如何支持这些教与学的活动。I 为交互与用户友好（Interactivity and User-friendliness），即媒体和技术可提供的交互，这对支持在线教育教与学的再度整合至关重要。O 为机构问题（Organizational Issues），指在媒体和技术应用中组织与机构的协调。N 为新颖性（Novelty），指媒体和技术的新颖性。S 为速度（Speed），指在媒体与技术应用中，内容传递的速度，这是从学习者的角度考虑的因素。ACTIONS 模式阐明了在线教育媒体与工具应用的特点和需要考虑的因素。

## 二、可获得性——让在线学习变得更容易

显然，无论何种技术进入在线教学，如果学习者不能够获取该技术，那么学习就不会发生。所以首先需要确定技术将面向学生的类型，以及最适宜

学生的学习地点，学生是否有条件使用到这些媒体。以学习者获取和使用的可能性为中心问题，得到肯定回答后才能决定选择何种技术。

2018 年，中国互联网络信息中心发布的第 41 次《中国互联网络发展状况统计报告》显示，与 2016 年相比，2017 年手机、电视接入互联网的比例提升，台式电脑、笔记本电脑、平板电脑接入互联网的比例下降。使用手机上网比例达到 97.5%，电视接入互联网的比例为 28.2%，如图 5-1 所示。

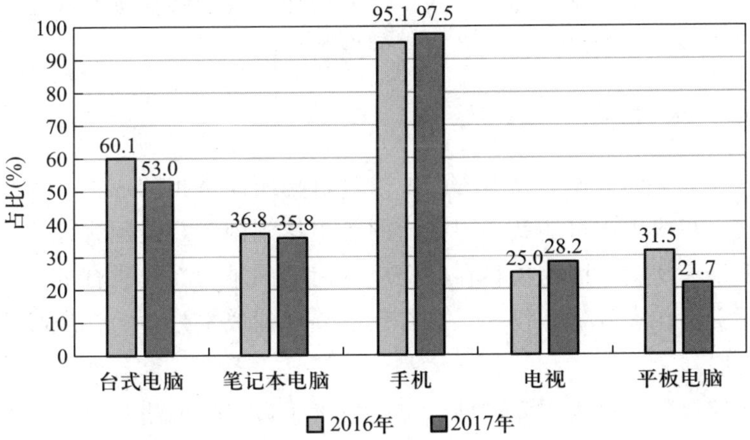


图 5-1　互联网接入设备使用情况

资料来源：中国互联网络信息中心. 第 41 次《中国互联网络发展状况统计报告》发布 [EB/OL]. [2018-01-31]. http://www. cnnic. net. cn/gywm/xwzx/rdxw/201801/t20180131_70188. htm.

这个数据在一定程度上也反映了设备的易获取程度。由图 5-1 中数据可以看出，相较于电脑类设备，手机是当前广大互联网用户更容易获取的设备，也就是说用手机进行在线学习可能性很高。事实上，目前手机用户的数量也确实在以超乎想象的速度上升，且用手机进行在线学习的用户也在增加。

当然光考虑设备的拥有率并不能解决可获得性的问题。在线教育的可获得性还要考虑学习者利用设备接入互联网的可能性，设备中提供的应用工具与平台对移动学习的支持度。与传统教育中的学习方式稍有不同，在线教育的学习者大多是要进行自主学习，比如学习者利用手机自主观看录制好的教学视频，然后进行在线习题测试。为了满足这样的学习需求，教师应该有意识地为学习者提供可以进行移动学习的学习工具、媒体及资源，这样才更有助于真正意义上“泛在学习”的发生。

除此之外，在线学习中，学习者对媒体及工具的使用不应受到限制，也不应成为额外的学习负担。极大的使用自由度是对学习者最好的鼓励。在知识产权允许的范围内，应该允许学习者按需使用多种媒体及工具。例如课程时代平台中的开放教育课程分类列在网页上，使用者进入开放学习（Open Learn）核心网页后，通过单击鼠标等简单操作就可以浏览或查询到自己需要的课程，无需下载、安装、注册、付费，因此学习者的学习参与度与积极性都很高。事实上，学习媒体可获得性的增加不仅能够促进在线学习的有效发生，而且可以有效降低在线学习者的退出率。

## 三、合理成本

媒体与工具的选用应该考虑在线教育机构所能承担的成本。如果不考虑这一问题，在线教学可能就会因突增的负担遇到困难。美国犹他州立大学开放课件项目关闭就是因为项目存在资金方面的困难。在线教育的资源及工具建设需要实实在在的资金投入，只有保证合理的成本效益，在线教育才能长期持续发展。

在线教育实施过程需要借助一定的技术手段，如网络技术、多媒体数据编解码技术、多媒体数据编辑技术等。这些技术涉及的具体技术方案、技术应用工具和平台等又在不断更新和发展，对媒体和工具的使用者来说媒体工具的可见性直接体现在他们对各种隐匿于后台的技术的应用体验上和成本接受上。

只有根据不同类型使用者对技术的认识、理解和使用情况来建设和提供媒体及资源，才能吸引和保证他们持续地使用这些媒体资源和工具，从而令在线教学工具的应用规模扩大，产生合理的收益。因而审视用于在线教学的各种媒体资源及工具时应详细地考虑教学双方使用工具时产生的成本，及双方对成本的接受能力。

## 四、多样的学习方式

除了成本，明确要开展的在线教学的学习理论或者教学方法，对媒体和技术的选择有深刻的现实意义。例如，教师在线培训中，要选择一种及时交流工具开展教学活动，利用远程教学交互原理来考虑这种技术能怎样开展人与人之间的远距离交流，是否能有效支持互动？如果做不到的话，需要用什么技术来做弥补？想要解答这些问题就需要了解这种技术具体如何应用。

可汗学院推行的在线教学工具及学习模式让在线学习变得更加有趣。可汗学院在线教学平台不仅为学生提供了可供学习使用的工具软件，还为教师提供学习过程监控、管理和跟踪功能等，通过这些功能，教师可以收集数据，掌握学习者的学习情况。如在平台的操纵板工具中每行表示一个学生，每列表示一个概念，不同颜色表示学生学习的不同水平，教师可根据具体情况辅导学生；专注图工具表示学习者曾经观看视频的主题，教师查看专注图，可以了解学生关注的主题。美国的某些学校也利用可汗学院的视频和软件工具开展混合学习。学生课下观看可汗学院的视频，回到课堂上做练习，与教师交流，请教不懂的问题，这样一来便建构起一种全新的教学模式——翻转课堂。新型的教学模式不仅促进了传统教育的变革，还为在线教育带来更大的机遇。

## 五、机构与组织的协调

技术的成功运用不仅需要购买和安装设备、雇佣技术人员、培训教学人员，还需要在机构和组织上做一些重要改革。英国开放大学在这方面已有实践。

英国开放大学将开放学习项目与大学的改革和发展战略有机结合起来，利用长期积累的优质教学资源和在线学习平台，支持使用者开展在线学习。同时，将资源获取、大规模发送资源的技术和为不同需求的使用者提供在线学习支持的技术整合起来，为机构自身服务。英国开放大学利用开放学习项目成功宣传了自身形象，扩大了潜在“客户群”。有不少开放学习项目的学习者后来注册了开放大学的正式课程，成为英国开放大学的注册学生，给英国开放大学带来了可观的经费收入。

英国开放大学调整机构运作，制定了启动开放教育资源项目的目标，并围绕目标建设和提供资源，引导学习者使用开放在线课程进行学习，使已有课程资源更好地服务于机构的发展和学习者的学习需要。同时，将开放资源与有偿服务相结合，使其开放教育资源项目得以长效发展下去。

可见，若教育机构想要面向所有社会成员提供教育项目和课程，使大家可以参与到其中，就应以学习者为中心，同时利用自己的远程教学优势，提出构建在线教育平台的策略，促进机构的发展。

## 六、创造性的呈现方式

创造性是教学媒体和技术选择的又一参考条件，传统的视频教学大多是以课时（包括单元和章节）为单位开发的，时间过长（如教学视频的时间都是在40分钟左右），素材容量过大，媒体和技术的功能和特色不够突出，使用不方便等。因此在选择媒体和技术时，一定要考虑使用新的媒体和技术是否能弥补这些不足，从而更好地支持在线学习。

可汗学院利用针对性极强且长度一般不超过10分钟的优质视频，即现在人们常说的微课，避免了教学视频时间过长、学习者难以长时间投入地学习这一情况。可汗学院特色鲜明的在线学习资源及学习平台，以及创新性的应用方式，让学习者体验到了学习乐趣并能坚持学习。这就说明可汗学院为教学媒体带来新的生命力，也给在线教育的发展带来了新的途径。在线教育机构是要为学习者提供“爱课程”这种以视频资源播放和论坛为主要功能的在线学习，还是采用“可汗学院”这种颗粒度较小、主题鲜明的在线学习平台开展在线教学，值得他们好好思考。

## 七、课程更新需要更快的速度

在当今这样一个技术和应用发展日新月异的社会中，在线课程和教学应该能快速建立和更新，这也需要技术的支持。在一些在线教育系统中，开发一门课程需要花一年多的时间；许多课程开发出来后由于缺乏维护经费，导致课程的更新速度缓慢。鉴于此，只有那些利用能快速开发并易于维护技术的课程才有优势。例如，TED教育（TED-Ed）利用优秀的讲者和动画师合作的方式使内容生动起来，正在生产着越来越多的优质教育资源，这一点与其他新近流行的网络教育平台采用的方式不同，但理念是相似的。TED教育最独特之处是提供了TED教育编辑工具，使每名教师都可以充分地利用教育视频，非常简便直观地开展符合自己的教学活动，这对于教师来说，是最实际也最有效的帮助。TED教育工具给讲者提供了成型的模板和易操作的工具，同时支持TED教育、TEDx、TED视频，甚至是任何一段优兔（YouTube）的视频，这就将课程内容的来源无限拓展开来。教师可以使用优兔中已有的零散视频，可以使用优兔中包含的可汗学院等网络学习社区的视频，快速自制视频上传至优兔，这就为在线教学内容的快速更新提供了最大的可能性。与课程制作软件（Articulate）等相比，TED教育的模板和工具提供了更简单的操作，其对视频的在线支持，更拓展了其工具的适用范围，扩大了工具的效益，同时也提升了制作在线课程的效率。这保证了其课程的新颖性之外，也考虑到了课程的更新速度。

# 第二节　在线教学中常用的媒体类型

教学媒体用于表达和呈现教学内容，传递和处理师生间的互动信息，合理使用各种教学媒体进行教学有利于教与学活动的有效开展。

媒体学习认知理论是由美国当代教育心理学家、认知心理学家迈耶在其书《多媒体学习》中提出："按照人的心理工作方式设计的多媒体信息比没有按照人的心理工作方式设计的多媒体信息更可能产生有意义学习。"① 基于此认识，迈耶研究了多媒体学习的认知规律，依据双通道假设、容量有限假设、主动加工假设的心理学原理提出了多媒体学习的五个步骤和多媒体认知模型，并且提出多媒体设计的七个原则。这些原则、模型和方法于在线教学中仍然适用，但也需要进行一些灵活的调整。

## 一、多媒体设计的七个原则

迈耶的七条原则是基于多媒体学习过程提出的，这一学习过程如图 5-2 所示。

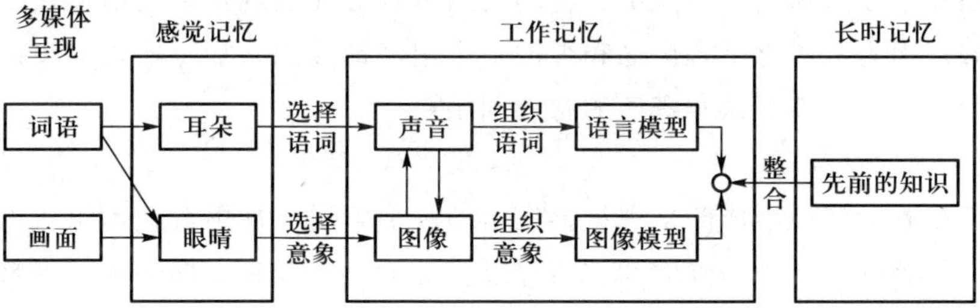


图 5-2　多媒体学习过程

### （一）多媒体认知原则

依据在线学习中各种媒体对人体不同感官的刺激，可以将在线教学中常用的媒体分为视觉媒体、听觉媒体、视频媒体，它们在信息传播上有着自己特有的功能，在学习中产生着不同的作用。

同时呈现词语和画面比只呈现词语的学习效果好，因为同时呈现词语和画面有利于学习者形成语言和图像的心理模型并将声音和图像建立联系，而在只呈现词语时，学习者只建立语言的心理模型，但难以建立图像的心理模

① 理查德·E. 迈耶. 多媒体学习［M］. 牛勇，邱香译. 商务印书馆，2006：58.

型，也无法建立两种模型之间的联系。

### （二）空间接近原则

书页或屏幕上对应的词语与画面邻近呈现比隔开呈现的学习效果要好。因为对应的词语与画面彼此接近时，学习者能一目了然地获得语言与图像信息，并可能将其同时保持在工作记忆中；而两者彼此远离时学习者就必须使用认知资源在书页或屏幕上搜寻，就不太可能将两者同时纳入工作记忆。

### （三）时间接近原则

对应的语词与画面同时呈现比继时呈现时的学习效果更好。因为同时呈现能使学习者在工作记忆中同时保持语言表征和视觉表征，并建立起两者的联系；而继时呈现则使学习者不太可能在工作记忆中同时保持两种材料的心理表征，也很难建立两种表征之间的心理联系。

### （四）一致性原则

当无关的词语、画面、声音等材料被排除时，学习的效果更好。因为无关材料会分散学习者的注意力，争夺工作记忆中的认知资源，干扰材料的组织加工。

### （五）通道原则

在一个多媒体信息呈现中，将词语用声音形式呈现比用文本形式呈现的效果好。因为当听觉工作记忆和视觉工作记忆都被用来加工输入多媒体信息时，会提高学习者对认知资源的有效利用。

### （六）冗余原则

由动画加解说组成的呈现材料比由动画加解说再加屏幕文本组成的呈现材料的效果好。因为当画面和词语都以视觉的形式呈现，即动画与屏幕文本同时呈现时，视觉通道会超载。

### （七）个体差异原则

知识水平和空间能力不同的学习者，学习多媒体的效果是有差别的。因为不同学习者在进行多媒体学习时所耗费的认知容量和有效的认知加工程度是有差异的。

在一定意义上，迈耶的七条原则体现了有效多媒体教学应注意：① 教学质量（如呈现方式和传递效果等）；② 教学的适当水平（如个体差异、通道差异和呈现一致性等）；③ 诱因（如多媒体教学中的奖罚、兴趣培养等）；④ 时间（如时间接近等）。

除了了解在线教育中应用多媒体设计的原则，教师还需要了解不同媒体的特点及它们在学习中的不同作用。

## 二、视觉媒体

TED 是一个非营利性组织，致力于传播那些激动人心的想法，主题范围设定为科技（Technology）、娱乐（Entertainment）和设计领域（Design），因此得名 TED。TED 的上千位演讲者用他们极具影响力的内容、生动活泼的表达方式以及巧妙的设计让听众如痴如醉，TED 官网界面如图 5-3 所示。

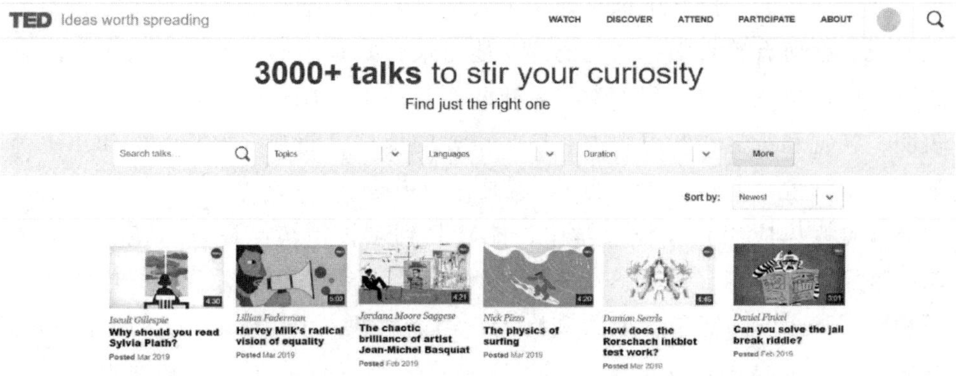


图 5-3　TED 官网示例

到目前为止，TED 已组织了上千场演讲，受到数以万计的人追捧。TED 的演讲为什么这么引人入胜？有研究者揭开了其中的奥秘：第一，演讲者使用大量的图片；第二，演讲时间控制在 18 分钟以内；第三，演讲内容“遵守三的法则”。这里需要注意的是为什么 TED 演讲者热衷于使用大量的图片？

从事媒体研究的人员发现听到或读到一组事实三天后，大多数人会记得大约 10%的信息。而添加一张照片或图片后，记忆率将跃升至 65%。有人将这一发现称作“图优效应”（Picture Superiority Effect）。1973 年，美国认知心理学家斯坦丁做了一个关于记忆的实验。斯坦丁制作了 10 000 张卡片，包括单词卡片、普通图片和带有生动情节的图片。普通图片上画着一些事物的基本特征，就像人们的证件照；带有生动情节的图片，就像人们的生活照。他找了智力水平大致相同的 5 名大学生，要求他们每个人记忆 3 000 张卡片，即 1 000 个单词卡片、1 000 张普通图片和 1 000 张带有生动情节的图片。两天以后，斯坦丁让 5 名学生观看 5 000 张印有单词的卡片、普通图片和带有生动情节的图片，其中包括两天前他们看过的那 3 000 张，并要求他们指出哪些图片是曾经看过的。结果发现，学生们平均记住615个单词卡片、770张普通图片和880张带有生动情节的图片。这说明，图片比起单词来容易记，而情节生动的图片就更容易记忆。[①] 因此，任何一位希望自己所传达的信息和知识能够被学习者铭记在心的教师或许都应该记住这一点。

事实上，人们总是通过感官从周围世界中获取各种信息，感知周围事物的存在。有些信息是通过单个感官获取的，有些信息则是通过综合应用所有感官才能获取的，但其中也有处于主要信息来源的感官通道。对生理正常的人来说，在所有感官中，视觉的感受能力最强，是人们获取信息的主要感官通道，同样也是学习过程中学习者获取信息的主要途径。实际经验和研究都表明，视觉和听觉在学习中占有极为重要的地位，而视觉比听觉的作用更为显著。俗话说“百闻不如一见”，就是这个道理。

视觉媒体应用到在线教学中，能够起到创设情境、提供示范、形成表象、展示教学事例、提高感知速度、帮助理解、增强记忆效果、开阔学习者的视野、培养学习者审美能力和陶冶学习者情操等作用。其中，静止照片、图表作为视觉媒体素材能够生动形象地展示教学内容。照片和图表作为实物、实景的替代物，可以帮助学生认识、比较和鉴别新事物，许多学生没有见过的景物都可以通过视觉媒体来呈现。在线教学中经常使用的视觉媒体类型主要是静图、图表和文字，最常见的是通过文献数据库、电子报刊、电子教材、授课讲义、图文资料等形式提供给学习者。这种媒体的特点是易保存、携带方便、信息容量大、使用简单方便，均可通过掌上阅读器、平板电脑、计算机、智能手机等设备进行学习，因此成为在线学习者最常采用的媒体。在线教学中应用视觉教学媒体能够极大地促进教学，而如何成功应用视觉媒体来支撑教学，或许可以从TED演讲者身上借鉴一下成功经验。

### 三、听觉媒体

听觉媒体刺激声音通道，传递听觉信息，可看作是对人耳的延伸和强化。听觉媒体可以传递能听到的任何声音，例如音乐、教师讲课录音、英语听力、效果声和自然界的声音等；可以是现场直播也可以是录音。在线教育中的听觉媒体通常用于提供教师讲课过程的录音、学生语音提问、学生间语音交流等，在语言及音乐学科的学习中还用于提供标准的教学示范和作品观

① 根方. 图优效应［J］. 科学24小时，2006（6）：23.

摩。听觉媒体与其他媒体结合可创设教学情境，如音乐伴音、配乐诗朗诵、朗读、对白等，可激发在线学习者的情感和想象，还可用于辅助个别化学习，如音乐欣赏或外语的听力训练。听觉媒体是在线教学中常用的媒体，但是如何选择恰当的听觉媒体来支撑教学是需要技巧的。

有神经科学研究发现，聆听陈述的人们往往会存储相关数据，以备未来检索之用，而太多的信息会导致“认知超负荷”，进而提高听众的焦虑度。它意味着，如果音频太长，讲个没完没了，听的人就会开始抗拒。更糟糕的是，他们甚至可能一个信息点都记不住。因此，为了保证在线学习的效果，在线教学中的音频材料就不宜过长了。这就说明了为什么精彩的演讲都被限制在一定时间内。

爱因斯坦曾经说过：要是你不能言简意赅地解释某种理论，那就说明你自己都还没有理解透彻。而天文学家大卫·克里斯蒂安在 2011 年 TED 大会上发表的演讲受到许多杰出科学家的赞赏。克里斯蒂安在这个演讲中完整地讲述了宇宙史及地球在宇宙的地位，整场演讲用时只有 17 分 40 秒。[①]

如何把一个复杂的陈述压缩至 18 分钟左右？卡迈恩·加洛就这个问题提供了一些小建议，其中包括他所称的“三的法则”。具体说就是，把大量观点高度浓缩为三大要点。TED 大会上的许多演讲高手就是这样做的。他还指出，即使一篇演讲无法提炼到这样的程度，仅仅通过这番提炼，你就可以大大增强陈述的创造性和影响力。[②]

## 四、视频媒体

视频媒体可以提供视觉和听觉的双重刺激。视频媒体中通常带有声音信息，它们与图像信息一起依据一定的时间顺序保存，因此在播放中可以产生声画对应的关联。在在线教学中，视频媒体的应用非常广泛。在线教学教与学分离的特点决定了其教学过程很依赖视频媒体，因此教师们常用视频媒体来帮助学习者克服这种分离产生的学习困难和心理孤独感，激发学生的学习积极性，保证学习效果。视频能够提供事实，记录过程，呈现动态的微观世界景象，再现讲授过程；也可以为学习者创设情境、举例验证、提供示范、呈现过程、演绎原理。因此视频媒体可以有效支撑在线教学。

当前，除在线课程通过视频媒体来开展教学、提供资源，在互联网中也

---

① 卡迈恩·加洛. 像 TED 一样演讲［M］. 宋瑞琴，刘迎译. 中信出版社，2015：183.

② 卡迈恩·加洛. 像 TED 一样，打造世界顶级演讲［J］. 商学院，2015（z1）：118-121.

有大量提供网络电视及视频频道的网站。著名的优兔视频（YouTube）网站就是一个。优兔可以分享和交流公共视频，中国的优酷也提供类似服务。一些公共网络平台和大学也提供教学视频供人们在线学习，在它们提供的资源中，学习者可以找到很多教学案例、科学教育、国家地理和历史故事等视频，比如国家开放大学的“五分钟课程”网，如图 5-4 所示。

图 5-4　“五分钟课程”网提供的视频资源

## 五、不存在“超级媒体”

各种媒体各有所长，对媒体恰当的应用会对教学起到支撑作用，但不适当的应用则会影响媒体特长的发挥，甚至干扰学习效果。教师在教学中往往会用到不止一种教学媒体，因此为了保证教学效果，教师必须针对不同的媒体的特点和优势，加以优化组合并有效地融合应用到教学中。

美国学者克拉克在《媒体学习的重新考察研究》中收集和分析了大量实验室控制下对不同媒体的教学效果进行的比较试验，指出：“使用任何一种专门的媒体来传播教学都不能因此产生特别的学习效果。……各种媒体仅仅是传递教学的媒介物而已，就如同用不同的车辆都能运载食品，但并不能改变食品的营养结构，不同的媒体也不能对学生的学习成果产生更大的影响。”①

---

① Clark, R. E. Reconsidering Research on Learning from Media [J]. *Review of Educational Research*. 1983, 53 (4): 445-459.

依据克拉克的观点，媒体能否在教学中发挥作用的关键不在于媒体本身，而在于教学方法。任何一种媒体的应用，会因为配合的教学方法不同而产生不同效果，如果能采用正确的教学方法，那么选择何种媒体来传递教学信息就变得和教学效果没有多大关系了。比如，早在 1967 年，特伦纳曼在《交流和理解》中就指出："两种电视节目之间的差异可能比电视节目与印刷教材之间的差异更大。"① 英国的凯依也认同这一观点，他认为："一次精彩的激动人心的演讲，伴以形象生动的演示（例如 TED 演讲视频），与一份不精确的、编写质量低劣的函授教材相比，显然对学生更有益；反之，一本结构精巧、引人入胜、启发学生主动学习的函授教材，与一位说话含糊的教师的讲演相比，无疑能帮助学生进行更有效的学习，因为后者常常是对着满堂厌烦的学生照本宣科而已。……决定学习成效的主要可变因素是实际学习材料的教学法质量，而不是媒体本身的性质。"②

丁兴富认为："在传授知识、培养技能和开发智力等各方面，每种媒体都有各自的功能和优缺点。某种媒体的长处可能是另一种媒体的弱点。媒体的教学效果不仅与媒体本身的性质、功能和特征有关，而且与媒体的实际设计、制作、发送质量和具体的教学方法关系极大。不存在某种'超级媒体'，它的各项教学功能均优于所有其他媒体。所以，经过优化组合的多种媒体教学常常是最有效的。在线教学应对各种媒体的选择和组合做出优化处理，发挥最佳的总体教学效果。"③ 因此，在线教师应该开发和利用媒体的优势同时避免其弱点。各种媒体的优缺点都是相对的，而不是绝对的，教学媒体之间通常是灵活而可替代的。TED 的演讲者明白了这一点，视频媒体虽然更易于被人们接受，但是时间过长反而导致听众注意力下降，因此他们将视频的时长控制在普通人能够连续集中注意力的最大时长——18 分钟以内；作为电子幻灯片制作工具的微软演示文稿软件（PowerPoint）本身并没有什么错，但大多数演讲者为他们的幻灯片塞进了太多的单词（平均 40 个）和数字，制作出的电子幻灯片不经意间就给观看者带来了消极影响。而 TED 演讲者则在必须使用电子幻灯片的情况下选择运用大量图像工具，正是由于这些演讲者深知最佳的效果往往来自于多种媒体的优化组合，才使得他们对媒体的应用

---

① Trenaman, J. M. *Communication and Comprehension* [M]. Longmans. 1967: 1.

② Kaye, T. Multi-Media Methods for Basic Adult Education in Europe [J]. *Educational Broadcasting International*. 1981, 14 (4): 74-77.

③ 孙淑艳，菅光宾. 中国远程教育理论的探索者与开拓者（下）——专访著名远程教育专家丁兴富博士 [J]. 现代教育技术，2005 (6): 7-11.

如此成功。

## 第三节 实施在线教学的工具

随着教育信息化的迅速发展，在线教学对技术、平台和应用系统提出了具体而细致的要求。功能齐全、应用层次多的教学工具相继涌现。学习管理系统用于以课程为单位组织在线及混合教学，为实现课程组织管理、学习材料发送和教学交互提供了有力的技术支持，从而促进了在线学习与混合学习的有效开展。在线协作学习工具为在线协作学习提供了在线协同编辑、设计、制作与交流的空间，对协作学习任务的完成起到至关重要的作用。不同的在线教学工具各具特色，功能细节设置各异。

### 一、学习管理系统

教育技术专业的研究生正在上的一节以“教学视频案例分析”为主题的课。教师在课程页面中添加了活动主题后，将案例视频及分析工具等打包后上传到了平台，在活动发布的页面详细列出了此次学习活动的任务及要求，如图 5-5 所示。活动要求每位同学下载教师提供的教学课例并进行分析，分析的维度由学生自行确定，但需说明理由。学生登录 MOODLE 平台之后开始自行下载案例并根据课程之前所学习的理论和方法自行确定维度对该案例进行了分析。学生分析完后先在学习平台中提交分析报告，然后浏览其他同学提交的案例分析，在其中找到与自己所分析案例相同的一份，下载和阅读后，对同伴的分析进行评价。在分析评价过程中，学生会发现自己的分析维度和其他同学分析维度的区别，思考各自的分析维度有何特点，自己的分析哪些方面更合理，哪些方面需要改进，同伴的分析哪些方面值得学习，哪些方面有待讨论或提高，并提交对同伴分析报告的评价结果和具体建议。交换互评结束后，每位同学再根据自己收到的修改建议及自己的反思进行修改，并最后提交分析报告。学生按要求在线上完成以上活动后，教师会给予最终反馈。整个学习活动都利用 MOODLE 平台组织实施。

MOODLE 是由澳大利亚的马丁·多格玛斯博士主持开发的开源学习管理系统。它是基于社会建构主义教学思想设计与开发的，功能强大且发展迅速。全球有 200 余个国家 5 万余个学校与机构在使用 MOODLE 平台，目前我国也有很多高校和中小学在使用该平台组织在线学习和混合学习。MOODLE 平台的功能完整且强大，具有创建课程页面，组织课程材料、工具及课程活

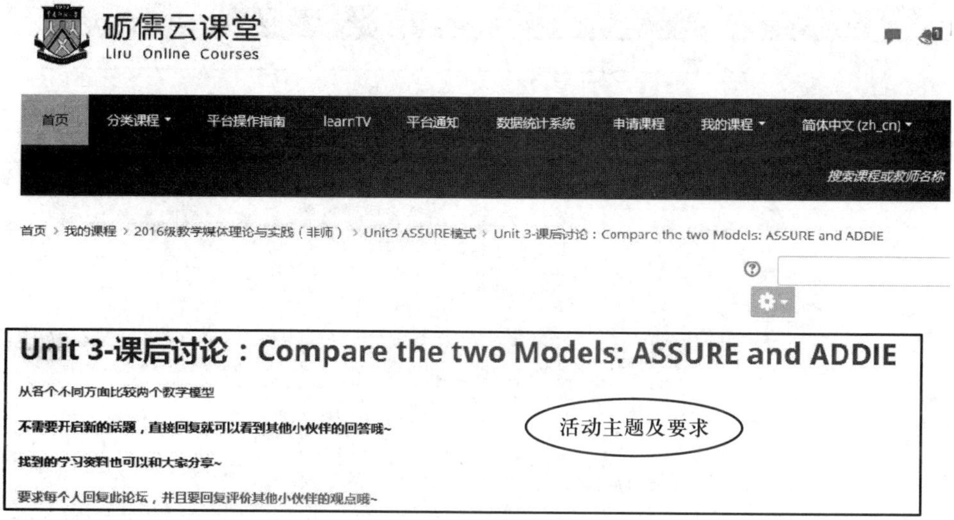


图 5-5　华南师范大学在线课程平台发布的课程要求

动，发布和评判作业，成绩管理等功能。学习管理系统除了 MOODLE 平台，常用的还有 Edmodo、ILIAS、Claroline 和 Sakai 等，都被广泛应用于教学中，如图 5-6 和 5-7 所示。

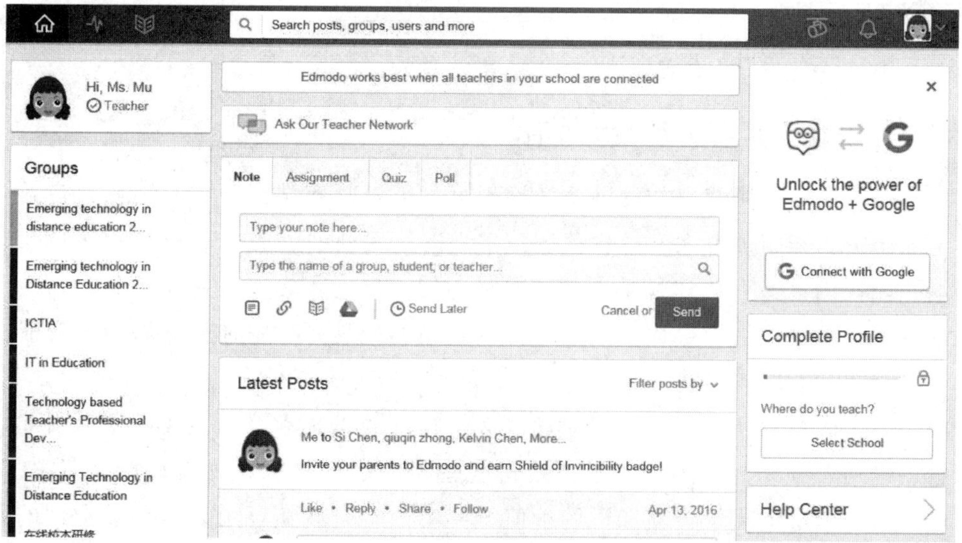


图 5-6　Edmodo 在线教学平台

学习管理系统作为基于课程的资料呈现、活动组织、学习跟踪和进程管理软件，一般由课程开发系统、教学系统、管理系统组成。发展至今，其管

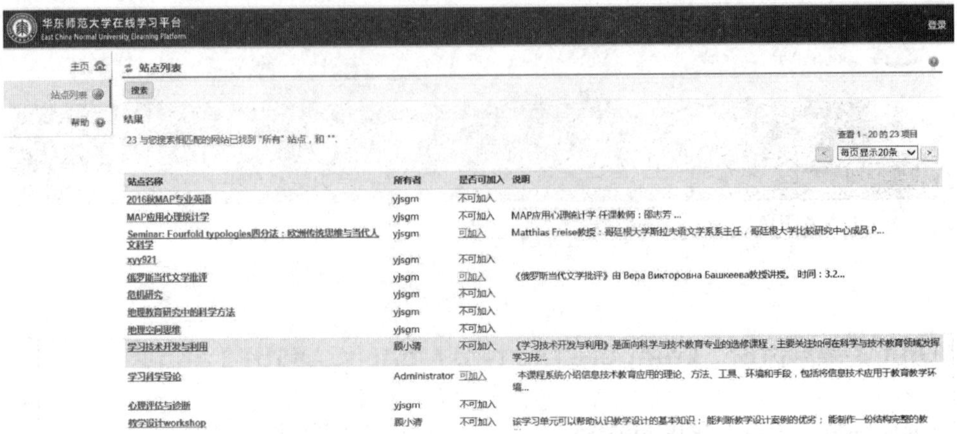


图 5-7　华东师范大学在线教习平台

理范围和功能不断扩大，已经能用于组织和管理常规的在线学习活动和用于在线学习、面授培训以及非正式学习等项目。

当技术支持成为教学的基本组成部分时，分析系统提供的教学功能就显得尤为重要。学习者通过学习管理系统可以向网络虚拟空间求助，通过与同样感兴趣的群体进行交流，获得更多的支持和帮助，开展更多样化的在线学习活动。因此，结合具体的教学需求，选择合适的学习管理系统，是利用技术支持在线教学开展的第一步。

## 二、异步交流工具——博客

博客作为常用和熟悉的网络交流工具，被教师和学校广泛应用在教育教学工作中。华南师范大学教育信息技术学院焦建利创建的“教育技术学自留地”是国内该专业创建最早、影响力最大的一批博客之一，目前已成为国内该专业更新最快、内容最前卫、综合性最强、最具分享精神的学术信息交流互动空间，如图 5-8 所示。

博客的魅力所在，即作者通过博文将自己的思想和疑问表述出来，引起感兴趣的人群一起关注和思考，接着这些人再将这些思想发展和传递下去，这样的一个过程无疑将使知识的价值得到有效提升。实际上，这种社会性的知识建构也是博客对教学的重要意义，因此用于在线教育既简单又方便。

博客是一个简单易用的学习工具，人们在使用它进行“写—录”的同时，还会调动自己的判断能力和语言文字能力，用自己的方式进行表达，促进了学习者对知识的理解和运用，使得每个人对知识含义的理解在写作过程

图 5-8　“教育技术学自留地”博客界面

中不知不觉地建构起来。博客提供的“分享”功能，则让学习者的学习更上一个层次，他们把自己的知识建构过程与网上的群体交流过程结合在一起，促进自己反思和发展。随着博客的不断积累，学习者还可以在阅读自己博文的过程中反思或者品味自己过去所写的内容，通过查看他人的意见调整和深化自己的观点和想法，从而产生更多的体会和感受。博客学习符合社会建构理论的观点，可以成为在线学习开展的方式。

在线教学中信息传递过程不是单向的，而是互动多向的，包括教师与学生、学生与学生、管理者与教师、管理者与学生间信息的互动交流。博客平台通过文章发布、评论、回复、链接等方式，提供有效的信息反馈渠道，从技术上解决了互动问题，虽然多是异步交流，但是因为交流都是基于某一博文开展的，聚集性强，针对性好，因此也能实现有效的观点交流和多向互动。

博客不仅可以帮助教师管理和发布教学内容及信息，还可以建立群组。博客通过聚合技术，可将与主题内容相关的个人博客联合在一起，成为一个虚拟的群组，让在线学习关注的问题相对聚集。例如学科教学、教研的信息交流沙龙等。这种联合是由博客网站来实现的，并不需要教师付出额外的时间和精力。博客还可以实现教学监督与教学管理。博客是完全在线的应用，这为教学的监督和管理提供了技术手段。博客已经被成功应用在教师网络研修和教师专业发展的实践中。2012 年，广东省中小学教师工作室组织省内名师开通自己的博客，并通过博客开展工作，如图 5-9 所示。

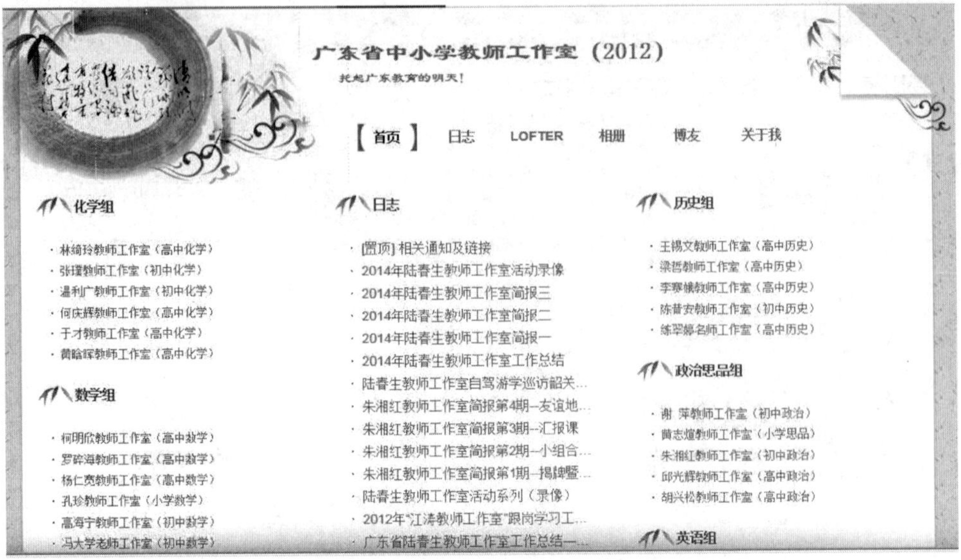


图 5-9　广东省中小学教师工作室博客网站

## 三、在线课程平台

2013 年 2 月，新加坡国立大学（简称“国大”）与美国课程时代合作，加入慕课平台，通过在线课程平台把该大学的特色课程推向国际，校方也计划让学生最早从 2013 年 8 月起，利用这一平台修读各种课程。在线课程平台主要针对课程教学过程建构功能，与学习管理系统的基本建构理念有很大不同，更适合开放在线课程的呈现和实施，因此从 2012 年以来备受关注。以课程时代为例，该平台已和美国哥伦比亚大学、普林斯顿大学等全球百所知名学府合作。新加坡国立大学是第一所与课程时代达成合作协议的新加坡大学，2013 年新加坡国立大学通过该平台推出量子物理学和古典音乐创作课程。时任常务副校长兼教务长（现任校长）陈永财称，其实这项合作的最大好处是，校方日后能在这个平台上发展专属国大学生使用的空间，让更多在籍学生能够接触他们喜欢的课程。他解释，碍于传统课堂空间限制，许多颇受欢迎的经济、商业、心理学和法律课程最多只能让 600 名学生选修，有了这个在线课程平台后，更多学生可以从网络上学习这些课程，增广知识面。

在线课程平台其实就是基于课程的实施过程，面向课程各环节和步骤，呈现课程的教学内容的在线教学环境。其核心价值不仅是学习材料的呈现和学习活动的管理，更重要的是为学生的在线课程学习提供组织和支持。作为在线教学项目开展的依托，在线课程平台往往集教师、教材、教学媒体为一体，成为承载在线教学的核心要素，其好坏在很大程度上决定了网络教育的质量。

在慕课平台中，最负盛名的是被誉为慕课“三驾马车”的课程时代、edX以及优达学城，是慕课中用户人数最多、影响最大的三大平台，三者都是自主开发的专业性慕课平台。此外，后起之秀你的大学（Udemy）、未来学习（FutureLearn）等也各具特色。从技术实现的角度来说，慕课平台可以分为两大类，一是为慕课专门开发的平台，如课程时代、优达学城、edX、你的大学，二是在原有的开源或者商业平台的基础上进行二次开发而构建的慕课平台，如CourseSites（基于Blackboard开发而成）等。以下将对课程时代、edX、优达学城和你的大学进行重点分析，了解其基本的平台架构、功能模块以及用户体验，以期取其所长，避其所短，设计出符合具体学习需求的在线课程。

**（一）课程时代分析**

课程时代是免费大型公开在线课程平台，由美国斯坦福大学两名计算机科学教授创办，旨在与世界顶尖大学合作，在线提供免费的网络公开课程。2010年，创始人科勒（Daphne Koller）教授将其授课内容录制成一个个短小的视频放在网上供选课学生学习，学生自主选择时间，可以一边看视频，一边回答问题并完成作业，这种新的、灵活的学习方式收到了良好的反响。2011年秋，联合创始人吴恩达教授开设一门面向世界的免费课程，有超过10万学生注册。这一年，课程时代公司作为一家公益创业公司正式成立。2012年，在获得风险投资后，有更多的高校加入课程时代中来，包括普林斯顿大学、加州大学伯克利分校等。2013年，课程时代正式进驻中国，北京大学、南京大学、上海交通大学、复旦大学等高校加入。截至目前，课程时代注册人数已近1 700万，开设课程1 560门，加盟的院校有140所。[①]

在界面设计上，课程时代的首页面十分简洁，只有一个搜索框和课程推介。其课程学习、个人中心等界面也相对简洁，围绕课程学习设置个人学习管理、课程学习、讨论等模块。

---

① Coursera Raises $16M for Free Online Education for the Masses [EB/OL]. [2018-08-24]. https://venturebeat.com/2012/04/18/Coursera-raises-16m/.

刘宁从技术层面和教学层面对课程时代进行了分析，认为课程时代是第二代互联网时代的教育产品，系统是开放的，学习者不仅可以“读”，还可以“写”，实现内容的共建共享，体现了动态性和多层的交互性；在教学层面，刘宁从教学环境、教学方式等四个维度，将传统的网络教学和课程时代进行了对比①，如表 5-2 所示。

**表 5-2　课程时代和传统网络教学的比较**

| 比较维度 | 课程时代 | 传统网络教学 |
| --- | --- | --- |
| 教学环境 | 教学视频、课程大纲、作业计划、学习资料等 | 一般仅为教学视频 |
| 教学方式 | 以师生、生生间的双向互动方式为主 | 以教师传授为主 |
| 教学过程 | 以教学大纲为核心，根据学生、教师的反馈情况有针对性地设计教学方式 | 根据教学计划完成教学内容 |
| 教学媒体 | 建立专业网络课程的可视化页面，针对网络课程的特点设计 | 以播放视频为主，兼有少量的演示文稿 |

在教学功能方面，课程时代满足了学习的基本需求，提供了课程列表、视频播放的控制、视频的评述、视频和字幕的下载；在学习应用工具方面，课程时代则相对匮乏，没有提供记录笔记、提问等功能。课程时代学习平台的界面如图 5-10 所示。

**（二）edX 分析**

edX 是哈佛大学和麻省理工学院于 2012 年 4 月联合创建的大规模开放在线课堂平台，截至 2014 年 8 月共有 10 余个国家和地区的 35 所高校计划开设 200 多门课程，开设课程学校遍及欧美。edX 是非营利性的组织，免费向用户提供课程，课程一般分为单门课程和系列课程，主要由全球的顶尖高等院校提供。

平台在课程开始前会向选修该门课程的学生发送邮件通知，告知课程开课时间及需要的准备工作。在教学模块上，主要由课程页面、课程信息、讨论、维基、进度、课程大纲等模块组成，课程结构清晰简洁，导航系统直观

① 刘宁. Coursera：新型网络教育的特点与启示［J］. 学园，2013（12）：25-26.

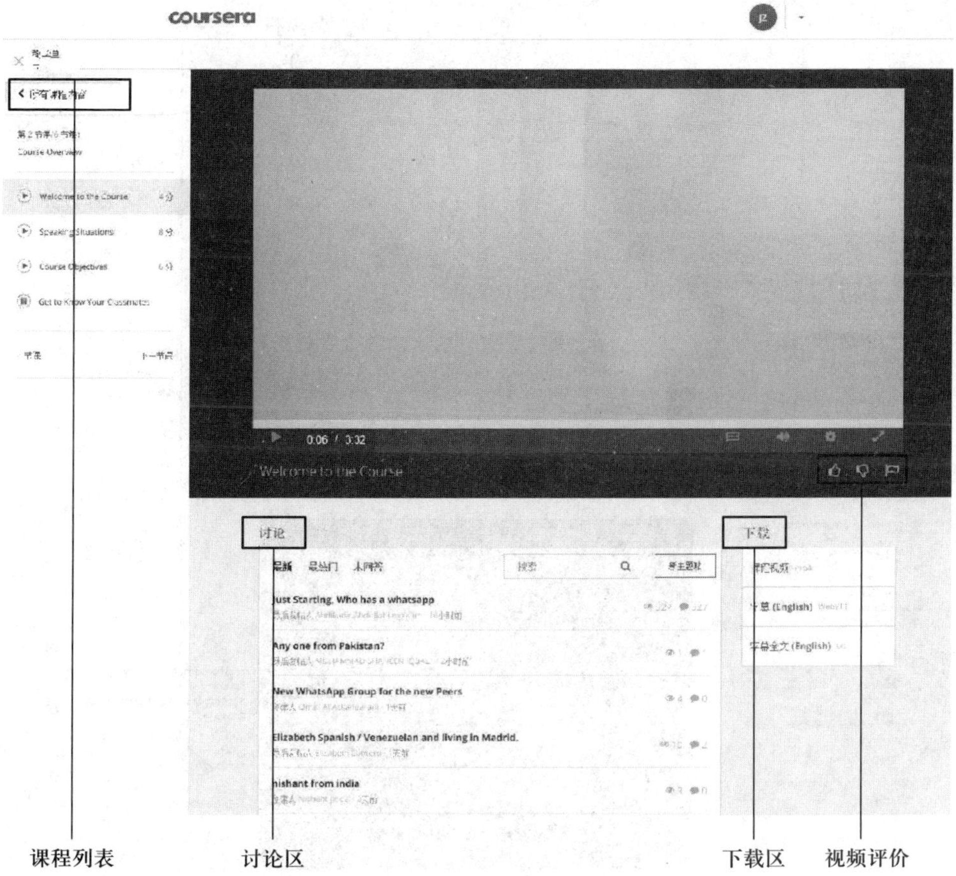


图 5-10　课程时代学习平台界面示例

明白，易于学生学习。值得一提的是，许多课程都有字幕，有的课程还具有多国语言字幕，方便学生学习。edX 学习平台界面如图 5-11 所示。

在线学习活动方式主要有自主学习、小组在线讨论和协作学习。协作学习主要基于维基开展，学生可以自由创建话题，进行协作。平台可动态呈现学习者的学习进度，利于学习者进行学习安排。平台的课程测试题以客观题为主，学生完成测试后，通过机器测评及时反馈结果。平台提供给学生的学习信息比较丰富，学生可以在学习的同时获取课程大纲、课程进度、参考资料等。edX 与其他平台相比最具特色的有两方面：一是以选项卡的形式呈现各个功能模块，避免了页面之间的频繁跳转；二是在播放视频的时候插入了字幕，并且字幕随讲解而滚动，可以通过选择字幕来定位视频。总体来说，edX 可以与众多的社交软件进行联通，实现知识的内外流动，并且平台中有虚拟实验室和电子历史地图，为学习者提供了更好的学习体验。

图 5-11 edX 学习平台界面示例

## （三）优达学城分析

优达学城是由曾经在斯坦福大学计算机系教授课程的塞巴斯蒂安·特龙等人创立，它的目标是实现民主教育。在 2011 年时，特龙与诺维格将自己的“人工智能概论”课程放到网上，免费向公众开放，结果一夜之间就有 5 000人注册。到学期结束，共有来自 190 个国家和地区的 16 余万学习者选修了这门课程。之后特龙从斯坦福大学辞职，专心经营起在线教育事业。优达学城为没有机会进入传统大学的学生提供计算机科学、数学、综合科学、编程和创业方面的在线课程。与课程时代、edX 等平台相比，优达学城最特别之处在于它没有规定开课的具体时间，也没有限定课程的结束时间，学习者随时可以进行学习，也可以完全按照自己的进度来完成学业。从这一方面来说，优达学城和在线教育的自由精神是最吻合的，也是变革传统教育最彻底之处。但是优达学城也有局限，主要表现在两方面：① 课程的领域比较狭窄，主要是理工科课程，如数学、物理、计算机等；② 目前主要是由英文授课，且没有过多的书面材料供学生阅读参考。

三大平台可谓各具特色，但也各有缺陷。课程时代以及 edX 实际是提供了一个进行授课的平台，课程领域广泛，种类繁多，课程的形式通常包括教科书、大学教授的视频讲座（视频的长度从 5 分钟至 1 小时不等）、测验题、习题、作业以及讨论区。edX 的课程比优达学城更具挑战性，学生需要花费更多精力。优达学城的课程都是为优达学城量身定做的，教程具有高度互动性，学生也有更高的自由度，但是领域窄，且目前为英文授课，非英语国家的学习者会感到吃力。

**（四）你的大学分析**

你的大学也是专门开发的慕课平台，但是它没有三大平台地位显赫。之所以要将你的大学单独拿出来分析，是因为你的大学支持学习者开设课程进行授课。类比课程时代，你的大学也有它特别的含义，“Udemy”是由“you”加上“academy”合成的，即“你的大学”。学习者都可以在平台上建立课程，担任教师的角色。因此，你的大学是一个教育消费者对消费者（C2C）平台。

你的大学创建于 2010 年，其创始人埃伦·巴力（Eren Bali）是土耳其人，他以自己的切身经历感受到，只有通过在线教育，才能真正将优质的教学资源带到世界的每一个角落。埃伦·巴力希望创造一个“任何人都能跟专家学会任何事”的世界，因此你的大学的理念就是学习者在任何时间、任何地点都能以最少的成本去学习自己感兴趣的课程。现在，你的大学平台上的注册人数已经超过 900 万，有 35 000 门课程可供学习。你的大学还开发了自己的移动端，实现真正的“随时随地”。正如埃伦·巴力所言，你的大学将人们的闲置时间变为学习的契机，把世界各地的专家和学员连接起来。

你的大学网站的特点是界面简洁、重点突出。每门课程由课程配图、课程名称、课程主持人、课程简介、选课人数、标价、折扣与推荐理由等信息组成。这些内容集中在与背景差异明显的一小块特定区域显示，且课程名称和课程配图占据一半的空间，使人一目了然。由于你的大学允许用户自己开设课程，因此，平台上还有专门讲授如何开设慕课的课程，如《如何提升你的大学课程》（How to Promote Your Udemy Course）。在这门官方课程中教学人员一直强调，要用震撼的标题和美观大气的图片让学习者耳目一新。

课程呈现的清晰简洁是你的大学的一大亮点。用户进入选修的课程之后，在页面的左半部分是树状的课程大纲，以章节的形式呈现课程目录，在每一课都有相应的时长，每一章最后一课是练习和测验。在页面的右半部分，是以选项卡形式呈现的课程讨论、公告和学生数，学习者在“讨论”中可以浏览本课程的讨论内容，在“公告”中可以查看课程相关公告，在学生数中可以看到选修这门课程的学习者列表，如图 5-12 所示。

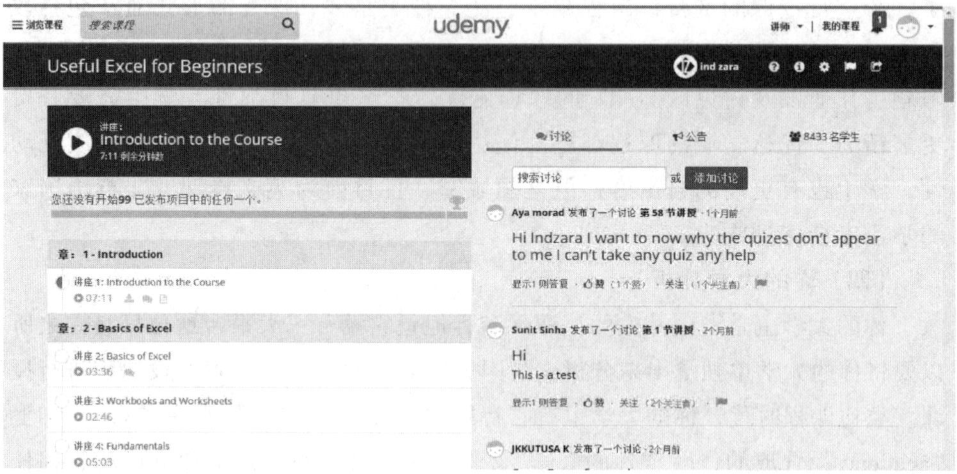


图 5-12　你的大学课程界面

你的大学的课程学习界面同样简洁、方便，页面的左边同样以很大的版面呈现视频播放界面，并带有“上一节”“下一节”的导航，学习者可以不退出本学习界面而直接上下翻页。在右边同样是以选项卡方式呈现“目录”“文件下载”“讨论”和“笔记”功能，供学习者下载相关的学习材料、发起讨论和记录笔记。这样的布局能最大限度保证学生的注意力集中在视频上，避免其他不必要因素的干扰。学习者的学习需求都可在一个页面上得到满足，有疑问可以直接进入论坛进行讨论，有想法可以进入笔记进行记录，如图 5-13 所示。

你的大学支持用户自主创建课程，在注册的时候可选择以授课者的身份进行注册。需要创建课程时，点击“讲师”的下拉菜单，在选择“创建一门课程”，在填写课程名称、教学语言、课程类别、课程推广方式等内容后，就可以创建课程内容了。对于大多数的授课者来说，自己在网络上开设课程可能是第一次体验，你的大学十分贴心地提供了全程的帮助，从准备、计划、制作、润色等各环节，教师都可以到你的大学在线讲师社群寻求帮助。平台还提供专门的课程或指南供教师参照学习，除上文提到的《如何提升你的大学课程》外，还有《如何创建课程》（How to Create Your Course），《构建课程大纲和接收反馈》（Create a Course Outline and Receive Feedback）等。当

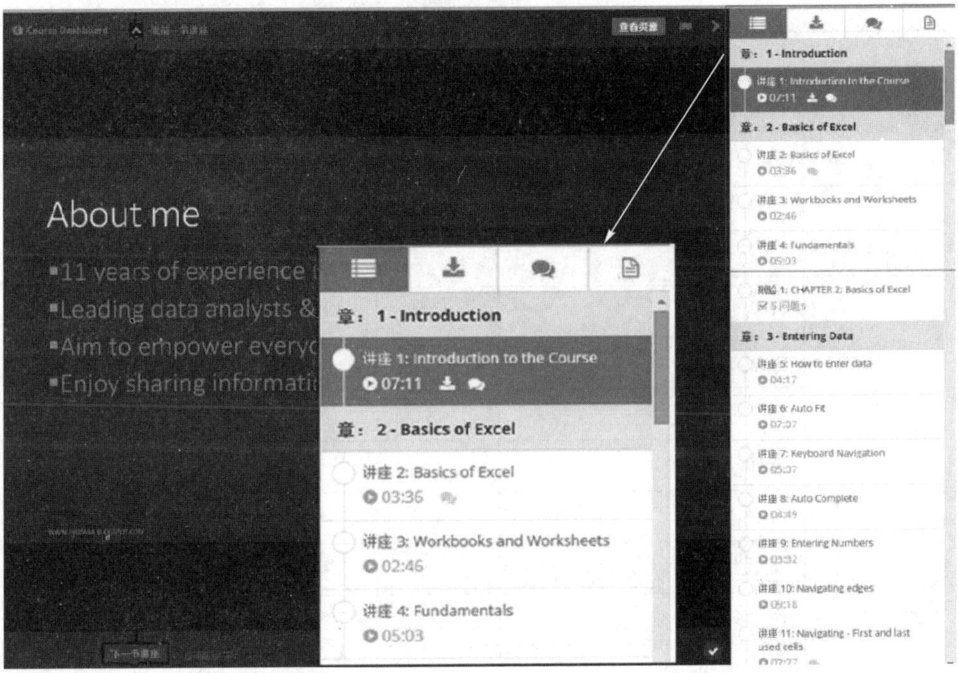


图 5-13　你的大学课程学习界面

然，课程建成以后，需经过你的大学的审核，只有达到你的大学课程的质量标准，并符合相关的法律法规要求才能发布。值得一提的是，每一门课的授课教师都能及时看到本门课程的学生访问情况和学习满意度，学生的动态评价对于教师来说无疑是至关重要的。

**（五）在线课程平台的比较**

为了从整体上把握这些知名在线课程平台的整体架构和功能特征，下面对上述四个平台进行横向对比，比较情况如表 5-3 所示。

**表 5-3　在线课程平台比较**

| | 分析项 | 课程时代 | edX | 优达学城 | 你的大学 |
|---|---|---|---|---|---|
| 效能工具 | 书签 | | | | √ |
| | 日历/任务 | | | | |
| | 导航和帮助 | √ | √ | √ | √ |
| | 课内检索 | √ | | √ | √ |
| | 异步/同步 | √ | √ | √ | √ |
| | 课程推荐 | √ | √ | √ | √ |

续表

| | 分析项 | 课程时代 | edX | 优达学城 | 你的大学 |
|---|---|---|---|---|---|
| 交流工具 | 讨论区 | √ | √ | √ | √ |
| | 文件交换 | | | √ | |
| | 课程邮件 | √ | √ | √ | √ |
| | 日志笔记 | | | | √ |
| | 课程提问 | √ | √ | √ | √ |
| | 匿名交流 | | √ | | |
| | 自主协作 | | √ | | √ |
| 评价工具 | 分组 | | | | |
| | 自评互评 | √ | √ | √ | √ |
| | 课后练习 | | | | √ |
| | 作业 | √ | √ | √ | √ |
| | 课程考试 | √ | √ | √ | √ |
| | 课程评分 | | | | √ |
| | 学分认证 | √ | √ | √ | √ |
| 课程设计工具 | 内容共享/复用 | | | | √ |
| | 课程模板 | √ | √ | √ | √ |
| | 课组管理 | | | | √ |
| | 定制外观 | | | | √ |
| | 学习活动设计 | | | | √ |
| 课程发布工具 | 自动测试评分 | √ | √ | √ | √ |
| | 课程管理 | | | | √ |
| | 教师帮助 | | | | √ |
| | 在线打分工具 | | | | √ |
| 课程管理工具 | 用户建课 | | | | √ |
| | 课程权限设置 | √ | √ | √ | √ |
| | 课程审核 | √ | √ | √ | √ |
| | 注册系统 | √ | √ | √ | √ |

从各平台的对比情况来看，每个平台都有一些功能尚未完善。在效能工具上，你的大学比较完善；在交流工具中，各平台都设有讨论区、课程提问、课程邮件，但缺乏日志笔记等功能；在评价工具方面，各平台均未提供分组功能，但都有作业、课程考试和学分认证等基本功能；在课程设计、发布与管理方面，只有你的大学支持用户成为授课者开设课程，其他平台为教师提供的课程设计、发布功能十分有限。

为了更加直观表现各平台的特色，表 5-4 又对各平台的优点、特色和缺点功能进行了系统地归纳和总结。

**表 5-4　四种在线课程平台优点、特色、缺点总结**

| 平台名称 | 优点 | 特色 | 缺点 |
| --- | --- | --- | --- |
| 课程时代 | 课程涵盖许多领域；所有课程皆有视频简介；许多课程有多国语言字幕；一半的课程提供签名认证 | 规模大，合作者众多，比较成熟 | 提供的学习工具较少；学员互评作业有缺陷；并不是所有人都可以在期限内完成进度 |
| edX | 课程涵盖许多领域；课程更贴近真实的大学课程；一些课程有视频简介；一些课程有多国语言字幕；非营利性 | 可通过字幕进行视频定位；以选项卡形式组织视频、作业等；课程形式结合线上和线下 | 部分课程需要先修知识；提供学员自我评估，但需开课后才能进行 |
| 优达学城 | 不仅有视频，还有自己的学习管理系统，内置编程接口、论坛和社交元素 | 课程专为优达学城平台定制，具有高度的互动性；可以随时开课，学习具有高度弹性 | 课程领域较为狭窄，以计算机类为主；学习资料不够全面；课程主要在视频网站（YouTube）上呈现 |
| 你的大学 | 界面整齐风格统一；课程呈现方式适合学习；交互界面友好 | 允许用户成为授课者开设课程，并有相关的开课指引 | 在用户的相互交流方面稍差 |

## 四、在线协作学习工具

基于第二代互联网时代技术发展起来的在线协作工具，弥补了传统在线交流工具和协同工作、移动存储等方面的不足，在教学中的作用越来越受到重视。特别是在移动技术支持的协作学习中，在线协作工具正逐渐体现出其独特的优势与潜力。

**（一）协作空间环境（Quip）**

在线学习者和教师会发现，目前许多在线教学平台的公共空间和个人空间已非常完善，能很好地支持任务发布、工具共享、成果展示、作品评价、个人学习记录等功能。但是这些平台在小组协作中组内交流与协作、学习监督与引导方面较弱，没有可供学习小组共同完成协作学习任务的工具。然而，在线协作学习环境创设的重中之重就是为在线协作学习者提供工具，因此，为了真正实现在线学习者之间的协作学习，提供给他们协作学习的工具就很必要了。

Quip（https://quip.com）是一款支持多人在线协作与及时通信的软件工具。选择该软件创建学习小组协作空间的原因有四点：① 该软件设计和操作都非常简单、直观，学习者能快速掌握；② 学习者通过邮箱注册该软件后，可利用电脑、手机、平板等多种方式登录学习，方便协作学习小组随时随地沟通与交流；③ Quip 能很好地支持学习者组建在线协作学习小组，实现小组沟通交流、工具共享，支持辅导教师引导与监督小组协作学习；④ Quip 支持多人在线协同编辑文档，该功能对协作学习任务的完成起至关重要的作用。协作空间环境 Quip 主界面如图 5-14 所示。

图 5-14　协作空间环境 Quip 主界面

利用 Quip 进行在线学习时，学习者先用邮箱注册 Quip 账号，添加小组成员即可组建 Quip 协作空间。Quip 实现了工具共享和协同编辑文档功能。

协同编辑文档界面如图 5-15 所示，左侧是聊天区，右侧是文档协同编辑区。小组成员利用其文本编辑功能可共同写作和编辑同一文档，成员对文档的任何操作（不管是同步或异步），都会实时通过文档编辑区呈现给其他成员。在写作过程中，小组成员还可以进行基于文本的交流讨论（该功能与腾讯好友和讨论组功能相似）。与此同时，教师在学习者开展协作写作的过程中也会随时查看小组的在线协作学习进程、交流内容、学习任务完成情况等，关注组内每个成员的参与程度，发现问题，及时引导，实现对协作学习中学习者、学习过程的有效引导、监督和管理。

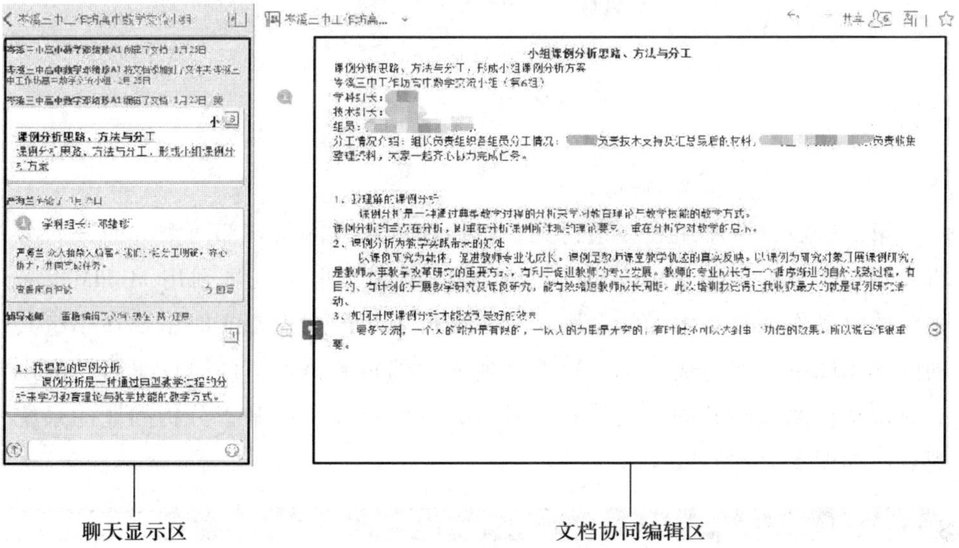


图 5-15　协作空间环境 Quip 的协同编辑文档界面

### （二）在线思维导图（MindMeister）

利用在线共享操作的方式建构的脑图和概念图编辑工具，也是用于开展在线协作学习的有效工具，如 MindMeister，ProcessOn 和 MindManager 等。

某大学教育技术学专业三年级的学生正在利用 MindMeister 上一节主题为“在线教育质量管理的现状分析”的课。任课教师利用 MOODLE 平台发布了活动主题和要求是学生研读教师提供的相关文献，思考在线教育质量管理的现状是怎样的？其内部现状与外部现状是怎样的？存在什么样的问题？并用 MindMeister 以协作概念图方式发表对以上问题的分析观点。

在查看了任务主题及要求之后，学生按照自己的意愿分成 6～8 人的小组，开始协作学习。

第一阶段，学生们登录 MindMeister 平台如图 5-16 所示，并开始了解

MindMeister 平台操作的具体步骤，并在平台上建立小组。

图 5-16　MindMeister 登录界面

第二阶段，各小组在线边讨论，边梳理，从内部与外部两个方面开始分析关于在线教育质量管理的现状及存在的问题，小组成员利用 MindMeister 平台同时操作编辑小组的概念图。所有成员表达的观点都实时呈现在小组共同的概念图中，所有成员都可以看到他人的编辑和修改，即时反思自己的观点或调整思路。在共同的操作和实时的分享中形成小组基于分析问题的系统观点，如图 5-17 所示。

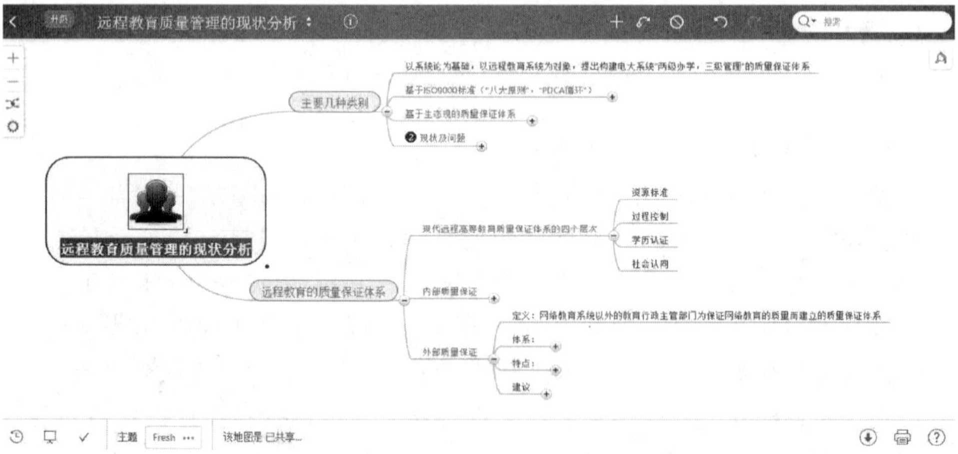


图 5-17　MindMeister 平台上的概念图

第三阶段，各小组成员发表完观点后，小组成员可以随时更新自己的观点，并对概念图进行修改，然后进行整理，最后导出 MindMeister 平台上的协作成果，如图 5-18 所示。导出文件提交到 MOODLE 学习平台上，就可以供全班同学分享了。

图 5-18　MindMeister 平台上思维导图的导出

## 五、移动应用

由于移动设备的广泛应用，移动应用开始进入教育领域，个人、企业、教育机构和科技公司等纷纷开发基于苹果操作系统（iOS）和安卓系统（Android）的应用。学生和其他访问者可以通过个人手机查看信息、新闻、地图和使用有用的学习工具。如布兰迪斯大学的应用可以让学生在紧急情况下快速获得帮助，也可以让学生在校园图书馆中找到需要的信息。包括普林斯顿大学在内的一些大学的移动应用程序，允许学生访问大学的公开课（iTunesU），其中分享了讲座、视频及其他工具。学生可以使用应用程序，在线观看公开课和讲座等视频，查看学校的课程目录，并观看课程直播。

而实际上移动应用在教学中已经产生了作用，促进了教与学的变革。例如多年来，访问学术图书馆的唯一方式是物理访问，使用互联网后一切发生了变化，学生和研究者可以从任意一台计算机登录图书馆，获取图书馆提供的各种资料。移动设备出现之后，用户可以使用移动设备阅读电子书，访问移动图书馆的数据库，了解图书馆的通知。互联网允许学生使用电脑随时随地访问图书馆，而使用移动图书馆可以让学生在任何地方都能直接在手掌中使用图书馆的工具。当然，多数学生更喜欢使用实地图书馆获取资源，但是在互联网时代，使用数据库和移动工具来快速获取信息和材料是一个积极的趋势。

## 第四节 在线学习工具

随着第二代互联网的到来，云技术、移动通信及移动设备快速发展，支持人们个性化学习需求的应用工具不断涌现。有些应用工具最初并非为支持学习而开发，但因其功能很好地支持了人们的某种学习需要，而成了常用的学习工具，如谷歌（Google）搜索引擎。有些学习工具的设计与开发则直指人们学习的过程，功能鲜明地服务于学习者的需求，因此它们一出现就被应用于教学活动，如 Edmodo、MOODLE 和 MindMeister 等。无论是专为学习而设计开发，还是被应用于学习过程中，这些工具都功能鲜明、操作方式规范简捷，并以所见即所得的方式支持学习。因此人们可以快速掌握其操作并将其应用于学习中，这些应用工具也因此被广义地称为学习工具。

当前学习活动越来越多地发生在网络环境中。学习者需要通过网络查找资料，与同伴交流观点，参与网上学习共同体的交流，发布并分享学习成果，存储和管理学习资料，记录学习历程，获取知识服务等。因此学习工具除了要关注和支持各种学习活动和知识建构过程中的细节，还要支持个人学习与群体学习的相互作用。学习工具围绕对个人知识建构和社会性知识建构的支持而不断地创新和发展。如人们需要学习工具来支持网络浏览内容的整理和笔记管理，需要支持项目学习中在线同步及异步的幻灯片制作，需要进行网络资料的自动文献标注等，这些细微的应用需求让学习工具的功能更加细化。

在互联网上不断涌现的学习工具功能针对性强、种类丰富，可以支持传统课堂教学、在线教学和移动学习等各种形式学习的需要。学习工具的应用情况和学习者对其的认同度既可以反映它们所具备的功能在教学中的效用和效能，也可以反映教学活动对学习工具需求的变化。“TOP100”学习工具评选是英国一家名为“学习与绩效技术中心”的研究机构（http://c4lpt.co.uk）通过互联网向全球发起的一项关于学习工具效用的在线投票及排名，它对学习工具进行分类并根据其效用每年在全球进行一次投票，筛选出排名前 100 名的学习工具。这个排名展示了当前国际上学习工具发展和应用的最新情况。通过分析前 100 位学习工具，可以窥见学习工具领域的应用和发展情况。

### 一、“TOP100”学习工具排名的分类

教学、培训和教育管理中所使用的学习工具很多，学习与绩效技术中心

的网站收集了 2 000 多种学习工具并分类一一归并列出，成为“TOP100”排名的基础。2015 年前 100 位学习工具划分为四大类，依次是教学工具、内容工具、社交工具、个人工具。这四大类根据具体功能又划分为若干子类，如教学工具分为课程管理/课程网络平台、创作工具、慕课平台、调查与数据收集工具，如表 5-5 所示。

**表 5-5　“TOP100”学习工具分类表**

| 一级分类 | 二级分类 |
| --- | --- |
| 教学工具 | 课程管理/课程网络平台、创作工具、慕课平台、调查与数据收集工具 |
| 内容工具 | 演示工具、动画工具、电子表格工具、图形/图像工具、视频管理和编辑工具、录屏工具、截屏工具、音频工具、博客和网站工具、文档工具 |
| 社交工具 | 直播交互工具、在线会议工具、消息传递应用程序、文件共享工具、团队协作工具、电子邮件客户端、企业社交平台、公共社交网络 |
| 个人工具 | 搜索与研究工具、个人阅读器和播放器、快速记录工具、个人生产性工具、书签和管理工具、浏览器、通信工具、应用程序 |

2015 年进入“TOP100”排名的学习工具分类有以下特点。

第一，根据软件工具的应用领域划分类型。面向学习应用的分类使软件工具的功能特点及应用范围清楚地体现出来，因此一些常见的学习工具也被赋予新的理念和含义。例如对图形/图像工具的分类突破了我们原来认知的局限，这一类别的工具不仅包括图像编辑处理软件，还包括图像及照片展示和分享工具，后者面向广泛的社会性学习、个人独立学习及小组协作学习，是为展现学习过程和结果而服务的。

第二，关注学习过程。如果说“TOP100”排名的一级分类面向应用领域，那么二级分类则体现了对在线学习过程的关注。如个人工具中的书签和管理工具，是指对网络中各种来源信息按个人需要进行组织，以帮助学习者有效管理和使用资源的工具。这类工具能有效帮助在线学习者进行资源管理，避免信息迷航。这些新工具当前在国内教学活动的应用中可能还不多见，但实际上其功能丰富、独特，如 Scoopit、Diigo、Flipboard 和 Delicious 都属此类工具。教师和学习者如果能正确认识和有效利用这些工具将受益匪浅。

2015 年“TOP100”学习工具的所属类别和排名如图 5-19 所示。图中各

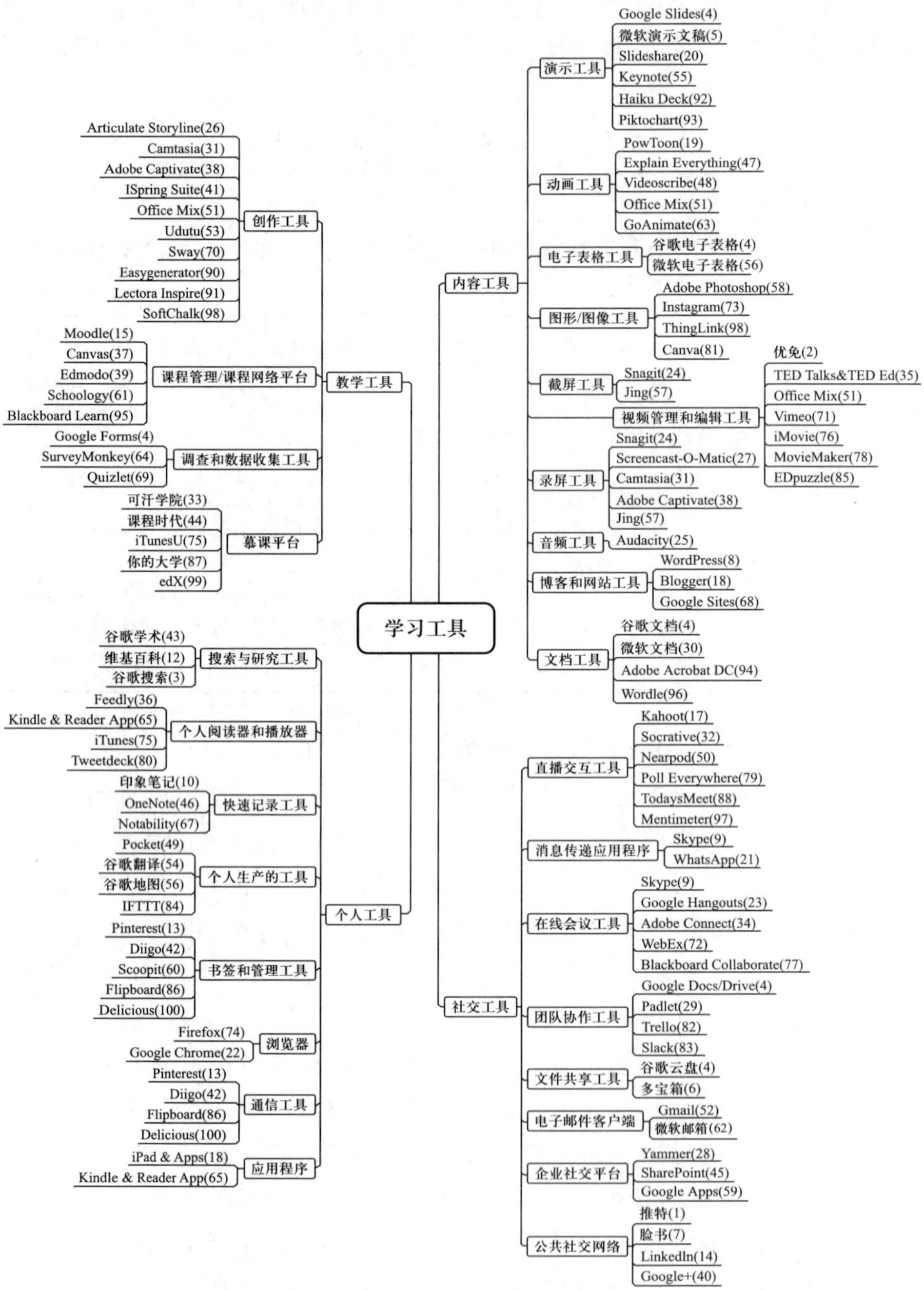


图 5-19　“TOP100”学习工具分类与排名

学习工具在二级分类中，根据排名前后的顺序从上至下排列，括号中的数字为学习工具对应的名次。部分工具在不同类别中重复出现。

可见，在四种类型的学习工具中，内容工具数量最多，它们都是用于学习过程中多媒体学习材料获取、浏览、加工处理、评述和共享的工具。多媒体信息在在线学习过程中必不可少，因此有关工具在教学过程中也得到了广泛应用。社交工具、个人工具的数量也很多。

## 二、“TOP100”中学习工具排名情况分析

### （一）前10位学习工具排名及其特点

2015年排名前10位的学习工具依次是推特、优兔、谷歌搜索、谷歌文档等（并列第四）、微软演示文稿、多宝箱、脸书、WordPress、Skype和印象笔记。这10余种学习工具都为大家所熟悉，且多年一直居于“TOP100”名单中。其中推特连续七年稳居第1位；谷歌搜索排名上升2位，列第3位，微软演示文稿排在第5位，印象笔记排在第10位。排名前10位的学习工具近年来在广义的在线学习中得到广泛应用，其功能及教学应用效果得到一致认同。在各自的应用领域中，由于其功能特点鲜明和技术优势明显，因此排名基本保持稳定。

排名前10位的软件其应用领域分布广泛且在功能上术业有专攻。推特满足个体碎片化的认知特点，片段化地展示个体习得与感悟，支持信息开放共享，是社会网络构建及管理工具。在这样一个信息大爆炸的时代，学习者可以在碎片化的时间内通过推特进行信息获取和分享，并建立自己的社交网络，这已经成为目前人们十分喜爱的一种非正式学习方式。优兔是全球最大的视频分享网站，个体是视频的贡献者与管理者；谷歌搜索是功能强大的搜索引擎，能帮助学习者快速定位所需信息，提高知识获取效率；谷歌文档、云盘等是协作文字处理工具及存储工具，支持协作文档写作；微软演示文稿专门用于演示文稿的制作；多宝箱主要用于文件同步存储；脸书是全球最大的社交网站，每个人都可以在此贡献自己的智慧，分享他人的心得；WordPress是开放的个人博客系统，具有开放的点评功能；Skype是网络语音沟通工具，能突破时空限制，加强沟通与交流；而印象笔记则是一款功能强大的快速记录工具，不仅可以快速记录文本内容，还可以记录网页，该软件在移动设备上运行的同时，也可通过电脑共享记录的内容。

从前10位学习工具的类型及排名情况，可以归纳出学习工具应用的特点。

第一，学习工具多是基于互联网络技术，面向网络应用的。除微软演示文稿外，其他学习工具都是基于互联网而建构的，能很好地支持在线学习活动。

第二，支持基于网络的社会性交互学习活动。除微软演示文稿、谷歌搜索和多宝箱外，前10位的其他学习工具都强调以不同的方式形成和促进协作和交流。可见人们越来越重视和认同学习工具对社会性交互及协同知识建构的价值，在线学习也注重协作和交互。

第三，学习工具都支持知识建构、共享和交流。学习工具提供文档写作、博客撰写、语音聊天、视频或照片共享等功能，支持学习者进行知识共建与共享。

排名前10位的学习工具对我国的教师和教育技术专业人员而言可能并不陌生，但将它们看成一种学习工具而不仅是日常工作的应用软件，且排在如此重要的位置则是很多人都没想到的。当然有些工具在国内难以获得，可以使用具有类似功能的工具替代。如由于国内无法使用推特和优兔，而使用QQ和优酷等来代替。有些工具没有或很少被当作学习工具来使用，例如谷歌系列工具，在国内教学与工作中并不多见。大家仍习惯使用微软文档（Word）的不同模式来修改文档，然后通过电子邮件或其他网络传递工具来交换修改意见。其实，谷歌文档支持同步和异步的同一文件写作及编辑，作者们可以同步和异步地编辑同一文档以实现协同学习及工作，这是它与普通的文字处理软件相比特色鲜明的地方。

**（二）前100位工具排名变化分析**

相对于2014年前100位学习工具的排名，2015年前100位的学习工具排名有不小的变化。在前20位中，排名保持不变的工具只有推特。进入前20位的学习工具多是用户熟悉或常用的工具，它们功能鲜明、影响广泛且应用稳定，因此专家对其功能及应用效果所持态度不变。

在排名上升列表中，很多工具都是在线学习中常用的，且部分学习工具应用非常广泛，如优兔、谷歌搜索、印象笔记、脸书等，说明这些学习工具有着强大的生命力和影响力。也有一些排名上升的工具是国内在线学习者比较陌生的，如Pinterest、Kahoot和Skype等，它们在社交网络管理、个人社交网络构建、游戏化教学、演示文稿制作、即时通信等方面各有所长，值得关注。如Pinterest堪称图片版的推特，用户可以将感兴趣的图片在Pinterest保存并分享给其他感兴趣的用户，而这些用户也可以关注并转发图片。

排名变动情况表明，学习工具带来新的理念和应用思路固然重要，但功能和应用效果才是效用的决定性因素。排名上升的学习工具大多教学功能鲜明，如 Quizlet 是专门用于设计和实施在线测试的工具，操作简单，对评价学习者个人学习效果非常有效。新进入 2015 年“TOP100”排名的学习工具有 16 种，如表 5-6 所示。它们因用户增多、产生的教学效用显著或功能独特而引起人们的关注。

**表 5-6　2015 年新入选“TOP100”排名的学习工具列表**

| 工具名称 | 排名 | 类型 | 功能 |
|---|---|---|---|
| Screencast-O-Matic | 27 | 录屏工具 | 视频编辑和录制工具，可一键截屏 |
| Videoscribe | 48 | 动画工具 | 视频制作软件，可以快速、轻松地创建动画或者视频 |
| Office Mix | 51 | 创作工具 | 可记录音频、视频和手写笔迹，并插入测验，也可以进行屏幕录制 |
| GoAnimate | 63 | 动画工具 | 快捷的视频制作工具 |
| Sway | 70 | 创作工具 | 创作和分享交互式报表、演示文稿、个人故事的应用工具 |
| iMovie | 76 | 视频管理和编辑工具 | 视频剪辑软件，可快速制作高清影片、录制配乐、分享视频等 |
| MovieMaker | 78 | 视频管理和编辑工具 | 创建、编辑、和分享视频影片的工具 |
| Canva | 81 | 图形/图像工具 | 在线图形设计平台 |
| Trello | 82 | 团队协作工具 | 建立时间管理系统，提供简洁清晰的协作环境 |
| Slack | 83 | 团队协作工具 | 一站式协作办公 |
| 你的大学 | 87 | 慕课平台 | 开放式在线教育网站 |
| ThingLink | 89 | 图形/图像工具 | 富媒体图片库 |
| Piktochart | 93 | 演示工具 | 在线信息图片设计工具 |
| Adobe Acrobat DC | 94 | 文档工具 | 可将纸质图片、文字迅速转化成 PDF 或文档格式的文档编辑工具 |

续表

| 工具名称 | 排名 | 类型 | 功能 |
| --- | --- | --- | --- |
| Mentimeter | 97 | 直播交互工具 | 基于云计算的工具，可实时与直播听众互动 |
| edX | 99 | 慕课平台 | 大规模的免费在线学习网站 |

排在第 27 位的 Screencast-O-Matic 是一款操作简单且自由灵活的录屏软件，用户甚至可以一键截屏，由于其编辑和录制视频的操作足够简便，因此受到广大用户的青睐，得以跻身“TOP100”排名的前 30 位。

新进入“TOP100”排名的学习工具基本都是在线教学工具和内容发展工具，用于多媒体素材或资源加工处理、个人知识管理与分享及个人学习过程的工具软件较多。这说明在在线学习中，学生的知识建构过程需要技术的支持和关注。新工具中基于苹果系统应用工具和基于云技术存储工具的列入，表明新技术在学习中的应用受到关注，甚至可能支持学习方式的变革和学习过程的重组。团队协作工具及直播交互工具的列入，说明虽然这些技术不再是新技术，但人们仍然在寻求更有特色、更有效的工具，以提高在线学习的效率和效果。

## 三、学习工具的特点及发展趋势

通过 2015 年“TOP100”学习工具排名可以看到，在网络技术发展及网络技术社会化应用的影响下，学习工具作为知识媒体，支持社会性学习、协作学习和个人学习中的学习活动，促进了群体及个人知识的建构、创造、管理和共享，且使个体、群体与社会在知识建构和学习过程中的连接更紧密，交流更顺畅。这一学习工具排名情况表明了教与学需求的指向，学习方式的变化趋向，学习群体维持、运转与管理的发展动向。当前的学习工具功能涉及在线学习过程的各个环节，可全面支持在线学习中资料搜索、多媒体信息共享、资料浏览、笔记记录、资料整理、扩展交流、学习进度安排和知识管理存储等的需求，无缝地用于组织、管理和支持在线学习。在排名前 10 位的工具之中，推特、优兔、谷歌搜索、脸书、维基百科、印象笔记、WordPress、Skype 都支持信息和知识的开放与共享。在线学习中，每个人都是知识的贡献者、分享者、创造者和消费者。面对海量的网络信息，实施有效的知识管理应是所有学习工具都关注的重点，因此，很多新出现的学习工具都关注知识分类管理、多媒体资源管理和链接信息整理等，旨在提高在线学习中知识应用和管理的效率。

学习工具的发展是动态的，新的工具不断出现，每种工具应用的效用也在不断变化。在这个动态过程中，学习者需要得到更多且更细致的技术支持和帮助，且这种需要从没停止过，所以，学习工具需要不断完善与发展，其功能也需要不断细化与扩展。

# 第六章
# 实现移动学习的平台、应用工具和资源

随着移动互联网的发展和移动智能终端设备的普及，基于移动终端的学习已经成为人们学习的一种重要方式，成为实现“人人皆学、时时可学、处处能学”的重要途径。移动学习突破时空限制，帮助人们随时随地将工作、学习和生活融为一体，利用移动终端和移动通信技术以自主和协作的方式开展学习，实时跟进时代和社会的发展。

英国移动学习专家迈克·沙普尔斯教授等人认为，从“在课堂上使用便携式技术学习”到“在移动中使用个人移动设备学习”，移动学习就像是一个连续体，全方位地渗透到人们的生活和工作的各方面中。[①] 人们充分利用移动学习资源、平台、学习工具，将学习延伸到广阔的时间和空间中，实现终身学习的同时，享受学习的乐趣。

## 第一节　移动学习平台

随着移动设备的广泛使用，越来越多的人开始利用移动学习平台进行学习。移动学习平台是指在互联网环境下，利用移动通信技术、多媒体技术和嵌入式系统等相关技术设计与开发的新型数字化学习平台。移动学习平台大部分都提供了媒体支持、离线学习、在线测评反馈、学习指导以及学习功能的支持。移动学习平台不再是单纯的内容管理系统，而是以学习者为中心，注重学习者学习过程和需求，支撑同伴交流和人际互动的系统。移动学习平台已经对资源的呈现、适合移动学习的资源的使用方式、移动互联网环境下可能的学习活动、学习数据的可视化和移动学习的管理等进行了探索、设计和实现。学习者利用移动学习平台，不再是被动地接受知识，而是通过参与活动并且利用学习辅助工具

① 迈克·沙普尔斯，肖俊洪. 移动学习：研究、实践和挑战［J］. 中国远程教育，2013（3）：5-11，44.

等主动进行学习。当前可用的移动学习平台很多，这里通过对几个移动学习平台的介绍，展示移动学习平台的共同点，同时也呈现移动学习平台的多样性特点。

## 一、基于短消息的移动学习平台

威斯敏特（Westmister）是基于短消息的英语学习平台。它可以通过移动通信系统的短信息服务，实现学习者与教学服务器之间的简单双向交流。学习者向教学服务器发送数据请求的时候是以发送短信的方式进行，教学服务器分析、处理短信息的内容后，同样以短信息的方式将反馈内容发回给学习者。此外，该移动学习平台还能够实现写作业、做练习、提问、自动回复和教务管理等功能。但是基于短信息服务的移动学习平台无法保证学习的连续性，平台无法深度渗透到学习活动中，对传输视频、动画等复杂性学习资源也有一定局限性，只适合比较简单的活动和学习内容。

哈佛大学开发了名为“Qstream”的、基于问答系统的实时学习分析平台，是一种简单但又十分有效的基于问题的移动学习平台。学习者可充分利用碎片化的时间，选择自己感兴趣的课程或领域回答问题，系统会给出即时的反馈，促进学习者对知识点的学习。但是“Qstream”也存在不足，它缺乏对学习者基于问答学习的后续服务，学习支持服务比较薄弱，有待进一步提升。

## 二、开放在线课程平台的移动端应用

为便于学习者使用移动设备参与在线课程的学习，当前很多开放在线课程平台也推出在线课程的移动端应用程序。它们除具有原来开放在线课程平台所具备的功能外，还面向移动设备和移动学习的特点进行了界面设计、操作控制和媒体呈现等方面的调整。

### （一）课程时代

课程时代的创始人之一科勒是斯坦福大学计算机系的教授，她认为在当今教育资源依然分布不均的情况下，计算机技术的应用必将带来教育领域的变化。①

---

① 在线教育公司 Coursera：互联网上的免费大学［EB/OL］.［2018-08-24］. http://tech.sina.com.cn/i/2012-09-20/10147638165.shtml.

2011年年底，科勒让这一预言的实现成为可能。当时，斯坦福大学试探性地将3门课程免费放到网上，其中包括吴恩达教授的“机器学习”课，最后意外发现报名人数竟超过10万人，学员来自世界各地。吴教授平均每年的听课人数为400人，这意味着，如果想要在斯坦福大学的课堂上拥有这么多学生，那他必须连续上250年的课。这个数据令他们震惊，同时也让他们意识到，在线学习可能会给高等教育带来天翻地覆的变化。

于是，科勒与吴恩达共同创办了在线教育公司“课程时代”，旨在同世界顶尖大学合作，为在线学习者免费提供来自顶尖名校教授的网络公开课程。课程时代以授课教师为课程主导，努力构建符合教学规律的数字化虚拟教学环境。课程时代在线课程平台不仅提供课程的全部授课视频、演示文稿课件，同时还提供学习活动开展及管理功能，帮助课程团队实现定期开课，按时布置作业和进行测验，强化师生互动等。为了方便学习者利用移动终端开展移动学习，课程时代开发了移动端应用。这一移动端应用具有以下特点。

（1）完整的在线教学环节

传统课堂的教学主要包括组织教学、复习检查、布置作业等环节，而课程时代通过移动端应用平台，让授课教师和学生共同参与构建完整的教学环节。根据教学计划，课程时代移动端应用发布课程相关信息，如根据教学中课程、即将开始课程和已经结束的课程等将课程分类，并提供每门课程的开设机构、课程名称、进行状态等简要提示，如图6-1所示。

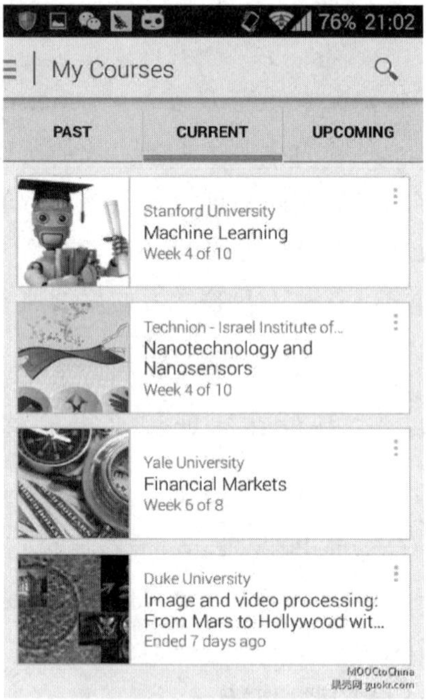


图6-1 课程时代移动端应用中的开课信息界面

与电脑端的课程时代一样，在移动端应用中，学生也可看到教师根据教学大纲，每周定时发布的视频教学材料、布置的作业和发起的组织在线讨论。学生需要按照时间节点，自主选择学习时间完成学习和作业，并且参加讨论等，最终如果完成结业考试，可申请课程证书。

（2）贴合在线自学的课程视频

以往的视频课程大多只是对传统课堂教学场景的简单再现，而课程时代的课程视频内容短且模块化，充分满足了碎片化交互性学习的开展，因此很适合进行移动学习。每堂课的内容会分割成3~5个相关主题的短视频，既便于按主题学习，又方便利用碎片时间观看。教学视频观看的界面操作简单，可由学习者自主调整为全屏状况，便于利用移动设备进行观看，如图6-2所示。

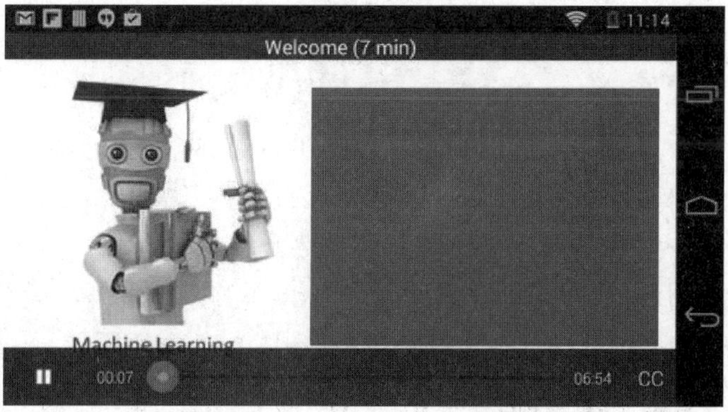


图6-2　贴合在线自学的课程视频设计

课程时代的课程在重要知识点处可嵌入交互式问题，学习者可以及时检查自己的学习效果。背景资料中嵌入多种超链接，可以链接到网上查看资源，再继续往下学习。另外，视频场景不再拘泥于教室场景，更多采用面对面的比较轻松的交谈方式，教师可以是坐在办公室，也可以在咖啡馆、草地边等，授课氛围轻松愉悦，教师也会时不时写写画画、喝着水讲个小笑话，学生能够清晰感受到教师的音容笑貌，从而弥补了移动学习的不真实感，有助于降低在线学习者的高退出率。

（3）独创的生生互评

对于通常只有1名教师和几名助教的在线课程而言，面对动辄几万几千的在线学生，不可能采用传统的指导方式，如教师亲自批改作业的方式。课程时代开发了生生互评系统。例如在“Listening to world music”（聆听世界音乐）一课中，教师根据课程的特点制定作业评价标准，然后学生先在规定时间提交作业，再按照互评标准为其他同学（最少5名）的作业进行评分。通过同伴互评，不仅解决了大规模课程学习中的作业批改问题，更重要的是，让学生们通过观看同伴的作业，达到沟通交流和互相学习的目的。

事实上，在线移动学习平台数量及种类众多，但自课程时代项目成立之后，由于其拥有名校教师资源、互动授课机制、完善的作业评估体系，因而受到全世界的欢迎。可见，课程时代及其移动端平台对全球在线教育发展有着深远的影响力。

**（二）中国大学慕课**

事实上，国内也有很多被大家熟知的移动学习平台。中国大学慕课就是其中之一。中国大学慕课是由网易与高等教育出版社“爱课程网”合作推出的大型开放式在线课程学习平台，上线于 2014 年 5 月，它联合北京大学、复旦大学、浙江大学、新加坡国立大学、微软亚洲研究院等 211 所知名高校和机构推出上千门精品大学课程，让每一个有自我提升愿望的学习者都能在此学习到中国最好的大学课程，并申请认证证书。为便于移动用户参与在线课程的学习，中国大学慕课同样提供移动客户端应用。

学习者注册登录进入“中国大学 MOOC”应用之后，会看到其开启界面，如图 6-3 所示，点击进入，能够看到如图 6-4 所示的首页。中国大学慕课为学习者提供了完整的学习体验，包括教学视频、讲义资料、测验作业、教师答疑和课后讨论等。课程的开课信息如图 6-5 所示。

图 6-3　中国大学慕课开启界面

图 6-4　中国大学慕课移动端首页

（1）视频课程

中国大学慕课为学习者提供流畅的多倍速课程视频，有流畅和高清两种清晰度可供学习者选择。观看视频的过程中可针对视频中的学习内容向教师提问，提交问题之后平台会自动返回到视频播放页面，视频会继续自动播放，如图 6-6 所示。

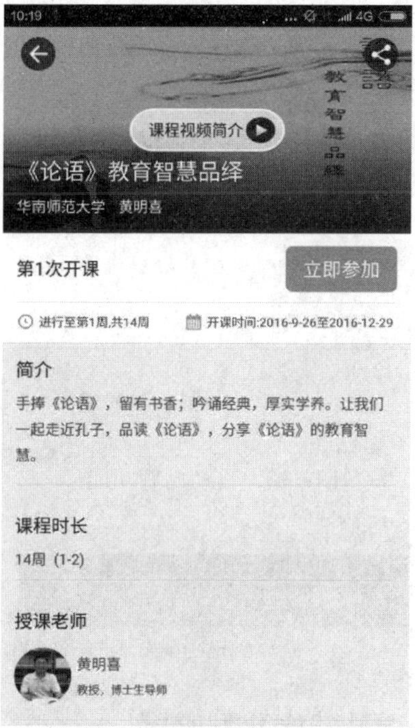


图 6-5　课程开课信息

图 6-6　课程视频播放页面

（2）自动判题系统

课程设有考核模块，如图 6-7 所示。每一单元都有测试题，且平台拥有自动判题功能，如图 6-8 所示，学习者进入测试环节后即可答题，提交测试结果后，可获得考核成绩，自行检验学习效果。

（3）答疑与讨论

课程讨论模块由三部分组成：综合讨论区、老师答疑区、课堂交流区，如图 6-9 所示。

在综合讨论区，学习者可以自己拟定讨论主题发起讨论，如图 6-10 所示。之后，同伴可以参与讨论或评价，综合讨论区可以促进学习者们彼此的交流与沟通，也有助于知识的理解与内化。

图 6-7　课程考核模块

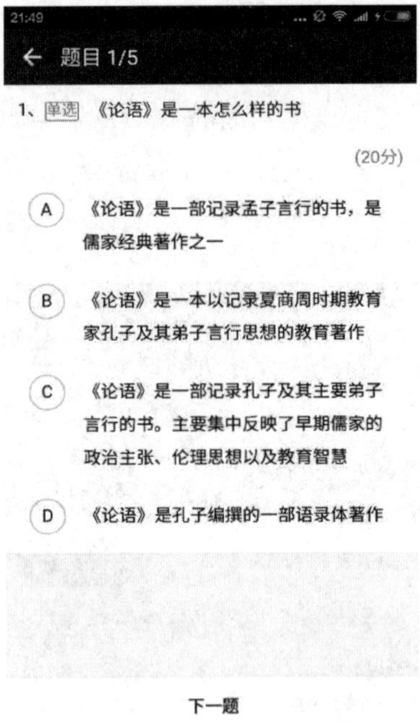


图 6-8　自动判题功能

图 6-9　课程讨论模块

图 6-10　综合讨论区

### （三）LearnCast

LearnCast 当前的应用并不广泛，但它具有鲜明的特色，是值得关注的移动学习平台。LearnCast 移动学习平台对学习过程提供了丰富的支持，还提供测验、投票和小组讨论等常规的学习活动，充分发挥了移动设备应用的特点。作为学习平台它提供的学习者学习进度查询、成绩记录、通过页面点击率的实时数据分析等功能，能够实时监控学习者学习情况，如图 6-11 所示。LearnCast 创建课程的同时，还能够个性化定制学习内容。

图 6-11 LearnCast 示例

（1）创建课程和学习任务

登录 LearnCast 之后，找到课程创建按钮，使用拖放工具即可在几秒钟内创建课程。同时可根据需要，添加主题、测验、考试、问卷调查等模块用于构建课程的结构，如图 6-12 所示。

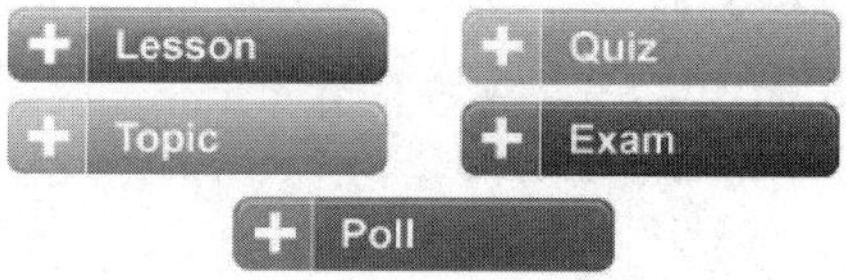


图 6-12 创建课程和学习任务

（2）个性化定制

教师可以利用富媒体个性化定制适于学生的教学内容，包括图片、视频、文档和音频。这个过程并不需要任何编程知识作为基础，任何人均可以实现操作。教师可以根据自己的需要丰富主题页面，增加导航栏和参考材料，使整个界面设计都符合课程内容的要求，其个性化的定制服务可以满足教师有关课程规划的任何需求，如图 6-13 所示。

（3）轻松发布

教师只需要点击一个按钮即可发布课程内容，并通过短信和电子邮件将

图 6-13 个性化定制媒体

课程更新信息发送给学习者。然后，教师需要将课程发布到应用程序商店，设置关键字，给学生分发二维码，或在教师的网站上嵌入一个自定义小部件，任何一个有手机、笔记本或桌面设备的学习者都可以立即查看到课程内容，如图 6-14 所示。

图 6-14 发布课程内容

（4）实时分析与测评

软件可以跟踪和分析学生学习课程的情况。其中深入分析的课程数据涉及问卷调查、测验及考试结果、群组聊天讨论和评论情况、学习者进步和成绩数据等。对这些数据的分析可以通过图表的形式提供给教师和学生，如图 6-15 所示。

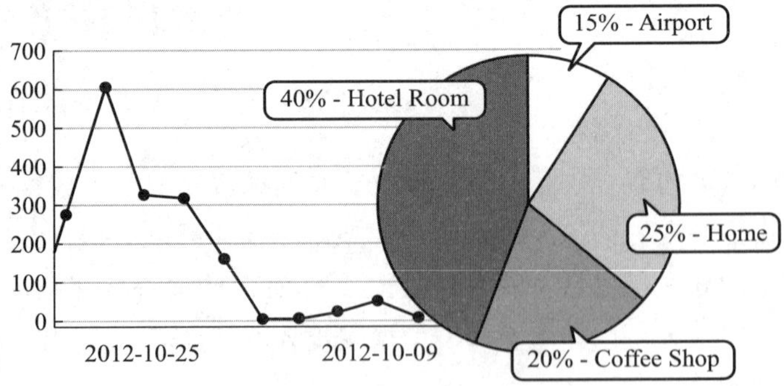


图 6-15 LearnCast 通过数据实时分析形成的图表示例

## 第二节　移动学习应用工具

移动学习被认为是一种未来的学习模式，或者说是未来学习不可缺少的一种学习模式。随着移动学习的快速发展，各种支持和辅助移动学习的工具也如雨后春笋般涌现。当下的移动学习工具数不胜数且功能各异，为了能适当地选择各种移动端应用，有效开展移动学习，了解移动学习工具与学习的关系，认识它们作为学习工具的功能与特性，就显得尤为重要。事实上，国内外对移动应用支持下开展的教学活动的研究已有不少可借鉴的成果。

来自澳大利亚阿德雷德大学的艾伦·卡林顿（Allan Carrington）在2006年进行教育博客的研究时，第一次通过将技术与教学法结合提出了“Padagogy”一词，而当基于平板电脑（Pad）的教育应用应运而生时，卡林顿结合布鲁姆（Bloom）的学习目标分类法，基于“平板电脑支持的教学法”研究及相关理论，提出了“教学法轮”（Padagogy wheel）模型，该模型的5.0版本如图6-16所示。这个将平板电脑应用和布鲁姆教育目标分类相结合的模型，能够帮助教师、教学设计者和广泛移动学习者了解，支持不同层次的教学目标达成或教学活动开展的移动端应用。

该教学法轮模型主要以鲁本·普特杜拉（Ruben R. Puentedura）博士提出的SAMR模型[①]为理论基础，在SAMR模型中，技术与学习任务的整合程度越高，技术改变课堂的能力就越强。根据布鲁姆的认知理论，高层次的技术应用可以更加强化培养学生高层次的思维能力，如设计、分析或创造，而不是低层次的思维，如记忆。实际上，教学法轮是对SAMR模型一个非常好的诠释，它可以帮助人们更好地认识并理解SAMR模型。

教学法轮中间有四圈，从里向外分别是：目标、描述动词、活动、移动应用工具。在第一圈，卡林顿引用布鲁姆的教学目标分类，将教育目标分为记忆（Remeber）、理解（Understand）、应用（Apply）、分析（Analyse）、评价（Evaluate）和创造（Create）六个方面。第二圈是描述动词，分别用来描述和阐释教育目标的具体表现。第三圈是活动，这里介绍了大量的数字

---

① SAMR模型是选择、应用和评价技术在教育中应用的层次模型，它共分为四个层次，S表示替换（Substitution），A表示强化（Augmentation），M表示修改（Modification），R表示重塑（Redefinition）。

图 6-16　艾伦 · 卡林顿的教学法轮 5.0 版本示例

资料来源：Carrington, A. The Padagogy Wheel English V5 [EB/OL]. [2018-07-31]. http://designingoutcomes. com/english-speaking-world-v5-0/.

化学习活动，这些活动能帮助教师和学生达成预期的教育目标。第四圈也就是最外圈，是相应的移动应用工具展示。在第四圈，共介绍了 188 个移动应用工具。这 188 个移动应用工具应该是每一个教育工作者移动设备中必装的应用工具。

在我国，华南师范大学的焦建利等人通过对教学法轮 4.0 版本进行翻译并重新按中国用户使用的移动应用工具情况对该模型进行修改，在 2015 年 7

月发布了中国版的教学法轮，如图 6-17 所示。

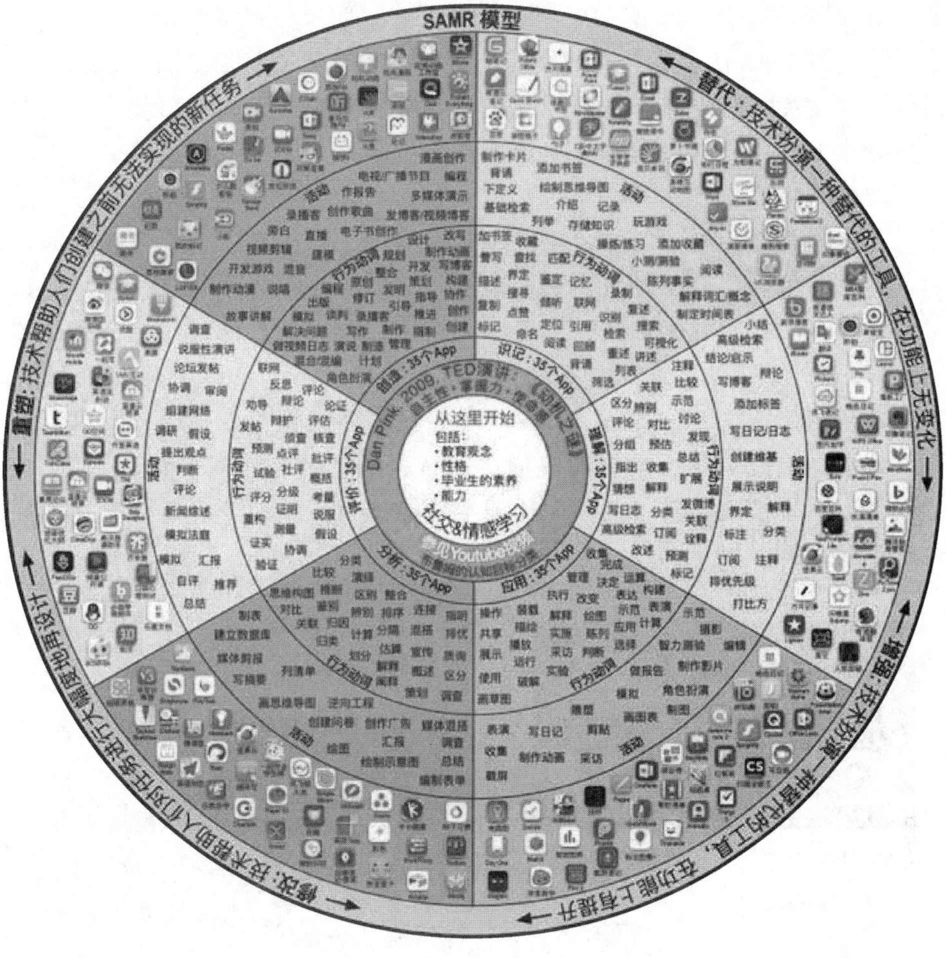


图 6-17　中文版教学法轮 4.0 版本示例

资料来源：Carrington，A. The Padagogy Wheel Chinese V5［EB/OL］．［2018-08-24］．https://designingoutcomes. com/pwchinesev5/.

根据这个模型，在越来越多移动应用工具出现时，教师能根据预定的学习目标和教学活动的设计，为学生选定可用的移动应用工具；而学习者也可以根据自己的学习目标，在移动学习中快速选择出有效的移动应用工具。下面通过几个常见的移动应用工具感受下教学法轮的作用。

### （一）在线字典——有道词典

根据中文版教学法轮对移动学习工具的分类，有道词典属于“应用”类工具。有道词典由网易有道出品，是全球首款基于搜索引擎技术的全能免费语言翻译软件，为全年龄段学习人群提供优质顺畅的查词、翻译等服务。2007年9月，有道词典桌面版上线。2009年1月，有道词典首个手机版本上线，如图6-18所示。有道词典现已实现全平台覆盖，是全国最大、最好用的免费互联网词典翻译工具，也是学习者覆盖量最大的词典软件。截至2015年4月，网易有道词典（桌面版和手机版）学习者数量众多，是网易用户较多的移动端产品。

有道词典之所以可以应用到在线教学当中，原因有三。首先，有道词典通过独创的网络释义功能，轻松囊括互联网上的流行词汇与海量例句，并完整收录多部权威词典数据，词库大而全，查词快且准，其查询界面如图6-19所示。其次，有道词典集成多语种专业词典，自由切换语言环境，可快速翻译所需内容，支持英、日、韩、法、西、俄等九种语言与汉语互译。最后，有道词典还提供图解词典和百科功能，一站式知识查询平台，帮助学习者理解记忆新单词，而单词本功能更是让学习者可以随时随地导入词库背单词。

图6-18　有道词典手机版首页

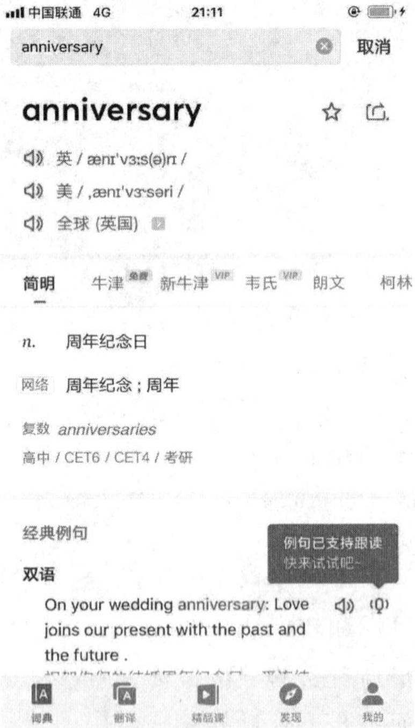


图6-19　有道词典手机版查询界面

有道词典的百科功能融入了维基百科和百度百科，涵盖各学科各领域信息，是一站式的网络参考与知识查询平台，如图 6-20 所示。查询单词的同时，提供丰富的百科知识满足学习者对信息的需求。有道词典不仅为学习者提供了丰富的资讯内容，使学习者可针对词汇进行查询，学习者还可以通过有道词典对任意段落或长句进行检索、翻译，如图 6-21 所示。

图 6-20 有道词典手机版百科功能

图 6-21 有道词典手机版翻译功能界面

在有道词典平台中，学习者可以随时添加单词，并使单词本与服务器保持实时同步，随时随地背单词，如图 6-22 所示。同时，有道词典支持导入导出、编辑分类等多项功能，大大提高英语学习效率。在有道词典的单词本中，同时具有美音、英音两种发音功能，满足不同学习者的发音习惯。

有道精品课是有道词典的一项在线教育服务，通过线上教学，以直播授课为主、录播形式为辅的方式进行，主打精品课程，帮助学习者解决英语学习的困扰。此外，有道精品课还提供单词下午茶、老外看东西等原创栏目，学习者点击“立即报名”即可开始学习此门在线课程，如图 6-23 所示。

有道词典因为基于强大的搜索引擎后台，借助有道搜索的实时网页抓取数据和海量信息存储技术，获得数十亿的海量网页数据，并伴随有道搜索引擎的网页抓取进程不断扩充最新的网页数据，从而形成了一套没有上限、自动扩充、实时更新的词典数据库。

图 6-22　有道词典手机版网络单词本

图 6-23　有道词典手机版精品课

**（二）数字书籍的阅读——网易云阅读**

阅读应用正改变着人们的阅读方式，网易云阅读是一个为用户个性化聚合互联网信息的一款阅读应用软件，也是阅读网易平台优质内容的核心应用。

根据中文版教学法轮对移动学习工具的界定，网易云阅读属于“识记/理解”类工具。网易云阅读在内容上追求简洁，定位为全媒体的数字阅读应用。它号称是“一个质感十足的全媒体数字阅读平台”，围绕一个核心“读”，用文字与图片并存的方式将“读”的概念丰富到极致。网易云阅读中几乎所有的内容都来自用户，传播方退居为技术手段与平台的支持方，通过话题、圈子以及标签来实现内容聚合，呈现一个完全自主的媒体形态。网易云阅读已经拥有分别针对苹果移动设备和安卓系统移动设备的客户端，并支持跨平台同步阅读。

移动阅读中，学习者可以一键做书摘笔记，通过选定相关段落完成收藏，存于云端，并随时导出至任意平台，满足学习者知识管理的需求。网易云阅读的“订阅”栏目，满足了学习者个性化制定阅读标签的需求；平台用大数据分析技术分析相关用户的阅读偏好，尽可能地为读者推送“可能感兴趣”的内容。使用网易云阅读包括以下方面。

（1）登录网易云阅读

在输入框中输入用户名和密码即可登录网易云阅读，如图 6-24 所示。

（2）“书城”栏目

网易云阅读的界面分布很清晰，最下方菜单左边数第二个为“书城”栏目，用于系统推荐，如图 6-25 所示。该界面的书籍是由系统通过智能分析之后为用户推送的可能感兴趣的内容。

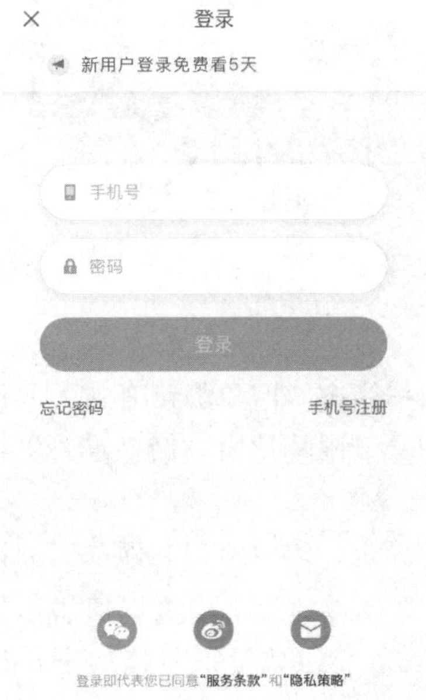


图 6-24　网易云阅读登录界面

图 6-25　网易云阅读“书城”栏目

（3）“书架”栏目

“书架”栏目专门整理和放置用户的书籍，用户可将“书城”中的书目添加至书架中，如图 6-26 所示。

（4）“分类”栏目

根据用户阅读习惯，“分类”栏目首页自动呈现最近阅读的书籍或者资讯，点击栏目中其中一个子标签，可以查看标签下所有的订阅内容，如图 6-27 所示。

图 6-26 网易云阅读“书架”栏目

图 6-27 网易云阅读“分类”栏目

### （三）记录每一个灵感——印象笔记

近几年来印象笔记逐渐进入到办公和生活当中。印象笔记有强大的记录功能，它不仅提供文字的记录，还有剪辑网页、图片搜索、储存重要资料等功能。

根据中文版教学法轮对移动学习工具的界定，印象笔记和网易云阅读一样属于“识记/理解”类工具。在线教学中，教师和学生均可以使用印象笔记来记录和整理重要的学习内容、思想火花等。印象笔记具体的操作很简单，一个笔记的创建和编辑步骤如下。

（1）登录及注册

登录印象笔记的官网或者下载印象笔记安装包，需要完成注册。注册一般需要用到邮箱验证，注册成功后，就可以输入账号和密码登录印象笔记，如图 6-28 所示。

（2）创建笔记

登录之后，会出现如图 6-29 所示的对话框，点击右下角的“+”就可创建新的笔记，新建笔记界面如图 6-30 所示。在新建笔记对话框中可以选择对象，添加到新的笔记，对象包括视频、照片、附件、文字等，如图 6-31 所示。

图 6-28 印象笔记登录界面

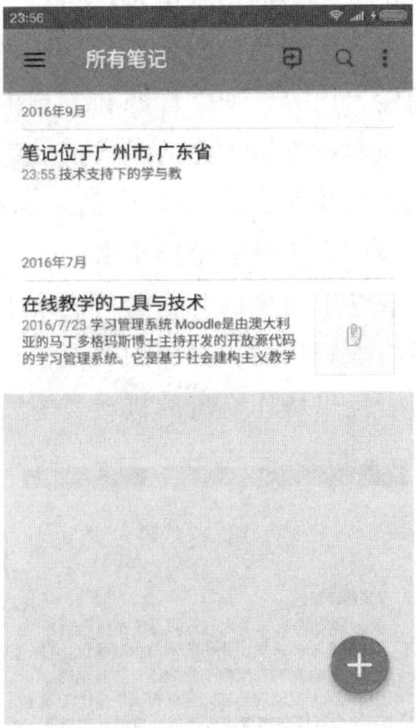


图 6-29 印象笔记首页

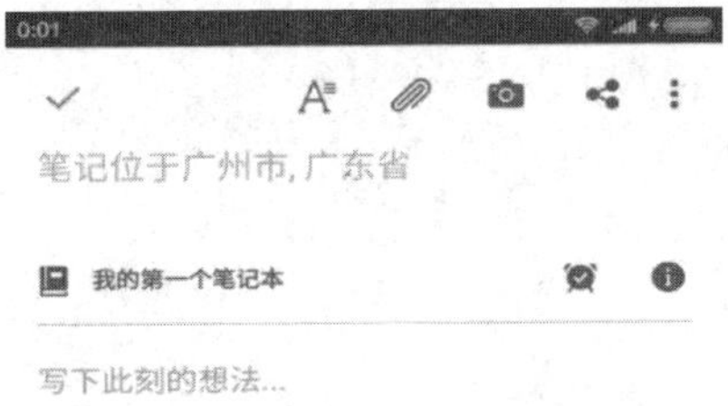


图 6-30 印象笔记新建笔记界面

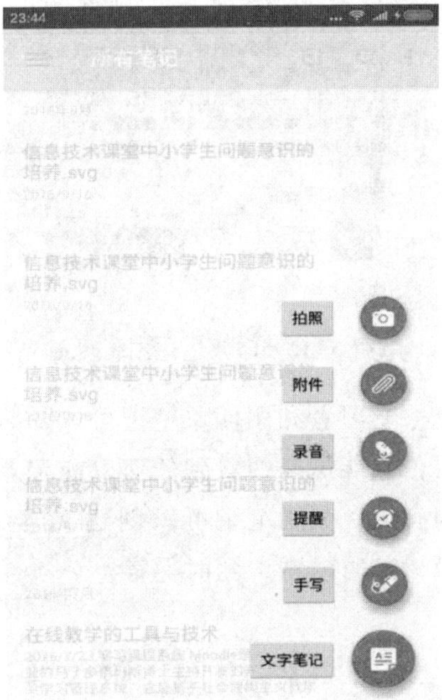


图 6-31 印象笔记笔记添加对象界面

（3）笔记的内容编辑

进入笔记的编辑界面后，首先需要为新笔记添加一个标题，然后在编辑框中输入内容，通常标题和笔记内容相关，方便记忆和查找，如图 6-32 所示。当然在编辑内容的时候可以为文字设置字体和颜色等属性。学习者可以边观看在线课程边记录笔记，最后对笔记进行组织和整理。学习者的这份笔记将会成为一份完整而丰富的复习材料，供学习者随时查阅；而教师则可以将在教学中遇到的问题随时记录下来，用于调整教学。除此之外，印象笔记还带有群聊功能，界面如图 6-33 所示。群聊工具可支持群组协作学习，为学习者提供协作交流的机会。

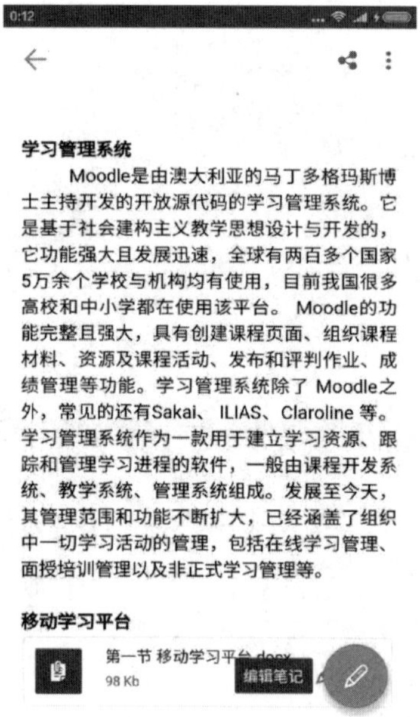


图 6-32　印象笔记编辑界面

图 6-33　印象笔记工作群聊界面

学习者利用印象笔记可以随时随地在移动设备上记录所思所想，所见所得，并能迅速搜索到任何以前记录下来的内容。印象笔记让在线学习变得更加有趣，利用笔记可以创建文本和手写笔记，剪辑网页上的文章，随时记录，随时搜索，随时保存。

## 第三节　移动学习资源

移动学习的开展，除了工具类应用外，还需要丰富的学习资源，学习者除了通过浏览网页、微信公众号和微博等方式获取学习资源外，还可以利用一些提供资源的移动应用进行移动学习。目前许多应用中都有海量的学习资源，学习者利用移动学习应用不仅可以浏览资源，还可以轻松方便地将资源导出到其他设备。只要有移动设备在手，学习就可以在任何时间任何地点发生。移动学习资源种类繁多，按照资源应用的群体分类，可分为支持大众化学习的应用、学科学习扩展的应用、同步学习的应用等。下面各以一个资源类移动应用为例来感受移动学习资源类应用的魅力。

## 一、支持大众化学习的应用——学习中国

2015 年 4 月 2 日，在国家互联网信息办公室的支持下，由中共中央党校中国干部学习网研发的学习中国应用上线，该软件的主要内容是习近平系列讲话和相关著作。学习中国这款应用类似一个知识综合体，将习主席的重要讲话等内容形成数据库，并提供有关的工具供学习者使用，学习中国的启动界面。

学习应用启动之后，从首页中可以看到学习中国这款应用以习近平的重要讲话等内容组成的数据库为支撑，包含新闻、领袖足迹、微课程、知识地图、习主席词条、专家解读等 18 个模块，系统地呈现了习近平系列重要讲话等学习资源，如图 6-34 所示。

图 6-34　学习中国首页

学习者需要在注册界面中输入基本的账号信息进行注册。成功后，在登录界面中输入用户名和密码即可登录，注册页面如图 6-35 所示。

此应用的一大亮点是领袖足迹模块。在地图中，用户可以按时间、地点和关键字查询习近平在当时当地的讲话；还可以利用手机的自动定位功能，自动弹出习主席在某个地点的讲话，如图 6-36 所示。而在活动中心可以参加“我最喜爱习主席的一句话”“我最想对习主席说的一句话”等活动。在“我最喜爱习主席的一句话”活动中可以对自

己喜爱的一句话点赞，或者评论等，而在“我最想对习主席说的一句话”活动中则可以通过发送语音或者文字的方式提交自己最想对习近平说的一句话。

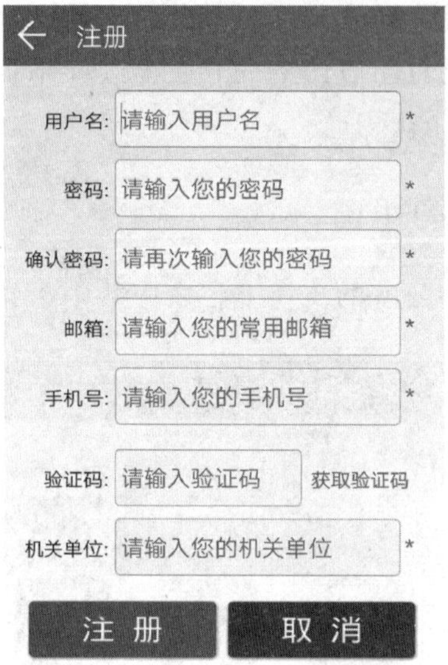


图 6-35　学习中国注册页面

图 6-36　学习中国领袖足迹

学习中国为普通大众提供了学习党的基本理论知识的机会，让理论知识的学习真正走到群众中来。正如中共中央党校中国干部学习网常务副总编陈建才所说的，学习中国这款应用最终目的是希望让理论学习走出象牙塔中，掀起大众学习热潮。理论学习只有和大众完全对接，整个民族才能提高理论自信。

## 二、学科学习扩展的应用——Chem3D

化学学习中，学习者随时可以通过移动设备使用一款绘制化学分子结构模型的软件——Chem3D。这款软件专为移动用户设计和开发，是由珀金埃尔默（PerkinElmer）公司于 2013 年 6 月 4 日发布的全新化学绘图及查看工具。Chem3D 的用户界面简洁流畅，可利用诸如点击、捏拉和滑动等常用手势来处理图形。学习者能够以前所未有的方式查看和处理化学与生物结构 3D 图形。

在启动 Chem3D 之后，界面首先出现了一小片段 DNA 分子模型，如图 6-37 所示。这款应用使用方便、简单，用户可以用球棍模型、线状模型、卡通模型、比例模型和摇摆模型五种模型方式来呈现分子结构。

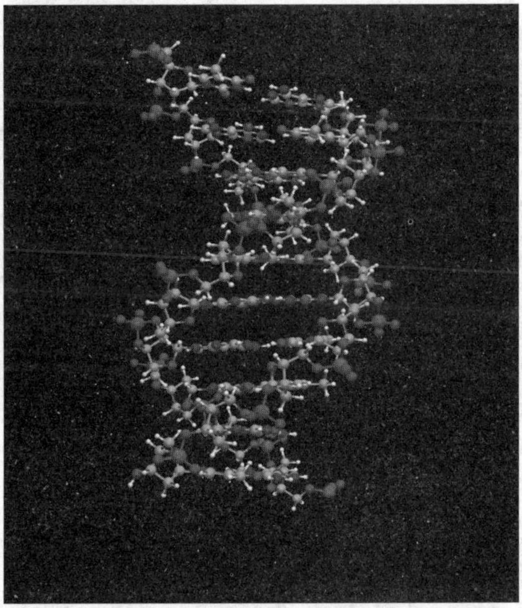

图 6-37　Chem3D 启动界面

学习者在应用软件自带的样本中进行选择之后，应用软件以显眼的颜色显示样本的分子模型，使得分子模型看上去十分绚丽，如图 6-38 所示。

如果学习者想了解具体的分子结构，如某种蛋白质分子结构，可以在搜索框中输入该分子的名称，然后软件会将这种蛋白质分子的 3D 结构图下载并加以呈现，如图 6-39 所示的是该蛋白质分子的卡通模型。

这种蛋白质位于细胞膜上，如果将蛋白质分子翻转过来看它的末端，就能看到通道端口，通过它离子才得以进出通道。将显示模型修改为球棍模型，可以清晰地看到在蛋白质端口中间有三颗钾离子，它们是在卡通模型下无法看到的，如图 6-40 所示。打开化学分析窗口之后，可以查看到该蛋白质分子的分子量、精确质量数及元素组成。

在学习的过程中，学习者通过手指可以控制分子旋转，只需要在屏幕上滑动手指即可让分子围绕 Y 轴、X 轴旋转，而在屏幕边缘滑动手指就可以让模型围绕 Z 轴旋转。同时，在屏幕上将食指和拇指打开或者合拢就可以放大或缩小图形进行更细致的观察。还可以对背景颜色进行更改，这简直太有

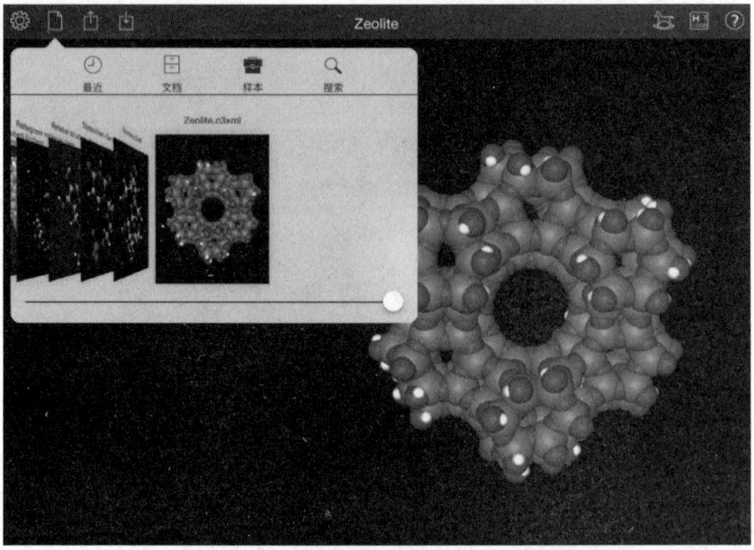


图 6-38　软件自带的样本的分子模型

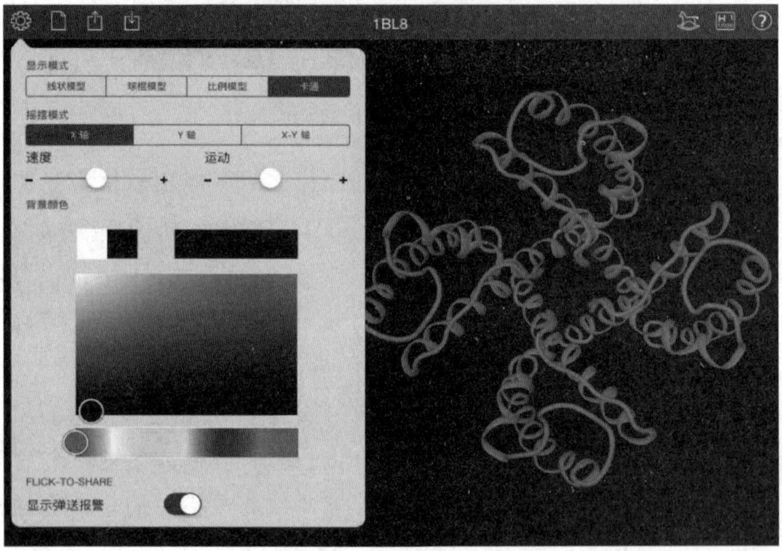


图 6-39　蛋白分子的卡通模型

趣了！

事实上，Chem3D 的功能远不止这些，软件利用创新的共享技术（Flick-to-Share™）能将化学绘图发送到网络内部的其他用户，用户通过点击导出菜单中的“Flick-to-Share™”图标即可导出收到的文件；软件还支持其他多

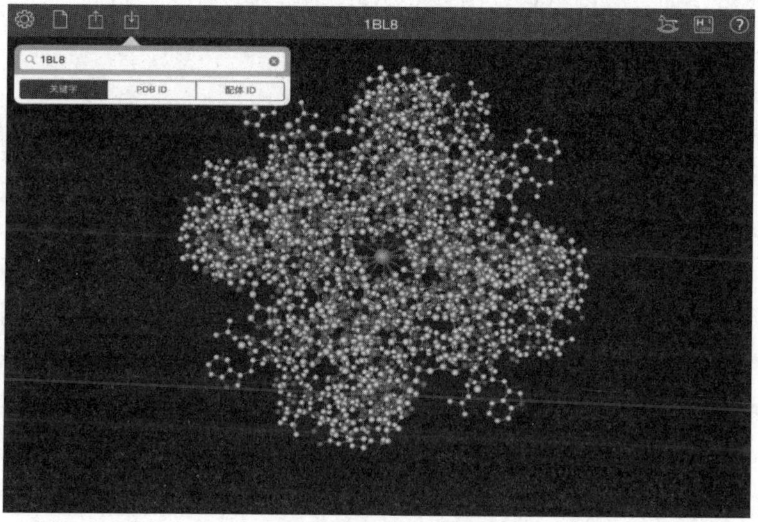


图 6-40　蛋白质分子的球棍模型

种方式的导出资源，可以通过 Chem3D 文件管理器，将小分子以 .C3XML 格式通过多宝箱（DropBox）或者电子邮件导入并进行查看；还可以点击“保存至‘相机胶卷’”，以图片的形式导出并发送给任何人；此外，还可以激活“导出 STL”功能，将图片发送到 3D 打印机，制作 3D 模型，如图 6-41

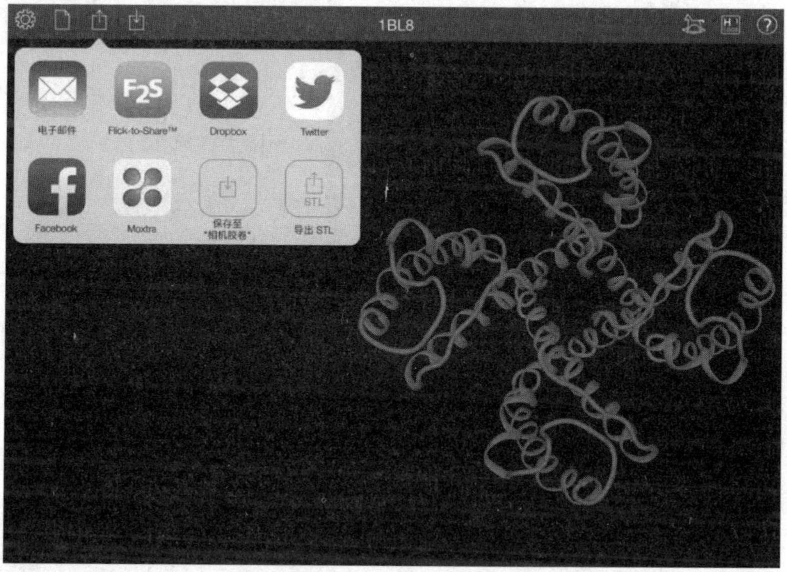


图 6-41　导出分子图形

所示。显然，如果教师将这张图片导出并利用 3D 打印机打印出来，那么全班学生对这种蛋白质分子结构的理解将更直观、更深刻。

## 三、同步学习的应用——小学同步课堂

小学同步课堂是国内一款专门为小学生开发的、与课堂学习内容同步的移动学习应用。应用中内置 1~6 年级语文、数学、英语等学科的同步知识，学生登录应用之后就可以进行课前预习、课后复习巩固以及课外延伸学习。而在“工具”中，可以使用各个教材版本的英语点读机学习英语、作文和奥数等内容。在这一应用中，学生可以参加各种学习比赛，比如答题比赛、口算比赛和写作比赛等；还可以学习寓言故事、生活百科、自然科学等丰富的内容，开阔视野，增长知识。

启动应用之后，先注册并登录应用，然后便可开始浏览并应用资源，登录界面如图 6-42 所示。

(1) 选择教材和课程

进入应用之后，弹出了选择课程版本的对话框，在这里可以根据教材版本选择课程版本，如图 6-43 所示。

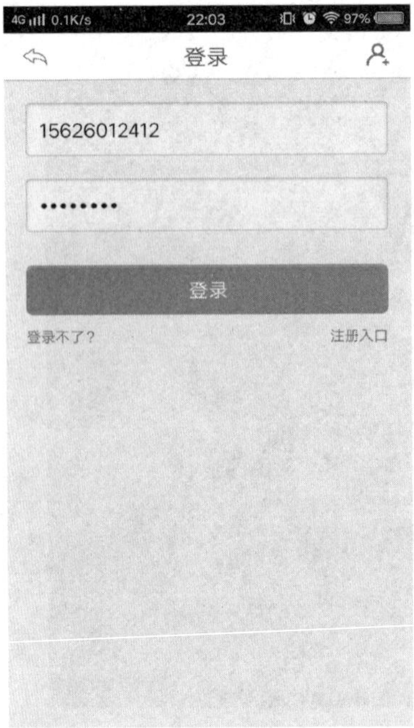


图 6-42 “小学同步学习”登录界面

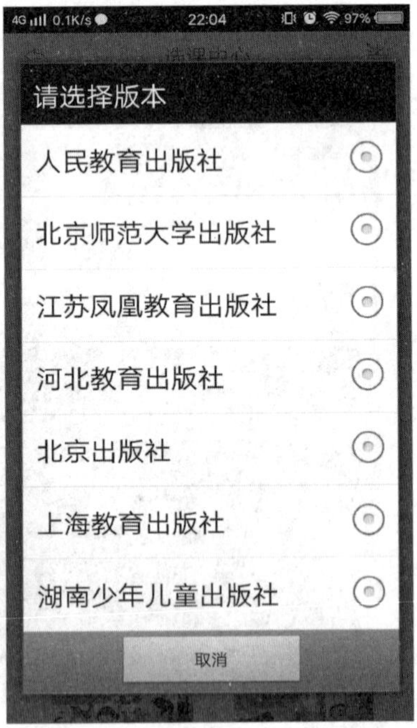


图 6-43 选择教材版本

选择所需版本之后可以看到底部菜单左边的“课程”模块，里面有海量的课程讲座视频资源，可以在线观看，以实现与教材内容同步的学习，如图 6-44 所示。

（2）选择工具及资料

底部菜单中间的“工具”模块则包括：汉语拼音、汉语辞典、听写助手、作文大全、英文字母、数学公式等多种资源，如图 6-45 所示。其中，“儿歌诗词”资源有定时停止播放功能，可以点击右下角标识进行个性化调节，如图 6-46 所示。而如果在计算的过程中遗忘了某个公式，可以选择“数学公式”资源。该资源收纳了小学阶段所涉及的所有公式，如图 6-47 所示。

图 6-44 课程讲座列表

图 6-45 工具资料

此外，学生可获得教师推送的与教学进度同步的学习辅导资源及同步习题，进行课前预习和课后复习。家长也可获得与教学进度同步的辅导短信，提醒家长根据教学进度和推送的资源跟进孩子的学习进度。

使用小学生同步课堂，学生可以通过移动学习的方式使用优质的教育资源，在任何地点、任何时间完成学习，不再单纯依赖授课教师和课堂上的有限实践来学习。而教师更多的责任则是理解学生的问题和引导学生运用知识，课堂变成了师生之间和生生之间互动的场所，从而达到了更好的教学效果。

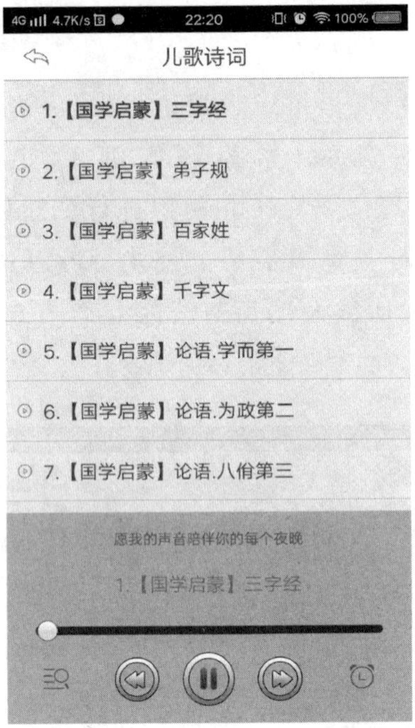


图 6-46 儿歌诗词

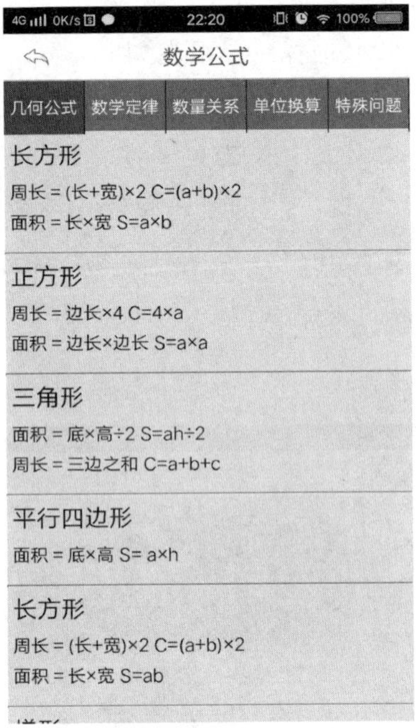


图 6-47 数学公式

综合来说，移动学习应用的出现打破了时间和空间的限制，学习者能够更加自由、充实地学习，而在带给学习者一种全新体验的同时，也正给人们的学习方式带来变革。

# 第七章

# 移动与在线学习活动的开展

随着互联网时代的理念和技术在教育领域中广泛且深入的应用，在线学习社区已经成为有共同学习意愿的学习者聚集在一起建构知识、交流情感的有效学习环境。在基于互联网的开放环境中，学习者可以改变传统的学习方式，强化学习中的知识建构，实现由“以活动为中心”（Activity-centered）向“以思想为中心”（Idea-centered）的根本转移，由脱离情境的“单一性学习”，向集体知识的“协作建构”和“交互性学习”转移。学习者在这样的学习环境中交流信息、探讨问题、产生新观念、拓展新思路、交流学习心得，不仅学到了知识，而且提高了学习能力，也促进了团队合作，提升了集体智慧。目前，在线学习越来越受到教学参与者的认同，教师与学生都开始关注、聚焦和实施这种学习活动。建立基于课程的在线学习社区、基于共同实践领域的在线学习社区、基于某一学科的在线学习社区等，都是移动和在线学习开展的常用方式。

## 第一节　在线学习社区

### 一、在线学习社区的概念

在线学习社区（Online Learning Community）又称虚拟学习社区（Virtual Learning Community）、网络学习社区、教育虚拟社区等，它是依托互联网或移动互联网创建的一种学习环境。在线学习社区的定义最早源自英国学者霍华德·莱茵戈德提出的对虚拟社区的定义：“当大量的人怀着饱满的情感持续长久地进行公开或半公开交流，以期望通过在线社交网络形成个人的关系网时，在网络中出现的社会集合体。”①

① Rheingold, H. *The Virtual Community: Homesteading on the Electronic Frontier* [M]. Addison-Wesley. 1993: 20-37.

科奇和施威尔认为，虚拟学习社区是基于共同理念而不是地理位置所形成的学习社区。[①] 实际上，在线学习社区是通过技术，把处于不同地理位置的学习者聚集在一起所创建形成的一种正式或非正式群体。罗素则将在线学习社区定义为："一个采用某些技术手段来协调其成员和集体在学习方面需要的组织。"[②] 希尔茨和韦尔曼认为："在线学习社区是教师和学生完成教学目标的社会情境，同时，又是社区成员寻找情感支持、归属感和友谊的社区。"[③] 在线学习社区是在线社区在教育领域的一大应用，学习者利用电脑、各种智能移动终端等接入到互联网后，通过社交软件、学习管理平台、学习空间等参与到以小组、网络群组和各种簇群的学习活动中，具体的活动形式很多样。

王陆认为，虚拟学习社区是以建构主义学习理论为理论基础，基于计算机信息处理技术、计算机网络资源共享技术和多媒体信息展示技术的新型远程教育网络教学支撑平台。[④] 祝智庭等人将在线学习社区定义为"建立在网络和通信技术之上，借助网络和通信工具，由各种不同类型和个体组成，通过教学、研究等活动建立一个虚拟的社会形态，以交互学习、协作学习和自主学习为主，使学习者获取知识、增进理解和提高技能，形成以此为目的的一个交互的自治区域"。[⑤]

在线学习社区中的学习是在学习者之间、学习者与教师之间互动的基础上开展的学习；是一种可以凝聚团队，基于公共目标建立公共知识并进行分享的过程。依托在线教学平台进行学习时可形成基于在线课程的学习社区。这一社区中的成员之间可以形成以相似经验为核心的关系集合。在线学习社区成员通过个人认知和社会性认知来获取知识；他们就共同主题产生疑问，提出问题，思考问题；学习者之间分享经验和观点，形成社区共同的观点；学习者之间通过学习过程形成人际关系与学习环境，构成了社交环境下的关系集合，因此，在线学习社区具有很强

---

① Kowch, E., Schwier, R. Characteristics of Technology-Based Virtual Learning Communities [EB/OL]. [2015-11-10]. http://www.doc88.com/p-1002962307935.html.

② Russell, M. Online Learning Communities: Implications for Adult Learning [J]. *Adult Learning Technology*. 1999 (2): 28-31.

③ Hiltz, S. R., Wellman, B. Asynchronous Learning Networks as a Virtual Classroom [J]. *Communications of the ACM*. 1997, 40 (9): 44-49.

④ 王陆. 虚拟学习社区的社会网络分析 [J]. 中国电化教育, 2009 (2): 5-11.

⑤ 祝智庭, 钟志贤主编. 现代教育技术——促进多元智能发展 [M]. 华东师范大学出版社, 2003: 284.

的社交功能。

## 二、在线学习社区的特点

在线学习社区具有一定的独特性，它具有较强群体动机性和个体动机性，主要围绕互动处理知识和知识迁移，强调学习者、社区维护者、相关教师的集体交换思想和学习过程，以及最终获得的学习结果。涂志雄（音译）和科里认为，教学、社会互动和技术三个主要维度组成了在线学习社区主体，即三角形模型。① 卡拉瓦哈尔、拉普安特和古纳瓦德纳描述了在线学习社区的三个维度：技术、学习任务和社会互动。② 施威尔等将信任、发展轨迹、技术、社交礼仪、反思、参与强度和学习作为在线学习社区的要素。③ 在线学习社区有较强的社会性，社区中的成员存在社会互动和社区意识。社会性主要体现为一定数量的人群、共同的网上活动区域、社会互动、社区文化与历史、社区的归属感和认同感等。综上所述，在线学习社区同时具备学习性和社交性。

（1）学习性

学习者通过这个社区平台获取知识、分享知识、存储知识、交流心得、探讨问题、达成共识，学习者展示个人能力和知识储备，通过团队合作，共同形成集体智慧。在线学习社区从实践角度出发，依据情境学习理论，开展基于问题的协作学习、混合学习和行动学习等学习活动。

（2）社交性

在线学习社区存在明显的在线社交网络特征，而且它的学习模式是基于情境学习理论和关联主义理论展开的，这就要求社区成员在学习的时候建立社交关系，通过这些联结关系形成知识联结、技术联结、关系联结的三个网络联结关系。因此，学习者在在线学习社区中建立社交关系，进行互动、交流沟通，分享知识和确立情感关系，有利于他们形成较好的学习氛围并提升学习绩效。

---

① Tu, C., Corry, M. E-Learning Communities [J]. *Quarterly Review of Distance Education*, 2002, 3 (2): 207-218.

② Carabajal, K., Lapointe, D., Gunawardena, C. N. Group Development in Online Learning Communities [A] //Moore, M., Anderson, W. G. (Eds), Handbook of Distance. 2003.

③ Schwier, A. R. Catalysts, Emphases and Elements of Virtual Learning Communities: Implications for Research and Practice [J]. *The Quarterly Review of Distance Education*. 2001, 2 (1): 5-18.

## 三、知识建构对在线学习的启示①

斯卡德玛利亚和贝赖特提出了知识建构的十二条原则，具体内容及其对在线学习中知识建构的启示如下。

### （一）关于观点

原则 1：真实的观点、现实的问题

学生以他们在现实世界中感兴趣的真实问题为建构知识的出发点，通过不断提出自己真实的观点、理解他人观点、批判已有观点、抛弃错误观点和综合建立新的观点，建构和发展社区公共知识。观点在此被当作艺术品，经过反复打磨，不断改进完善。

对在线学习的知识建构而言，观点的形成也应从真实问题开始，需要通过交互和对话不断提出观点，理解他人观点，再思考自己的观点，不断修正和发展观点。

原则 2：多样化的观点

就如生物多样性对生态系统非常重要一样，观点多样化对知识建构必不可少。不同学习者有不同的学科背景、生活经历及实践经验，因此观点可能各不相同，在在线状态下他们更能各抒己见。

原则 3：持续改进的观点

在知识建构中，学生认识问题时产生的误解不再被禁止提及，而是可以在社区中分享和讨论，从而使学习者获得提高。开放的气氛使学习者能大胆地提出自己的真实想法，自由地表达不成熟的观点，提出或接受批评。在知识建构中，无论学习者的想法如何，都被视为是可以改进的，学习者需要持续提高观点的质量、条理性和效用。

在在线学习中，学习者享有比课堂教学更开放的交互对话环境，学习者心理安全感更强，因此更可能大胆地说出真实的观点和想法，且不同观点的呈现可以同步实现和实时迸发，这对观点的改进有益。

原则 4：观点的概括和升华

创造性的知识建构需要发展出统筹性的观点和原则，这要求学生学会从多样、复杂和杂乱的观点中概括出更高层次的观点。通过对观点的概括和升华，知识建构者能超越琐碎、简单观点的探讨，使知识建构达到更高的

① Scardamalia, M., Bereiter, C. *Knowledge Building* [M]. Encyclopedia of Education. 2003: 1370-1373.

层次。

在在线学习中，教师一直活跃在教学过程中，在观点概括和升华阶段仍可发挥引领作用。

以上关于观点的四条原则彼此关联、相互补充。进行在线学习的学习者的每一个观点，不论正确与否都可公开在学习平台发表，且被看作有价值。同时，这些观点会被记录下来，由师生一起讨论，并通过学生提供的信息、经验和实践等不断验证和提高。在师生共同努力下，学生能建立观点间的联系，综合得出更全面的解释。

**（二）关于社区**

原则 5：学生是积极的认知者

与传统课堂依赖教师建立活动框架不同，知识建构中学生需要自己为问题设定目标、制订长期计划、处理动机并进行评估。积极的学生在提出想法的同时，也会学会与他人磋商观点，化解观点间可能存在的冲突，建立观点间的联系，持续发展自己的观点。

在线学习中，平台和资源可帮助学生表述观点并建立不同观点间的联系，让学生不同的思维方式得以形成，并促进观点发展。

原则 6：社区知识与协同认知责任

与以学习者个人提高为目的的教学思想不同，知识建构以社区知识的发展为目标，因此学生对社区知识建构目标的贡献同样可以获得表扬与奖励。小组成员需要共同分担推进社区知识的任务，提出对他人有价值的观点。

在线学习为每个学习者提供开放的协作空间，学习者间的关系通过阅读、评述、质疑、引用观点等建立起来，这些行为是协同认知责任的体现。

原则 7：“民主化”的知识

所有社区成员都是社区知识目标的合法贡献者，所有人都以推进社区知识为荣。成员或组织间观点的多样性和差异性不会导致知识和创新鸿沟的出现，相反，所有成员都享有知识创新的权力。教师应保证每个学习者的观点都得到理解和重视，从而让每个学习者都参与知识建构，这是民主化知识的重要前提。

学习平台设定的各种功能对所有学习成员开放。学生可以自由获取社区知识，还可利用参与和贡献的分析和评价工具，让师生了解每个人参与的情况并及时反馈，鼓励学生参与知识创新，使民主化知识的形成和发展成为可能。

原则 8：对等的知识发展

知识杂乱地分布在社区内部及社区之间。传统的教学方式把学习者看作知识贫乏的一方，认为教学任务就是把知识从知识丰富的教师一方传递给学习者。最理想的知识建构应是两方通过共同参与并且都能获得知识。

在线学习让师生共同形成观点和知识，使知识对等发展成为可能。

原则 9：无处不在的知识建构

知识建构不限定于特定场合或科目，而应遍及学校内外所有生活范围。因此，知识建构应与学生的生活世界息息相关，而非纯粹的科学世界。知识建构作为社区活动的核心，不仅仅是附庸。

在线学习让学习者有更多机会发展关于经验、经历和实践活动的观点，让学习与生活世界的联系成为可能，联系也更频繁。

**（三）关于手段**

原则 10：知识建构的对话

教学对话是知识建构的基本途径。知识建构的对话不仅是为了分享知识，也是为了提炼和完善知识。

在线学习平台支持多种形式的成员或小组之间的交流和分享，包括语音对话、文本聊天和视频对话等。

原则 11：权威资料的建构性使用

虽然知识建构以学生的观点为中心，但不否认权威资料的作用。它认为要认识一个领域需要了解该领域的发展前沿和现状，这就需要权威资料的帮助，但在使用权威资料的过程中需要保持批判的立场，建构性地加以使用。

在在线学习过程中，教师通过链接、贴图、转发内容等可以便捷地引入权威资料，学习者建构性使用权威资料的可能性因此大大增加。

原则 12：嵌入活动的形成性评价

知识建构把评价看作知识发展的一部分，评价被嵌入日常工作，用于发现正在进行知识建构活动的问题。

在线学习活动常伴随形成性评价，且很多评价在学习平台完成，可及时提供评价结果，便于教师和学习者及时了解学习情况。

## 四、在线学习社区中知识建构的开展

在第四章介绍过的旧金山州立大学 HyFlex 课程教学过程中，每门课程的学习者都依托课程建立起了在线学习社区。学习者通过课程学习社区中的交流和分享，通过在线的对话交流开展学习。在在线学习中，他们是否真的能借助学习社区中的活动形成和发展自己的认识和观点，达到学习的目标呢？有研究者选取了旧金山州立大学教育学院教育技术学专业的四门研究生课程进行研究。这四门课是“教学设计”（2011 秋，编号 801F）、“教学设计”（2012 春，编号 801S）、“教育技术学理论基础”（2012 秋，编号 800）和“计算机技术教育整合”（2013 春，编号 815）。编号 815 的课程的学生无论是在线还是现场都会登入教学平台中参与在线的对话和交流，而编号 801S、编号 801F 和编号 800 的课程则是全部在线学习者和部分现场学习者登入在线学习平台。虽然四门课都在相同的教学平台上开展教学，但因每门课程的教师有自己的课程实施方案、教学理念、教学设计和教学活动设计，有一些课程的在线教学活动仅需要在线学生参与，现场的学生则只参与现场的教学活动。在课程教学中，教学过程都被记录下来，分别形成教学视频、聊天文本和白板使用的记录文件。对这些材料的分析明晰了在线学习社区中的活动具有以下特点。

### （一）提出和解答问题的过程，观点逐步形成

由于学习者工作经验和专业背景不同，擅长和熟悉的知识点不同，因此在项目学习、阅读分析、作品评论和专题讨论等各种形式的活动中，对自己需要明确的问题能主动通过提问的方式寻求支持，而同伴也能根据已掌握的方法、原理和经验主动地回答问题、分享信息和评论等。学习者知识结构和实践经验的差异让他们对同一问题的理解和视角不同，因此，对话的启发和互补作用较明显。

例如，在编号 800 的课程教学中，学习者在理解教学中应用建构主义的方法时存在差异，他们围绕建构主义展开了对话，以下是一个片段。

学习者 1：建构主义方法都有哪些？

学习者 2：（建构主义方法主要基于）经验。

学习者 3：基于项目的学习？

学习者 2：对。

学习者 3：或者先制定一个明确的问题，然后要求学生以解决问题的方式建构知识。

学习者 1：但在教学设计中，你们用什么样的方式实现呢？只用视频还是配合图片进行阐述？

学习者 2：也许理论性问题，例如数学，也可以用认知主义的方法解决。

学习者 3：我认为在几何的教学中建构主义方法是非常有效的。

对话中，学习者 1 提出建构主义方法有哪些的疑问，学习者 2 回答认为建构主义方法是基于经验的，学习者 3 追问是否可以说建构主义方法是基于

项目的，学习者 2 表示肯定，学习者 3 又对观点进行补充。学习者 1 接下来提出更具体的问题：在教学设计中，具体使用什么媒体，是以视频还是以配图讲述的方式。学习者 2 表示在实际教学中还应根据具体内容进行设计和实施。学习者 3 补充认为在几何教学中建构主义是非常有效的方法。通过这段对话可以看出学习者 1 对于建构主义方法的理解存在疑问，他通过提问的方式寻求同学们和教师的帮助。相对来说，学习者 2 对这一主题的理解较为清晰，于是学习者 2 给出了回答。另一学习者 3 理解学习者 2 的回答，并以提问的方式加以确认。在这个过程中，实际上学习者 3 的提问不仅解决了他自己的疑问，也帮助学习者 1 更清晰地理解了建构主义的教学方法。

在四门课程中有很多这样的提问，提问方式包括特殊疑问句和一般疑问句，也包括事实性问题和理解性的问题。课程学习社区成员（包括教师和学生）通过提问补充观点，逐步形成新的认识或者更清晰的认识。同时，看到对话的其他学习者也在对话过程中明确或厘清了原有的认识和观念，形成并发展了自己在这些问题上的观念。

对根据对话类型编码后的数据进行统计，可计算出学习者在每次教学中“提问”对话的数量及在所有对话中所占的比例，如表 7-1 所示。

**表 7-1　四门课程中每次教学活动提问类对话的数量及比例**

| 教学活动 / 课程编号 | 1 | 2 | 3 | 4 | 5 | 6 | 7 | 8 | 9 | 10 | 11 | 12 | 13 | 14 | 总计（次） | 占比（%） |
|---|---|---|---|---|---|---|---|---|---|---|---|---|---|---|---|---|
| 800 | 50 | 3 | 1 | 1 | 50 | 9 | 2 | 27 | 58 | 35 | 26 | 27 | 5 | / | 294 | 23.9 |
| 801F | 8 | 15 | 1 | 39 | 10 | 38 | 68 | 1 | 13 | 21 | 9 | 16 | 8 | / | 247 | 23.0 |
| 801S | 1 | 32 | 121 | 8 | 50 | 67 | 61 | 35 | 96 | 91 | 77 | 32 | / | / | 671 | 31.3 |
| 815 | 6 | 27 | 9 | 13 | 3 | 29 | 21 | 33 | 25 | 40 | 66 | 37 | 29 | 36 | 374 | 11.2 |

在实际教学中，学习者在各种不同的情境中提问，以促进彼此的知识发展，例如小组讨论、成员学习成果展示、教师讲授、发起讨论等。在四门课程中，有三门课程中的提问类对话的数量高于 20%，可见这类对话是学习过程中学习者经常采用的方式。其中编号 801S 课程的提问类对话高达 31.3%，这是因为该课程是所有学生必修的基础理论课，同时学习者多是新入学者，因此提问较多。在编号 815 课程中，虽然提问的比例不高，但提问的对话数量高达 374 次。编号 815 课程内容围绕着教学中信息化工具和各种技术应用展开，是选修课，通常由高年级的学生选学，学习者在对话中更多的是分享

信息和资源类对话，同时也有很多知识是部分学习者的知识盲点，因此提问类对话所占比例虽不高，但数量仍然很多。

通过对提问内容的分析，可知教学对话中提问类对话的目的主要有五种：① 寻求帮助以了解事实性信息；② 提出解释性问题，类似“为什么”“如何”“如果……则……”等；③ 提出新的理论问题或实践问题；④ 对新的观点进行确认或者强调；⑤ 贡献个人观点和对某个理论的关注。在编号815 课程的 14 次教学中，事实性问题和解释性问题的分布情况如表 7-2 所示。数据显示学习者问得较多的是解释性问题，更关注获取对自己观点的支持、获知他人的意见或支持性资源等。

**表 7-2 编号 815 课程中事实性问题和解释性问题的数量及比例**

| 编号 815 | 1 | 2 | 3 | 4 | 5 | 6 | 7 | 8 | 9 | 10 | 11 | 12 | 13 | 14 | 总计（次） | 占比（%） |
|---|---|---|---|---|---|---|---|---|---|---|---|---|---|---|---|---|
| 全部问题 | 6 | 27 | 9 | 13 | 3 | 29 | 21 | 33 | 25 | 40 | 66 | 37 | 29 | 36 | 374 | 100 |
| 事实性问题 | 4 | 8 | 3 | 4 | 2 | 7 | 3 | 7 | 6 | 9 | 12 | 8 | 6 | 14 | 93 | 24.9 |
| 解释性问题 | 2 | 19 | 6 | 9 | 1 | 22 | 18 | 26 | 19 | 31 | 54 | 29 | 23 | 22 | 281 | 75.1 |

### （二）主动和及时的对话有助于表达及修订观点

在线学习社区中，学习者表达自己的观点是一个非常重要的环节。在四门课程的学习中学习者“表达观点”的方式具体有以下四种情况：① 围绕对话主题阐述自己的想法；② 陈述相关的学习、工作或实践经验；③ 解析对某些理论、概念或者原则的理解；④ 表达与正在讨论主题相关的进一步思考或假设。学习者在四门课程每次教学活动中“表达观点”的对话数量及比例如表 7-3 所示。

**表 7-3 四门课程中表达观点类对话数量及比例**

| 教学活动 / 课程编号 | 1 | 2 | 3 | 4 | 5 | 6 | 7 | 8 | 9 | 10 | 11 | 12 | 13 | 14 | 总计（次） | 占比（%） |
|---|---|---|---|---|---|---|---|---|---|---|---|---|---|---|---|---|
| 800 | 28 | 4 | 2 | 0 | 28 | 35 | 20 | 17 | 179 | 14 | 2 | 49 | 3 | / | 381 | 31.1 |
| 801F | 1 | 23 | 28 | 11 | 13 | 110 | 63 | 35 | 7 | 38 | 3 | 3 | 1 | / | 336 | 31.3 |
| 801S | 1 | 37 | 60 | 8 | 60 | 169 | 66 | 139 | 128 | 94 | 32 | 48 | / | / | 842 | 34.3 |
| 815 | 1 | 20 | 32 | 27 | 36 | 40 | 11 | 27 | 69 | 21 | 48 | 68 | 115 | 79 | 594 | 17.9 |

由表7-3可知，在编号800、801F和801S三门课程中学习者表达观点类对话在所有对话中所占的比例高于30%。这说明在在线学习中，学习者们积极地表达自己的观点以促进彼此观点的相互理解和协商。编号815课程中表达观点类对话数量较多，但只占其对话总数的17.9%，这是因为该课程偏重于应用和实践，其他类型的对话更多，如学习者有很多分享信息和资源类对话。表达观点其实是一个思维外化的过程，通过表达观点，学习者可以更清晰地建立对某一理论或方法的理解。通过数据可发现，学习者在表达各自的观点时，一方面明确了自己对观点的理解，另一方面得到其他同伴的反馈使原有观点得到改进，对话过程中阐述者和聆听者是共同受益的。以下是编号800课程中两段“表达观点”类对话。

**对话1：**

学习者2：我认为混沌理论是西门子理论最精华的部分。大脑是使意识脱离混沌状态的伟大革新者。西门子认为事物顺序是自有的，我认为是大脑适合于发掘顺序。也许这两者本质是相同的。

学习者1：同意！完全赞同！

……

**对话2：**

学习者3：我认为建构主义方法对学习代数和几何非常有益。

学习者2：主要是在运算顺序方面。

学习者1：数学！哎，我的手指不听使唤了。

学习者3：例如帮助朱迪（Judy）寻找最佳的手机话费套餐等。

学习者1：我的套餐是所有服务中每月消费最高只有27.13美元。

学习者2：回到多项选择或正误判断问题上来，我认为这些几乎用不上建构主义的方法。

学习者3：是的。

学习者1：用不到。这些方式不是行为主义的方法吗？

学习者3：多项选择和正误判断都是简单直接的评价，几乎用不上建构主义。

学习者2：是的，我也这么认为，但是也许在某些方面他们会考察认知主义学习。

学习者3：我也认为他们更偏向于认知主义而非行为主义，但萦绕在我脑海里的仍然是如何有效建构基础教育的数学在线课程。

学习者1：你需要使用哪种软件来设计具备足够交互的知识建构呢？

在第一段对话中学习者 2 表达了自己关于西门子混沌理论的观点，学习者 1 表达了赞同但没有进一步的阐述。第二段对话是三个学习者关于建构主义教学适用性的讨论。不同于上一段对话仅有一方表达观点，另一方只给予赞成的简单反馈，在第二段对话中，三位学习者均积极地发表自己的看法，以举证的方式表达赞成和理解的理由。例如，学习者 3 发表观点认为建构主义可以很好地用于代数和几何的教学中，学习者 2 补充说特别是在运算顺序的教学中可以使用建构主义教学法，他不仅发表自己的观点，也使得学习者 3 的观点得到例证。后来，学习者 2 又将讨论引回到之前关于多项选择和正误判断属不属于建构主义上，并发表他的看法，引出更深入的讨论。大家各抒己见。这段对话显示了学习社区中学习者通过发表观点，使彼此对某一理论或原则的理解更清晰，也使之前社区中不确定的知识得到修正或改进。在线学习中学习者通过对话提出问题、回应问题并表达认识来改进观点，经历了观点提出、明晰、深入和形成的过程，实现了知识的创新。

### （三）学习者主动地承担公共知识发展的集体责任

在线学习社区的目标之一就是促进公共知识的发展，即学习者以共同体的形式发展知识，这要求学习者在学习社区中能够自觉承担集体责任，对公共知识的创建和改进做出贡献。学习者应能积极主动地为促进知识发展承担集体责任。学习者个体之间应相互依存并对公共知识发展做出贡献，避免在在线学习中仅做旁观者、获取者而不做贡献者。

对学习者在学习社区中的交互情况进行社会网络分析，通过网络密度这个参数来分析社区所有成员交互的活跃程度。网络密度值越高意味着社区活动中学习者越广泛、越活跃地进行了信息、资源、观点和想法的交流，具体情况如表 7-4 所示。

**表 7-4 四门课程每次教学活动中交互的网络密度**

| 课程编号＼教学活动 | 1 | 2 | 3 | 4 | 5 | 6 | 7 | 8 | 9 | 10 | 11 | 12 | 13 | 14 | 平均值 |
|---|---|---|---|---|---|---|---|---|---|---|---|---|---|---|---|
| 800 | 0.33 | 0.25 | 0.20 | 0.42 | 0.42 | 0.46 | 0.71 | 0.48 | 0.30 | 0.40 | 0.73 | 0.13 | 0.70 | / | 0.42 |
| 801F | 0.66 | 0.52 | 0.37 | 0.52 | 0.42 | 0.36 | 0.55 | 0.18 | 0.56 | 0.34 | 0.47 | 0.21 | / | / | 0.43 |
| 801S | 0.07 | 0.74 | 0.77 | 0.73 | 0.51 | 0.83 | 0.70 | 1 | 0.50 | 0.50 | 0.54 | 0.74 | 0.70 | / | 0.64 |
| 815 | 0.96 | 0.86 | 0.95 | 0.69 | 0.85 | 0.83 | 0.83 | 0.92 | 0.66 | 0.88 | 0.90 | 1 | 0.91 | 0.85 | 0.86 |

网络密度的理想值为 1，即网络中所有成员之间都有两两交互，但实际上网络密度值为 0.5 的网络已经是高密度网络了。这里四门课程的网络密度平均值均大于 0.4，且编号 801S 和编号 815 课程的网络密度平均值高达 0.64 和 0.86。编号 801S 的第 8 次课和编号 815 的第 12 次课的网络密度值为 1，网络交互密度达到了饱和状态。以上数据说明在编号 815 课程中，学习者积极参与对话交互，几乎所有学习者都交互活跃、联系紧密，基本不存在旁观者或潜水者。

在在线学习社区中常常出现发挥核心作用的“意见领袖”。一方面，他们积极主持互动，对群体的贡献大，处于网络的中心地位，受到其他成员的敬重和信任。另一方面，他们也抢占了较多的交互和对话机会，使得其他成员不能充分参与对话和交互。在线学习社区中也有一部分学习者缺乏与其他学习者及教师的沟通，很少在社区中发表意见和观点，处于在线学习的边缘，对群体的贡献较小。在社会网络分析中可以用中心度（点出度、点入度）来分析学习者个体的交互活跃度，即他们对学习社区的贡献（取整数），如表 7-5 所示。

**表 7-5　编号 815 课程中有代表性成员的点出度和点入度**

| 课程参与者 / 教学活动 | 教师 | 学习者 4 | 学习者 6 | 学习者 8 | 学习者 7 | 学习者 9 | 学习者 2 |
|---|---|---|---|---|---|---|---|
| 1（出，入） | 25，18 | 19，21 | 7，12 | 4，10 | 21，15 | / | / |
| 2（出，入） | 41，48 | 45，42 | 40，44 | 83，45 | 6，12 | / | / |
| 3（出，入） | 42，32 | 12，20 | 13，28 | 22，16 | 21，13 | 8，9 | / |
| 4（出，入） | 64，30 | 17，21 | 20，28 | 10，19 | 19，9 | 9，21 | 9，20 |
| 5（出，入） | 87，24 | 24，29 | 2，28 | 28，23 | 19，23 | 3，26 | 10，27 |
| 6（出，入） | 83，73 | 59，45 | 27，43 | 86，37 | 20，39 | 0，41 | 44，41 |
| 7（出，入） | 56，61 | 46，34 | 46，36 | 25，29 | 25，40 | 0，12 | 50，36 |
| 8（出，入） | 73，57 | 69，50 | 34，40 | / | 46，45 | 0，29 | 49，50 |
| 9（出，入） | 87，61 | 45，33 | 30，39 | 59，31 | 15，42 | 5，33 | 49，51 |
| 10（出，入） | 74，71 | 67，37 | 27，25 | 0，18 | 9，20 | 5，22 | 49，38 |
| 11（出，入） | 65，61 | 91，50 | 25，38 | 37，41 | 73，57 | 2，33 | 45，58 |
| 12（出，入） | 36，37 | 34，29 | 45，82 | 66，40 | 25，33 | 7，17 | 47，22 |

续表

| 课程参与者 / 教学活动 | 教师 | 学习者 4 | 学习者 6 | 学习者 8 | 学习者 7 | 学习者 9 | 学习者 2 |
|---|---|---|---|---|---|---|---|
| 13（出，入） | 55，61 | 56，43 | 23，38 | 22，38 | 63，34 | 12，36 | 62，43 |
| 14（出，入） | 92，46 | 131，43 | 10，39 | 8，31 | 12，33 | 2，33 | 44，52 |
| 15（出，入） | 22，20 | 27，18 | 11，14 | 12，14 | 12，21 | 0，11 | 32，18 |

在编号 815 课程中，学习者 9 是一名新生，编号 815 课程是他参加研究生项目选修的第一门课，因此他处于被动交互的状态，点出度偏低。如果在每次教学活动中一个学习者有很高的点出度，说明他能主动发起对话，对社区的知识发展做出了积极的贡献。同时，在表 7-5 中几乎所有成员的点入度都比较高，包括新手学习者 9，这说明每个社区成员都得到其他人的关注和反馈，都从社区中获得信息和知识。他们发表的观点能得到多方及时的反馈，他们提出的问题也得到来自多位同伴和老师的回答。

在此社区中，点出度和点入度处于相对平衡的状态，意味着学习者对共同体的知识发展主动地承担了集体责任、做出了积极的贡献，同时也从社区中获益，建构了自己的新知识，形成了一种相互依存的关系。数据呈现教师的点出度远远小于所有学生的点出度总和，说明教师并不是社区唯一的意见领袖和核心人物，社区的发展依赖于所有成员的主动贡献。

在在线学习过程中，学习者主要通过评论反馈类对话来共同建构知识，这类对话的目的如下：① 做出概念性的评论发展其他学习者的观点；② 表达更多的不同意见和观点；③ 基于现有的对话改进观念；④ 对需要进一步讨论的主题提出建议。评论反馈类对话的数量及占所有类型对话的比例如表 7-6 所示。

**表 7-6　四门课程中评论反馈类对话的数量及比例**

| 教学活动 / 课程编号 | 1 | 2 | 3 | 4 | 5 | 6 | 7 | 8 | 9 | 10 | 11 | 12 | 13 | 14 | 总计（次） | 占比（%） |
|---|---|---|---|---|---|---|---|---|---|---|---|---|---|---|---|---|
| 800 | 3 | 3 | 1 | 0 | 3 | 3 | 2 | 2 | 18 | 7 | 1 | 6 | 5 | / | 53 | 4 |
| 801F | 9 | 10 | 8 | 2 | 5 | 35 | 45 | 11 | 30 | 25 | 6 | 13 | 5 | / | 204 | 19 |
| 801S | 5 | 17 | 22 | 7 | 21 | 35 | 15 | 16 | 19 | 10 | 10 | 10 | / | / | 187 | 7.6 |
| 815 | 17 | 35 | 26 | 21 | 17 | 58 | 78 | 70 | 76 | 42 | 60 | 60 | 37 | 24 | 621 | 18.7 |

评论或反馈通常以赞成、情绪抒发、不确定、怀疑和感兴趣等形式呈现，所以它通常是一些短小、简洁且明确的对话。虽然反馈简短，但仍是一种非常重要的交互，它鼓励学习者坚定观点，使得学习者更愿意表达自己的观点，例如“我赞同，我认为……”；反馈也是提供更多选择的方法，例如“当然，你也可以试试……”；还可以建议进一步的思考，例如“我认为，你可以考虑在你的项目中用其他的应用软件”。四门课程的在线学习者主动积极地以回答问题、给出反馈、进行评述等方式参与到公共知识的发展中，在这个过程中也发展了个人的观点和知识。因此说明相互依存、互相促进是知识构建的一个重要特点。

**（四）平等的交流和贡献知识**

知识是掌握在少数人手中还是均匀地分布在社区中，社区网络中对话的密度是集中在几个人身上还是广泛分布在整体中，交互会不会受某个或者某几个核心人物的影响而发生大的改变，社区成员之间是否通过平等协商的交互达到某种程度上意见的一致，这些情况决定了学习者是否公平地参与到知识建构过程中。在线学习社区中对话的中心势直观地表现整个群体的中心性特征，呈现整个网络向中心聚集的程度，可以对网络是否依赖少部分参与者做出评估。在通常的网络分析中，中心势能够反映学习者对社区贡献的均等程度。低的网络中心势表明对话和交互分布更为均等，意味着在对话中更多学习者贡献了自己的知识和信息。编号 800、801F、801S、815 这四门课程的社区网络中心势如表 7-7 所示。

**表 7-7　四门课程的社区网络中心势**

| 中心势 | 出度（%） | | | | 入度（%） | | | |
|---|---|---|---|---|---|---|---|---|
| 课程编号<br>教学活动 | 800 | 801F | 801S | 815 | 800 | 801F | 801S | 815 |
| 1 | 60 | 48 | 65 | 30 | 15 | 13 | 23 | 18 |
| 2 | 66 | 48 | 28 | 51 | 16 | 7 | 3 | 11 |
| 3 | 100 | 74 | 41 | 31 | 6 | 5 | 6 | 17 |
| 4 | 23 | 48 | 57 | 49 | 6 | 13 | 3 | 10 |
| 5 | 52 | 61 | 60 | 61 | 9 | 6 | 8 | 6 |
| 6 | 80 | 52 | 31 | 41 | 4 | 8 | 10 | 28 |
| 7 | 46 | 46 | 42 | 25 | 8 | 4 | 5 | 31 |

续表

| 中心势 | 出度（%） | | | | 入度（%） | | | |
|---|---|---|---|---|---|---|---|---|
| 教学活动＼课程编号 | 800 | 801F | 801S | 815 | 800 | 801F | 801S | 815 |
| 8 | 61 | 54 | 43 | 33 | 3 | 5 | 7 | 14 |
| 9 | 31 | 63 | 46 | 60 | 22 | 20 | 13 | 8 |
| 10 | 58 | 51 | 39 | 26 | 16 | 14 | 14 | 24 |
| 11 | 66 | 33 | 29 | 31 | 3 | 17 | 14 | 9 |
| 12 | 62 | 55 | 38 | 24 | 14 | 4 | 23 | 37 |
| 13 | 46 | 33 | / | 22 | 7 | 28 | / | 20 |
| 14 | / | / | / | 49 | / | / | / | 6 |
| 平均值 | 57.8 | 51.2 | 43.2 | 38.1 | 9.9 | 11.1 | 10.8 | 17.1 |

数据显示编号 801S、815 两门课程的平均出度网络中心势平均值小于 50%，说明这两门课程的主动对话没有集中在少部分人之间没有独霸话语权的人，包括教师。四门课程网络入度中心势平均值均低于 20%，表明在教学中成员基本得到了均等的协助和关注，成为他人对话的接受者，从中获益。编号 815 课程是门重实践应用的课程，课堂中交流协作更多，有 10 次教学的入度中心势数据都低于 20%，有几次还低于 10%，表明在编号 815 课程教学的对话中，每位学习者都既主动地发起对话，也经常接收到同伴的关注和反馈，所有成员都均等和公平地参与在线学习。在线学习社区所形成的社群图如图 7-1 所示。社群图中节点为教师和学生，连线表示成员之间的交互，箭头由对话发出者指向对话接受者，不同成员之间交互次数各不相同，次数越多连线越粗。

从中心势数据表可以看出四门课程中大部分教学的中心度都较低。详细分析对话矩阵中的数据可知，其实每次教学中对话发出者、对话接受者、对话次数等各不相同，即所有学习者每次参与交互对话的具体情况都不同，既没有孤点出现，也没有意见领袖式的中心人物，每位学习者都可能因对话主题不同成为知识的提供者和接受者。

如图 7-1 所示，各课程的教学交互节点之间关系紧密，网络结构平衡。例如编号 815 课程中的第 13 次课，如图 7-1（d）所示，节点之间均衡地相互关联，且每个节点之间的连线粗细差异不大，表明每个节点的交互强度均

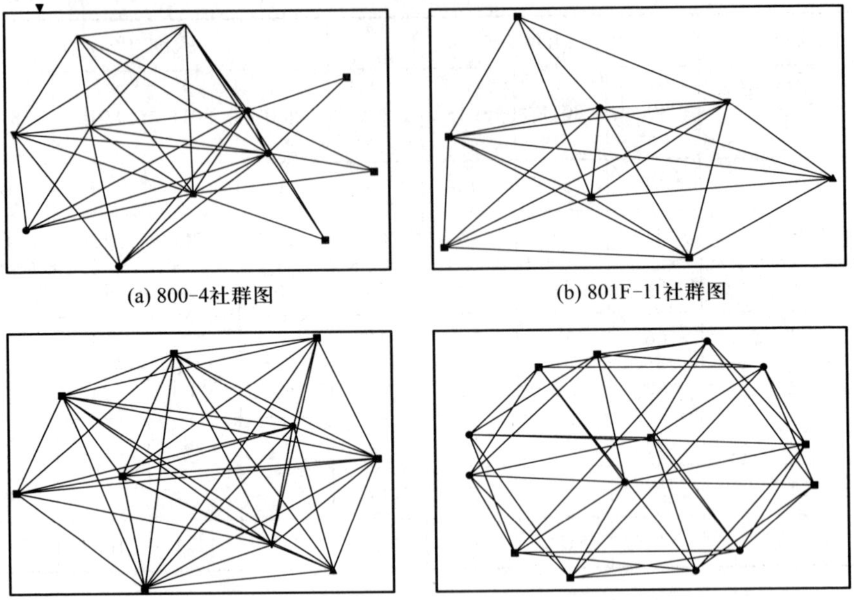

(a) 800-4社群图　(b) 801F-11社群图

(c) 801S-2社群图　(d) 815-13社群图

图 7-1　在线学习社区社群图

等。根据中心势数据可知四门课程的教学交互中心势都较低。

**（五）平等而有效的交流能促进学习社区的发展**

平等地参与学习社区中的活动还表现在社区成员通过平等的对话形成观点，而非教师单方面讲授和学习者被动地接受来建构知识。在 HyFlex 课程模式中，教师常常以会话的引导者、讨论的发起者身份组织学习活动，然后由学习者共同完成学习活动，因而无论是在现场的学习者还是在线学习者都有均等的机会参与交互，并可以平等表达自己的观点、评论同伴或者教师的观点。在产生分歧时，学习者通过持续的讨论达到某种程度的一致或者启动更高层次的理解和思考。学习者能够从多个视角更全面地看待问题、理解知识点。以下对话正是在编号 815 课程中，学习者就如何组织在线学习展开的讨论。

学习者 4：要求学生创造作品。制定规则、期望和时间限制。

学习者 5：根据我的经验，在线聊天对话中，有一个有趣的主题和创建一些讨论的氛围是非常有益的。

学习者 2：关键的问题还是内在兴趣，或用问题诱发讨论的兴趣，或者是由教师和学习者引发的兴趣。

*学习者 6：我同意贝克和里克对学习成果的坚持，它能确保学习者清楚地意识到期望并保持一定程度的参与。在课程开始前预先建立好讨论的模式以及对学习的期望也是绝对必要的。*

*学习者 2：用什么方式来建立这种模式和期望呢？*

在这段短短的对话中，四位学习者分别发表了自己的看法，对话类型主要是表述观点。学习者 4 认为组织在线学习应该要求学生在学习过程中形成一定成果，并对成果形成的过程建立规则、期望，设定时间限制。学习者 5 则认为有趣的主题和讨论的环境对在线学习非常有益。学习者 2 表示应该激发学习者内在兴趣。学习者 6 赞同学习者 4 的观点，她认为老师应该预先建立讨论的模式和期望，学习者应该明确学习的期望和目的，从而富有责任感地参与学习过程。对话最后，对在线学习期望的概念并不熟悉的学习者 2 开始对此有一定了解，并进一步向发表此观点的学习者 6 提问。从这个例子可以看出，学习者通过发表各自意见拓宽了对某一主题的理解，通过讨论弥补了各自知识结构中的短板或盲点，带动他们开放、积极地参与讨论，因此得到他人的认同。

### （六）有效的资源分享和应用

建构性地分享和利用权威资源是在线学习社区中知识建构的重要特点。任何知识建构过程不仅是已有观念的转变或认识上的提升，还需要相关资源和信息的支持，知识建构社区需要对权威资源进行建设性利用。在 HyFlex 在线学习平台中，社区成员是如何利用权威资源促进知识发展的？

为理解学习者是如何利用权威资源促进知识建构的，下面将关于分享材料、网络连接、网址、书籍或者专家信息等的对话划分为分享信息和资源类对话。四门课程中分享信息和资源类对话的数量及比例如表 7-8 所示。

**表 7-8　四门课程中分享信息和资源类对话的数量及比例**

| 教学活动 / 课程编号 | 1 | 2 | 3 | 4 | 5 | 6 | 7 | 8 | 9 | 10 | 11 | 12 | 13 | 14 | 总计（次） | 占比（%） |
|---|---|---|---|---|---|---|---|---|---|---|---|---|---|---|---|---|
| 800 | 75 | 2 | 2 | 4 | 75 | 1 | 0 | 8 | 19 | 15 | 10 | 3 | 4 | / | 412 | 33.6 |
| 801F | 5 | 19 | 0 | 35 | 7 | 0 | 47 | 28 | 32 | 27 | 30 | 5 | 8 | / | 243 | 22.6 |
| 801S | 5 | 65 | 106 | 0 | 11 | 63 | 35 | 42 | 65 | 65 | 29 | 0 | / | / | 486 | 19.8 |
| 815 | 44 | 129 | 42 | 80 | 123 | 178 | 116 | 127 | 108 | 104 | 141 | 73 | 105 | 161 | 1531 | 46.3 |

表 7-8 中的数据显示，有三门课程的分享信息和资源类对话占全部对话比例大于 20%。在编号 800 和编号 815 课程中，这类对话的占比分别高达 33.6%和 46.3%，说明学习者在对话过程中分享了大量的信息，同时也在对话中获得了有用的信息和资源。学习者用这些信息和资源产生新的观点或者改进原有的观念。

分享信息和资源类对话从内容上看可分为两种。① 介绍资源，学习者给其他成员介绍有用的资源，提供案例，并给出相关链接等信息；② 围绕资源展开讨论和思考，学习者不仅将资源介绍给其他人，而且陈述自己对资源或信息的评论。

在线学习社区中，寻求个人观念和权威观念的平衡非常重要。为了促进学习者建构性地应用资源，教师通常会在对话中引入一些资源的链接，使学习者可以浏览或者针对其进行讨论。特别是当学习者刚开始一个新的专题或主题学习时，教师也会帮助学习者辨别专业的资源、有用的信息和可用的信息源。

## 第二节　为实施在线教学做好准备

由于在线和移动教学与常规教学有不同的特点和过程，对于大多数老师和学生来说都是新尝试，因此在开展在线教学和移动学习前，最好多做准备，做到知己知彼。

### 一、制定和规范在线学习的礼仪

孔子认为“不学礼，无以立”[①]，要做到“非礼勿视，非礼勿听，非礼勿言，非礼勿动”[②]。荀子也说：“礼者，所以正身也。”[③] 两位先哲都告诉人们，“礼”是人安身居世的根本，由于在线教学中人与人的时空分隔，因此礼仪尤其重要。

正如在传统的课堂教学中，教师会制定一些学习中要遵守的规则和要求一样，教师要让学生进行在线学习之前就明白，在享受互联网带来的便捷之前要自觉遵循在线学习礼仪，必要时也可以开展在线学习礼仪相关的教育。

---

① 《论语·季氏第十六》。
② 《论语·颜渊第十二》。
③ 《荀子·修身第二》。

在线学习礼仪既是指学生在参与在线学习时要遵守的网上行为和语言规范，也指学生要明确网上礼仪是人际交往的润滑剂，可以塑造自身形象，展示自身的良好修养。在学习开始前，从事在线教学的教师就应向学生提出在线学习礼仪，并利用网上教学平台一步步践行在线学习的礼仪规则，形成有礼的氛围。如果在线学习形成了健康有序的网络规范，构建了和谐顺畅的网络交际氛围，那么在线学习的开展带给学习者的将是学习的乐趣；反之，如果忽视在线学习中的礼仪，将会对他人和自己的在线学习造成干扰与不愉快的学习体验，为自己的在线互动交流设置壁垒，不利于学习者个人的学习和在线学习社区的健康发展。

弗吉尼亚·谢拉提出了十个在线社区活动的原则，它们于在线学习同样适用。①

（1）记住对方的存在是首要原则

在线课程及其学习社区将背景和性格各异的人们聚集在一起，因此要记住“人的存在”。人本主义是首要原则，要防止举止粗劣和行为无礼，当面不能说的话在网上也不要说。不要随意评论别人的长相、宗教信仰、智商、生活方式和饮食习惯等，并把握言语的亲密程度。

（2）线上线下行为一致

在现实生活中大多数人都是遵纪守法的，在网上也应如此。现实生活中的道德和法律也适用于在线活动，千万不能认为在网上就可以随心所欲。切记虚拟世界，真实礼仪。

（3）入乡随俗、尊重他人

不同的课程、不同的学习社区有各自不同的规则与特点。在一个论坛可以做的事情在另一个论坛可能不适合做，要先熟悉规则和了解情况。与不同地区的人交流，要尊重当地的风俗习惯，不能触犯民族和宗教的禁忌。要充分尊重他人的生活和交往习惯，不做令他人讨厌的事。

（4）尊重别人的时间和带宽

在网上向他人求教或要求与对方交往时，要先征求对方是否有时间，是否时机合适，态度要诚恳。在提问题以前，自己先行搜索和研究。不要以自我为中心，不要让别人因为帮助自己寻找答案而消耗时间和资源。当对方应答迟缓时，要谅解对方的困难。

---

① Shea, V. *Netiquette* [M]. Albion Books. 1994: 154.

（5）在网上给自己留个好印象

因为网络的匿名性和隐蔽性，每个人都无法了解他人的外观和个人信息，言语文字就成为一个人对他人印象的唯一判断。如果对某个方面的知识不是很熟悉，不要信口开河，发表言论之前要仔细检查语法和词，更不能故意挑衅和使用脏话。

（6）分享自己的知识

在在线学习中，除了向他人提问外，也要积极回答他人的问题，利用博客、论坛等工具分享自己的知识。

（7）心平气和地辩论

不管是在论坛还是在聊天室中，天各一方的人们共聚一起，意见总会有分歧，矛盾总是存在的，辩论是正常的现象，但辩论要心平气和，要以理服人，不能进行人身攻击。

（8）尊重自己及他人的隐私

一般情况下不要随意公开自己的电子邮件、真实姓名、地址和电话等个人信息，就算觉得彼此已成为好朋友，还是应该注意保密。对于他人的个人信息，也应更加注意保密，以免给他人带来伤害。

（9）不要滥用权力

在线学习的小组长或管理人员不能滥用权力。他们比其他用户有更多权力，应该珍惜使用这些权力。管理员在行使权力前，应对用户进行劝说和警告；同时，要保证管理员的公正、威严，不可发生包庇、偏袒等行为。

（10）宽容他人的失误和过错

在在线交流互动中，难免会有些小摩擦，只要是无恶意的，就应该设身处地站在他人角度想一想。由于各种主客观原因所致，每个人都会有这样那样的过错。如果对别人的过错能宽容对待，就等于给对方提供改过的机会。当看到别人写错字，用错词，问一个低级问题或者发表低质量的长篇大论时，如果真想给他建议，最好用电子邮件或私信来提议。

针对不同的在线活动可以对学生制定详细的在线学习规则和行为要求等，如参与课程论坛的行为要求、使用在线学习材料的规则和在线作业的规则等。规则制定后要通过电子邮件、平台通知和文档下载等多种方式发送给学习者，并督促他们明确其中具体内容，以约束自己的行为，有效地参与在线教学。以下是使用课程论坛的要求：① 参与讨论不得偏离论题，若违反规则，言论将被删除并对学习者扣分；② 不允许发表诽谤、破坏名誉、色情、淫秽、暴力、污蔑和恐吓性言论，有以上行为者将被取消课程学习资格；③ 不允许进行个人攻击，尤指对个人的人身攻击，有以上行为者将被取消课程学习资格；④ 不允许刊登任何形式的广告，包括非盈利内容，若违反规则，言论将被删除并对学习者扣分；⑤ 不允许张贴任何有版权的资料，若违反规则，言论将被删除并对学习者扣分；⑥ 不得使用超大型字体、编程语言、表格和超文本命令，若要强调个人观点，只能使用粗体或彩色字体；⑦ 谨慎使用缩写文字和图示符号，以免产生歧义和误解。

## 二、让学生了解移动学习并掌握必要技能

在网络环境中，每个人都可以根据自己的需要和兴趣通过网络和移动设备，自由选取各种资源。个体获取、选择、采用信息的方式、途径与机会都大大增加，人们的学习方法发生了重大的变化。在网络学习环境中，应用学习设备的基本技术，学习平台的使用，网络学习策略、学习行为、学习方法也在发生变化。对学习者而言，最基础的是适应学习设备的应用和学习平台的使用方面的变化。教师要先让学生掌握在线学习需要的信息技术应用技能、利用和加工信息的能力，以更好地支持在线学习活动的实施。

在网络平台进行学习，教师除了要让学习者掌握常规学习中必备的基本技能（如读、写、算等），还要让学生掌握利用各种信息技术顺利进行网络学习的技能，这也是网络学习对学习者提出的更高要求。但是不能过分注重现代信息技术怎样应用、在哪些方面对学习产生了多大的作用，而应利用一切机会让学习者体验、接受这些技术，通过尝试这些技术，对技术有一个基本的认识，然后再逐步深入学习和运用技术，最后了解和掌握这些技术。

在移动学习中，人们在世界上不同的地方学习，更需要能利用各种技术来学习，要能顺畅地发送、接收、处理各种信息，同时也要善于运用已经掌握的知识解决实际问题，同时还要善于发挥技术的作用。具体而言，在线学习中的学习者应培养和掌握以下 9 个方面的技能：① 交流能力，特别是基于网络的交流能力；② 创新和创造能力；③ 团队合作能力；④ 信息管理能力；⑤ 信息技术应用能力；⑥ 可视化能力；⑦ 问题解决能力；⑧ 决策能力；⑨ 知识更新、充实和管理的能力。

## 三、家长要理解和学会观察学生的在线学习

随着互联网和移动终端设备的普及，在线课程的优势日益凸显，家长是否愿意将在线学习或移动学习作为孩子接受教育方式的一种选择呢？现在有很多家长反对孩子玩电脑和手机，他们认为网络对学生有害，如孩子因沉迷上网而荒废学业，网上不健康内容侵袭青少年等。

21 世纪是信息时代，网络将是人类融入生活的信息高速公路。在科技高速发展的今天，网络正对人们的工作、生活产生深远的影响，对孩子们也不例外。这一代人是“数字原住民”，他们伴随着智能设备和互联网的发展而成长，他们擅长利用搜索引擎、网络视频、微信、微博等途径获取和分享信息，这意味着他们更容易接受在线教学模式，更容易接受通过网络开展学习。

明确这样的背景后，教师和学校应该帮助家长正确理解在线学习和移动学习。家长通常认为，孩子使用网络就是在娱乐，他们不会用网络学习，网络只能影响他们学习。在虚拟世界中，孩子是容易被与学习无关的内容吸引，从而影响学习的效率，但也不能就因此否定了在线学习或移动学习的正面价值。电脑和移动设备只是工具，它们能帮助学习者在任何时候任何地点进行学习，如果加以正确引导和规范，学习者就能逐步形成有效利用设备进行学习的良好习惯。完全拒绝和抵制不是正确的方法，有效地引导和必要的约束，才是家长对学生在线活动应持有的正确态度。

家长要意识和了解到在线学习的优点。在线学习可以做到：① 提供海量的优质学习资源。传统的课堂学习，只有少部分学生能够享受到优质资源。然而在线学习中的任何人都可以轻松享受优质师资力量和学习资源。② 满足个性化学习需求。每个学习者的接受能力、认知风格、学习方法和学习兴趣不一样，因为传统课堂的种种限制，教师没有办法顾及每位学生的个性化需求，会出现一部分学生听懂了并且觉得很无聊，一部分同学能听懂并且能完成作业，一部分学生跟不上进度的现象，导致学生的差距逐渐增大。在线学习则可以根据学生不同的学习风格、学习进度、学习需求，为每个学生提供更好的学习方式和发展空间，发挥学生主动权，实现个性化学习。

当然，在移动学习和在线学习开展过程中也需要外界的监督和引导，对基础教育阶段的学习者来说，通常会由家长和教师一起进行监督。首先，家长要尽可能多陪伴和观察孩子在线学习的过程和学习成果。其次，要对孩子

的在线学习加以正确引导，及时发现问题，解决问题，真正帮助孩子养成自律的习惯。再次，要善于发现孩子的学习特点，引导孩子在学习中发挥优势，掌握相应的学习技巧。最后，家长要掌握一些在线学习的技巧和防范措施，积极指导孩子正确对待在线学习和交流。家长还可以通过网络平台记录学生的学习曲线，第一时间了解孩子近期的学习情况，帮助孩子制订有效的学习计划，提高学习效率。

## 四、合理地准备在线学习和移动学习所需资源

在在线教学中，学习者通过资源的获取和利用完成学习，因此在移动学习和在线学习中，资源占据十分重要的地位，教师在准备学习资源时要满足以下几点。

### （一）满足各学科知识和文化多元化的需求

学习资源的首要任务是提供学习者需要的学术和文化信息，应按照学科门类和专业文化知识体系的特点进行建构，并在其中渗透一定的思想和方法，以发挥完整的育人功能，使学生在掌握知识的同时，得到全面发展。

### （二）媒体形式多样化、资源内容主题化，支持多种学习方式

资源的媒体形式可以多样化，基于主题或知识点进行体系化建构，便于实现自主式学习、协作式学习、探究式学习、讲授式学习等多种教学和学习模式，支持各种学习风格的学习者顺畅使用。移动学习和在线学习资源种类丰富、形式多样、信息多元，不仅注重知识的供给，还追求知识结构的构建，体现了人本主义精神。

### （三）尊重移动学习、在线学习的规律，为学习服务

学习资源应为学生掌握知识和提高能力提供帮助，因此要充分考虑学习者的特点和移动学习、在线学习的特点，避免多、长、杂、乱等情况。在在线学习和移动学习中，学习资源为学生学习知识提供基础和渠道，同时还能激发学生学习与探索的兴趣，培养学生的思考、分析及判断能力，因此学习资源应该根据教学内容和学习目标进行设计和制作，既能体现移动学习、在线学习内容的知识体系，又能解决学生学习过程中重难点问题，同时要避免简单的“课堂搬家”。

在“教学媒体与应用”在线课程的教学中，教师根据课程学习的知识体系和教学重难点，基于教学知识体系为学习者准备了体系化的视频微课、重难点讲解电子讲义、阅读资料和在线练习题等资源，如图 7-2 所示。其中视

频微课的体系如表 7-9 所示。

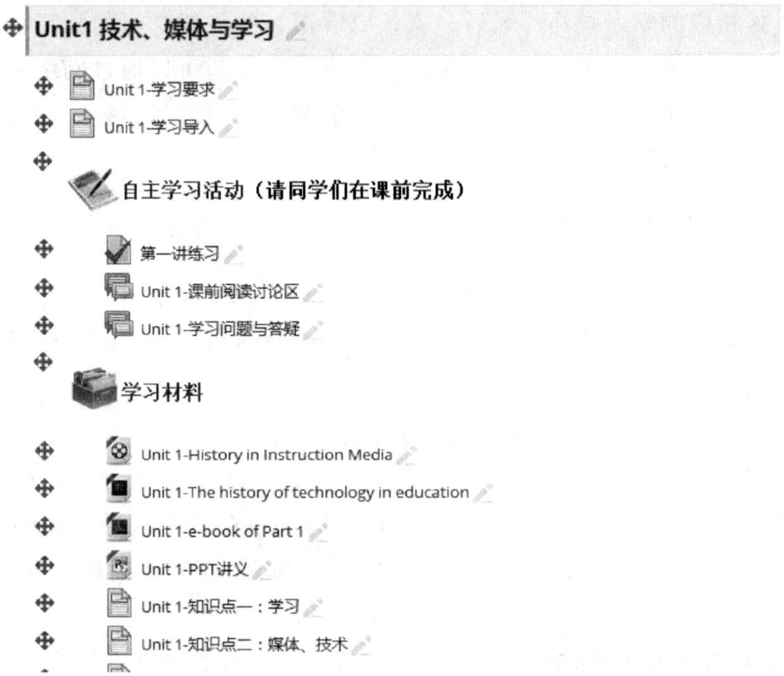


图 7-2　在线学习资源及学习活动的准备

资料来源：砺儒云课堂平台中的学习界面，http://moodle.scnu.edu.cn，2018 年 8 月 31 日。

注：该平台为华南师范大学内部用在线课程平台，需用校内账户登录进入该课程。

**表 7-9　视频微课的体系**

| 序次 | 教学内容 | 录制时长 | 微课主题 |
| --- | --- | --- | --- |
| 1 | 课程介绍及引入 | 共 20 分钟，各 10 分钟 | （1）课程介绍<br>（2）学习方法引导 |
| 2 | 单元一：技术、媒体与学习 | 共 60 分钟，各 10 分钟 | （1）什么是媒体<br>（2）什么是教学媒体<br>（3）教学媒体有什么特点<br>（4）学习中媒体的作用是什么<br>（5）教学媒体示范<br>（6）教学媒体应用案例 |

续表

| 序次 | 教学内容 | 录制时长 | 微课主题 |
|---|---|---|---|
| 3 | 单元二：教学系统 | 共60分钟，各10分钟 | （1）教学系统的构成是怎样的<br>（2）教学媒体在教学系统中的作用是什么<br>（3）教学媒体在协作学习中的作用<br>（4）教学媒体在探究学习中的作用<br>（5）协作学习中教学媒体应用案例及分析<br>（6）游戏化学习中教学媒体应用案例及分析 |
| 4 | 单元三：ASSURE模型 | 共60分钟，各10分钟 | （1）ASSURE是什么<br>（2）如何根据学习者的要求，合理陈述教学目标<br>（3）如何根据教学方法选择学习材料和媒体<br>（4）如何整合和准备使用技术与媒体<br>（5）如何评价和修改媒体和技术的使用<br>（6）ASSURE模型使用案例分析 |
| 5 | 单元四：视觉媒体、音频媒体和视频媒体 | 共90分钟，各10分钟 | （1）视觉媒体的特点是什么<br>（2）视觉媒体有哪些教学应用的方法和原则<br>（3）视觉媒体教学应用案例的分析<br>（4）音频媒体的教学特点是什么<br>（5）视觉媒体有哪些教学应用的方法和原则<br>（6）视觉媒体教学应用案例的分析<br>（7）视频媒体的教学特点是什么<br>（8）视觉媒体有哪些教学应用的方法和原则<br>（9）视觉媒体教学应用案例的分析 |

续表

| 序次 | 教学内容 | 录制时长 | 微课主题 |
|---|---|---|---|
| 6 | 单元五：数字化学习环境 | 共 80 分钟，各 10 分钟 | （1）简易多媒体教学环境的构成是怎样的<br>（2）简易多媒体教学环境应用案例分析<br>（3）交互式多媒体教学环境的构成是怎样的<br>（4）交互式多媒体教室应用案例分析<br>（5）多媒体网络环境的构成是怎样的<br>（6）多媒体网络教室应用案例分析<br>（7）一对一数字化教学环境的构成是怎样的<br>（8）一对一数字化教室应用案例分析 |
| 7 | 单元六：数字化学习工具 | 共 60 分钟，各 10 分钟 | （1）学习管理系统有哪些，各有什么特点<br>（2）学习管理系统应用分析<br>（3）协作学习工具有哪些<br>（4）协作写作工具的应用<br>（5）知识管理工具的教学应用有哪些<br>（6）学习分析工具有哪些，各有什么特点 |
| 8 | 单元七：教学媒体的效果研究 | 共 60 分钟，各 10 分钟 | （1）教学媒体效果研究应关注哪些问题<br>（2）教学媒体效果研究应如何开展<br>（3）教学媒体效果研究可采用哪些研究方法<br>（4）教学媒体效果研究中应注意哪些问题<br>（5）效果研究案例分析 1<br>（6）效果研究案例分析 2 |

以上 49 个微课，覆盖了整门课程学习内容的重点和难点，为学生开展在线自主学习提供了体系化的视频教学资源。这些微课部分针对理论学习中

的重点、难点进行讲解，以问题解答的形式进行；部分针对实践和应用进行分析和示范，以案例分析和操作示范的方式进行。微课学习资源的设计遵循在线学习时长短、学习者易疲劳和分散注意力的特点，严格控制时长，注重形式的多样性，既避免过于单一，又不会太繁杂，便于学习者按需选学选用。

## 五、合理设计在线学习活动

学习活动在学习中起着至关重要的作用，在线学习活动作为在线学习的重要组成部分，是学习者为了完成特定的学习成果，利用网络和外部学习环境进行交互活动的总称。因此，必须重视在线学习活动的设计。

学习活动是促进学习发生的催化剂，在教学设计中占有重要的比例。在线学习活动的目标是为了保证在线学习的顺利进行。对在线学习活动构成要素的设计要根据在线学习活动项目的具体需要。在线学习活动的构成要素较多，具体如表 7-10 所示。

**表 7-10　在线学习活动构成要素描述**

| 要素 | 描述 |
|---|---|
| 活动名称 | 在线学习活动的名称，可以让学习者快速知道参与的活动是什么。 |
| 组织形式 | 该学习活动的参与方式是什么样的，以小组还是个人为单位？是自主还是协作的？ |
| 活动描述 | 在线学习活动的详细描述，要将活动的具体步骤详尽地表述出来，让学习者阅读完之后知道要怎样参与活动等。 |
| 提升技能 | 该在线学习活动可以提升学习者哪些能力等。 |
| 学习成果 | 活动结束后，学习者需要提交的一些成果性的东西。 |
| 学习工具 | 学习者参与该活动的方式是什么，论坛？观看视频？ |
| 评价方式 | 活动结束后要怎样评价学习者的学习成效，采用什么评价标准。 |
| 持续时间 | 该在线学习活动要持续的时间是多久。 |
| 难易程度 | 该活动实施的难易程度是怎样的？<br>（★非常容易；★★较容易；★★★一般；★★★★较难；★★★★★非常难） |

第一是活动名称，告诉学习者该活动的内容，让学习者对活动有整体的了解；第二是组织形式，有些活动名称学习者之前没有接触过，不知道该活

动具体要怎么参与，是个人独立完成还是小组协作完成等，组织形式就会告诉学习者具体的参与方式是怎样；第三是活动描述，即该活动的具体实施步骤是怎样的，先做什么再做什么等；第四是提升技能，即通过参与该活动，学习者可以提升哪些方面的技能；第五是学习成果，学习活动的设置是依据什么学习目标，该学习活动设计是为了提升学生的哪些能力；第六是学习工具，在线学习活动的应用需要依靠一定的学习工具辅助来完成，例如学习平台上的论坛等；第七是评价方式，学生参与学习活动后，要对活动的效果进行评价，根据不同的活动要设置不同的评价内容；第八、第九分别是学习活动的持续时间和难易程度。

在线学习的过程并不只是学习者利用学习资源独自学习的过程，他们要参与在线学习活动。这些活动通常可以以个人的身份参与，也可以是小组形式开展，学习者在在线学习中的交流和互动的过程中，通过共有知识建构，完成个人的知识建构。适当设计和采用与所要达成的学习成果相适应的在线活动及相应的软件工具，也是在线学习设计准备阶段重要的工作。常见的学习成果类型及可以采用的工具、策略和活动如表 7-11 所示。

**表 7-11 常见的在线学习成果、工具、策略和活动**

| 在线学习成果类型 | 工具类型 | 应用工具 | 策略和活动 |
|---|---|---|---|
| 分享资源 | 社会性书签/直观的目录 | Diigo/Xtimeline | 破冰活动/结构化网络搜索/寻宝活动 |
| 头脑风暴 | 概念图/音频、视频会议/实时聊天 | QQ/微信/Mindmapper/MindMeister/Adobe Connect | 同伴—思考—分享/知道—想知道—学到了什么(K-W-L)/先行组织者 |
| 反思 | 博客/定制化论坛/在线文档写作/维基/媒体分享网站 | WordPress/新浪博客/Quip/VoiceThread/QQ空间 | 杂志/电子档案袋/学习日志 |
| 拓展和真实的学习经验 | 社会学习网络/音频、视频会议/实时聊天/数据收集 | Adobe Connect/QQ/微信/Ning/问卷星/腾讯问卷 | 基于项目的学习/全球性项目/教室中的分享/专家和嘉宾的演讲/调查 |

续表

| 在线学习成果类型 | 工具类型 | 应用工具 | 策略和活动 |
|---|---|---|---|
| 问题解决 | 音频、视频会议/共享白板/论坛/实时聊天 | Adobe Connect/QQ/MOODLE/微信 | 同伴—思考—分享/鱼缸式交流/案例分析/协作写作/模型制作 |
| 作品制作 | 项目管理/协作文档/创建和写作/数据收集 | Microsoft Project/Quip/问卷星/腾讯问卷 | 基于项目的学习/数字故事/协作写作展示演讲 |
| 融入学习和基于探究的学习 | 虚拟3D世界/游戏/仿真/增强现实应用 | 探索亚特兰蒂斯/第二人生/文明/Z Space | 角色扮演/仿真体验/基于项目的学习 |
| 展示 | 媒体分享网站/音频、视频会议/网页/维基/博客/论坛/在线文档 | 优酷/QQ空间/新浪博客/WordPress/MOODLE/Edmodo/Quip | 电子档案展示/展示演讲/学生引导的讨论/同伴检查/作品展示/成果分析互议 |

# 参考文献


## 著作

[1] 丁兴富编著. 远程教育学 [M]. 北京：北京师范大学出版社，2001.

[2] 穆肃，等编著. 教师教学媒体与资源应用能力的培养 [M]. 广州：新世纪出版社，2014.

[3] 穆肃，等编著. 信息技术环境中教师终身学习能力的培养 [M]. 广州：新世纪出版社，2014.

[4] 钱玲. 中美网络远程学习者特征比较研究 [M]. 保定：河北大学出版社，2011.

[5] 翁卫军主编. 信息时代的学习革命：以杭州为例 [M]. 杭州：杭州出版社，2014.

[6] 张晓峰，杜军主编. 互联网+：国家战略行动路线图 [M]. 北京：中信出版社，2015.

[7] 祝智庭，钟志贤主编. 现代教育技术——促进多元智能发展 [M]. 上海：华东师范大学出版社，2003.

## 译著

[1] Desmond Keegan. 远程教育基础 [M]. 丁新，等译. 上海：上海高教电子音像出版社，2008.

[2] 克莱因，等. 教师能力标准：面对面、在线及混合情境 [M]. 顾小清译. 上海：华东师范大学出版社，2007.

[3] 迈克尔·穆尔，格雷格·基尔斯利. 远程教育系统观 [M]. 王一兵，等译. 上海：上海高教电子音像出版社，2008.

[4] 舍基. 未来是湿的 [M]. 胡泳，沈满琳译. 北京：中国人民大学出版社，2009.

[5] 维克托·迈尔-舍恩伯格，肯尼斯·库克耶. 与大数据同行：学习和教育的未来 [M]. 赵中建，张燕南译. 上海：华东师范大学出版社，2015.

## 论文


[1] 曹良亮，衷克定. 在线学习者学习行为特点的初步探讨 [J]. 中国远程教育，2012 (3).

[2] 陈丽. 远程学习的教学交互模型和教学交互层次塔 [J]. 中国远程教育，2004 (5).

[3] 陈滢. 云计算与移动互联网融合时代 [J]. 科技创业，2011 (12).

[4] 程燕. 塑造良好的网络礼仪形象——以 QQ 聊天即时通讯工具为例进行分析 [J]. 安徽文学 (下半月)，2011 (12).

[5] 池塘. 教育部要求全面启动实施"教学点数字教育资源全覆盖"项目 [J]. 中国远程教育，2012 (12).

[6] 崔伟男，闵栋. 移动智能终端操作系统发展趋势分析 [J]. 电信网技术，2013 (5).

[7] 丁新，穆肃. 现代远程教育基础理论和实践模式研究 [J]. 中国远程教育，2006 (8).

[8] 丁兴富. 教学媒体的本质、分类和特征——远程教育中的信息技术和媒体教学 (4) [J]. 中国远程教育，2000 (10).

[9] 董利亚，冯锐. 在线学习社区培育与发展模型的构建及其策略研究 [J]. 远程教育杂志，2016，35 (2).

[10] 方圆媛. 翻转课堂在线支持环境研究——以可汗学院在线平台为例 [J]. 远程教育杂志，2014，32 (6).

[11] 高地. MOOC 热的冷思考——国际上对 MOOCs 课程教学六大问题的审思 [J]. 远程教育杂志，2014，32 (2).

[12] 管佳，李奇涛. 中国在线教育发展现状、趋势及经验借鉴 [J]. 中国电化教育，2014 (8).

[13] 郭文革，沈旭东. MPOC：大规模私有在线课程的设计与运营 [J]. 现代远程教育研究，2015 (1).

[14] 韩锡斌，翟文峰，程建钢. cMOOC 与 xMOOC 的辨证分析及高等教育生态链整合 [J]. 现代远程教育研究，2013 (6).

[15] 何世忠，张渝江. 再谈"可汗学院" [J]. 中小学信息技术教育，2014 (2).

[16] 洪岩，梁林梅. 从精英到公众的开放资源：TED 的发展及启示 [J]. 现代教育技术，2013，23 (4).

[17] 胡铁生."微课":区域教育信息资源发展的新趋势 [J]. 电化教育研究,2011 (10).
[18] 胡艺龄,顾小清. 从联通主义到 MOOCs:联结知识,共享资源——访国际知名教育学者斯蒂芬·唐斯 [J]. 开放教育研究,2013,19 (6).
[19] 卡迈恩·加洛. 像 TED 一样,打造世界顶级演讲 [J]. 商学院,2015 (z1).
[20] 康叶钦. 在线教育的"后 MOOC 时代"——SPOC 解析 [J]. 清华大学教育研究,2014,35 (1).
[21] 李康. 现代远程教育若干理论之评述 [J]. 中国远程教育,2004 (17).
[22] 梁林梅,夏颖越. 美国高校在线教育:现状、阻碍、动因与启示——基于斯隆联盟十二年调查报告的分析 [J]. 开放教育研究,2016,22 (1).
[23] 刘宁. Coursera:新型网络教育的特点与启示 [J]. 学园,2013 (12).
[24] 刘睿,徐翔. 在线协作工具在 MCSCL 中的应用研究 [J]. 软件导刊,2015,14 (12).
[25] 卢程佳. 探究型移动学习工具种类及应用研究 [J]. 软件导刊,2015,14 (3).
[26] 鲁帆. 移动智能终端发展趋势研究 [J]. 现代传播,2011 (11).
[27] 落红卫,徐迎阳. 3G 网络建设和移动互联网助推智能终端发展 [J]. 世界电信,2009,22 (8).
[28] 迈克·沙普尔斯,肖俊洪. 移动学习:研究、实践和挑战 [J]. 中国远程教育,2013 (3).
[29] 穆肃. 机遇与挑战:从开放教育资源到开放教学过程——从远程教育视野出发对开放在线课程的思考 [J]. 中国电化教育,2015 (8).
[30] 穆肃. 远程教育的均等理论——来自美国的远程教育理论 [J]. 中国远程教育,2006 (1 上).
[31] 穆肃. 远程教育中的开放教育资源建设与应用 [J]. 现代远距离教育,2012 (2).
[32] 穆肃,陈思,布莱恩·贝迪. 创新、相互依存与公平参与——在线学习知识建构过程分析 [J]. 开放教育研究,2015,21 (1).
[33] 穆肃,郭鑫. 学习工具发展的"风向标"——基于对 2012 年 TOP100

学习工具变化趋势分析［J］. 现代远程教育研究，2014（1）.
［34］穆肃，王孝金，周腾. 多样化教育教学背景下的开放在线课程［J］. 现代远距离教育，2016（4）.
［35］南旭光. “互联网+”职业教育：逻辑内涵、形成机制及发展路径［J］. 职教论坛，2016（1）.
［36］逄淑宁. 移动智能终端新型人机交互技术研究［J］. 电信网技术，2013（5）.
［37］桑新民，李曙华，谢阳斌. “乔布斯之问”的文化战略解读——在线课程新潮流的深层思考［J］. 开放教育研究，2013，19（3）.
［38］苏兆斌，程璐，孔微巍. “互联网+”视域下职业教育科学发展探析［J］. 牡丹江师范学院学报（哲学社会科学版），2015（5）.
［39］孙宁，卢春艳，孙晨. 关于优质教学资源建设的思考［J］. 中国电化教育，2013（11）.
［40］孙淑艳，菅光宾. 中国远程教育理论的探索者与开拓者（下）——专访著名远程教育专家丁兴富博士［J］. 现代教育技术，2005（6）.
［41］孙月亚. 开放大学远程学习者在线学习行为的特征分析［J］. 中国电化教育，2015（8）.
［42］田阳，冯锐. 在线学习社区中社交学习策略研究［J］. 远程教育杂志，2016，34（1）.
［43］汪基德，冯莹莹，汪滢. MOOC热背后的冷思考［J］. 教育研究，2014，35（9）.
［44］王海荣，张伟. 国外大规模开放教育资源设计理念及启示——基于Coursera平台MOOC课程的体验研究［J］. 天津电大学报，2013，17（3）.
［45］王建平. 远程研修与教师专业成长［J］. 西北成人教育学报，2013（5）.
［46］王陆. 虚拟学习社区的社会网络分析［J］. 中国电化教育，2009（2）.
［47］王颖，张金磊，张宝辉. 大规模网络开放课程（MOOC）典型项目特征分析及启示［J］. 远程教育杂志，2013，31（4）.
［48］王佑镁，祝智庭. 从联结主义到联通主义：学习理论的新取向［J］. 中国电化教育，2006（3）.
［49］王志军，陈丽. 联通主义学习的教学交互理论模型建构研究［J］. 开

放教育研究，2015，21（5）.
[50] 王志军，陈丽. 联通主义学习理论及其最新进展［J］. 开放教育研究，2014，20（5）.
[51] 王志军，陈丽. 联通主义学习中教学交互研究的价值与关键问题［J］. 现代远程教育研究，2015（5）.
[52] 武丽志，李立君. 培训、学习与发展——教师远程培训平台的际代研究［J］. 中国电化教育，2014（11）.
[53] 武丽志，卢旭，丁新. 中国教师远程培训发展的趋势研究［J］. 电化教育研究，2015，36（11）.
[54] 肖爱平，蒋成凤. 网络学习者网上学习现状、影响因素及对策研究［J］. 开放教育研究，2009，15（1）.
[55] 熊华军，褚旭. 等级改变：2013—2014 年美国网络高等教育发展的显著特征［J］. 现代教育技术，2015，25（6）.
[56] 杨素娟. 在线学习社区的组织气氛探析［J］. 中国远程教育，2011（6）.
[57] 尹睿. "互联网+"时代学习环境重构：技术后现象学的视角［J］. 现代远程教育研究，2016（3）.
[58] 余庆泽，白丽，郭佳佳. 校园移动学习平台应用与系统构建探析［J］. 科技管理研究，2014，34（13）.
[59] 约翰·丹尼尔. 中国在线教育发展前景的国际视角［J］. 开放学习研究，2016（1）.
[60] 张汉玉，穆肃，任友群. 学习管理系统的社会性交互功能比较——基于对 Blackboard、Moodle、Sakai 的调查与使用体验［J］. 现代远程教育研究，2013（2）.
[61] 张力. 数字化学习工具的发展对信息化教学的作用分析［J］. 电化教育研究，2008（9）.
[62] 张新兰. 国外远程教育五种理论比较研究［J］. 成都电子机械高等专科学校学报，2007（4）.
[63] 赵瑞. 可汗学院课程学习经历带来的思考［J］. 北京广播电视大学学报，2013（5）.
[64] 郑奇，杨竹筠. SPOC：结合高校教学的融合创新［J］. 物理与工程，2014，24（1）.
[65] 朱青，萨尔曼·可汗. 可汗学院虚拟与现实结合的探索［J］. 世界科

学，2013（9）.

## 电子资源

[1] TalkingData移动数据研究中心. TalkingData：2017年移动互联网行业发展报告（附下载）［EB/OL］.［2018-03-06］. http://www.199it.com/archives/696120.html.

[2] 艾媒咨询. 艾媒报告丨2017年中国在线教育行业白皮书［EB/OL］.［2017-11-22］. http://www.iimedia.cn/59782.html.

[3] 国务院. 国务院关于积极推进“互联网+”行动的指导意见［EB/OL］.［2017-05-11］. http://www.gov.cn/zhengce/content/2015-07/04/content_10002.htm.

[4] 焦建利. 阿兰和他的Padagogy轮.［EB/OL］.［2016-08-15］. http://www.jiaojianli.com/2934.html.

[5] 易观智库：中国移动互联网数据盘点&预测专题研究报告2016［EB/OL］.［2016-09-15］. http://www.useit.com.cn/thread-11618-1-1.html.

[6] 中国互联网络信息中心. CNNIC发布第38次《中国互联网络发展状况统计报告》［EB/OL］.［2016-08-15］. http://www.cnnic.cn/gywm/xwzx/rdxw/2016/201608/t20160803_54389.htm.

[7] 中国互联网络信息中心. 第41次《中国互联网络发展状况统计报告》发布［EB/OL］.［2018-01-31］. http://www.cnnic.net.cn/gywm/xwzx/rdxw/201801/t20180131_70188.htm.

# 索　　引

（词条后页码系该词条在书中首次出现的页码）